Estudos Aplicados de Direito Empresarial

Estudos Aplicados de Direito Empresarial

SOCIETÁRIO

2019

Coordenação:
Ana Cristina Kleindienst

ALMEDINA

ESTUDOS APLICADOS DE DIREITO EMPRESARIAL
SOCIETÁRIO

COORDENAÇÃO: Ana Cristina Kleindienst
DIAGRAMAÇÃO: Almedina
DESIGN DE CAPA: FBA
ISBN: 978-85-8493-501-7

Dados Internacionais de Catalogação na Publicação (CIP)
(Câmara Brasileira do Livro, SP, Brasil)

Estudos aplicados de direito empresarial :
societário / coordenação Ana Cristina
Kleindienst. -- São Paulo : Almedina, 2019.
Vários autores.

Bibliografia.
ISBN 978-85-8493-501-7

1. Direito empresarial - Brasil 2. Direito
societário - Brasil I. Kleindienst, Ana Cristina.

19-27329 CDD-338(81)

Índices para catálogo sistemático:
1. Brasil : Direito empresarial 34:338(81)
2. Brasil : Direito societário 338(81)

Iolanda Rodrigues Biode - Bibliotecária - CRB-8/10014

Este livro segue as regras do novo Acordo Ortográfico da Língua Portuguesa (1990).

Junho, 2019

EDITORA: Almedina Brasil
Rua José Maria Lisboa, 860, Conj.131 e 132, CEP: 01423-001 São Paulo | Brasil
editora@almedina.com.br
www.almedina.com.br

APRESENTAÇÃO

Esta obra (volume IV da Coleção Estudos Aplicados de Direito Empresarial – Societário) é composta por cinco artigos selecionados entre os trabalhos mais bem avaliados que foram elaborados pelos alunos das duas turmas do programa de LL.M. em Direito Societário do Insper no ano de 2018. Sob minha orientação e, em alguns casos, com a valiosa ajuda do Professor André Antunes Soares de Camargo, os cinco *alumni* dedicaram-se, de forma primorosa, ao estudo de temas societários atuais, polêmicos e de notória aplicabilidade prática. O resultado está aí: excelentes artigos, cuja publicação, por meio desta coletânea, tem grande valor para profissionais e estudiosos do meio jurídico. A seguir, apresento os temas abordados em cada um dos textos.

Com base em uma análise sistêmica da legislação societária, **Anna Carla Marujo Rossetti**, de forma propositiva, critica a interpretação doutrinária e jurisprudencial majoritária sobre o art. 134, § 3º da Lei das Sociedades por Ações, para tratar da possibilidade de ajuizamento de ação social que vise ao ressarcimento da sociedade pelos prejuízos causados pelos seus administradores em decorrência da prática de atos de gestão irregulares, independentemente da desconstituição judicial da quitação dada ao administrador pela assembleia geral, nos termos do referido dispositivo.

Na sequência, dentro do contexto de busca por soluções jurídicas eficientes e seguras na esfera da sucessão patrimonial no Brasil, o texto de **Daniel Fernandes Kulcsar** apresenta a relevância e os benefícios, bem como as principais discussões e os problemas, relacionados à aplicação do instituto do usufruto de ações. De forma técnica e com um caráter bastante prático e didático, o autor aborda desde conceitos básicos de usufruto de bens em geral até questões controvertidas envolvendo usufruto de direitos políticos e econômicos das ações.

Também com um viés bastante prático, **Isis Azevedo Diniz** aborda a implementação do voto à distância nas assembleias de acionistas das companhias abertas e sua viabilização, por meio da regulamentação da Instrução CVM nº 481/2009, como um importante passo para o desenvolvimento do ativismo acionário no Brasil, além de contribuir para a atração de mais investidores para o mercado de capitais nacional, bem como para posicionar o país na vanguarda das boas práticas de governança corporativa.

Ao depois, levando em consideração a positivação do procedimento da penhora de quotas por dívidas particulares de sócios pela Lei nº 13.105/2015 (Novo Código de Processo Civil), **Juliana Mainardi Meneses**, com base em cuidadosa pesquisa histórico-legislativa, doutrinária e jurisprudencial, analisa as discussões que tal positivação reacendeu, tendo em vista os elementos intrínsecos ao conceito de personalidade jurídica e os princípios norteadores das sociedades limitadas, como a separação patrimonial e a limitação da responsabilidade.

Por fim, partindo de dados precisos que demonstram o crescimento da utilização da arbitragem como forma de solução de conflitos no Brasil, **Thamiris Sanches de Salles**, respaldada em doutrina societária de peso, examina a possibilidade de inclusão de cláusula compromissória no estatuto social das sociedades por ações e a eventual configuração de abuso de poder de controle que envolve essa prática.

Desejo uma excelente leitura a todos!

ANA CRISTINA VON GUSSECK KLEINDIENST
Professora Orientadora do LL.M. em Direito Societário

PREFÁCIO

CONSTRUÇÃO E LEGADO

Acima de tudo sê fiel a ti mesmo,
Disso se segue, como a noite ao dia,
Que não podes ser falso com ninguém.
Shakespeare, *in* Hamlet

Nesse ano de 2019, em que o Insper Direito completa 20 anos de história por meio da construção de uma escola focada no desenvolvimento profissional para uma atuação estratégica dos milhares de profissionais que nos deram a honra de compartilhar ensinamentos e experiências, construímos um verdadeiro legado, aqui representado pela presente coleção "Estudos Aplicados de Direito Empresarial", a qual tive a honra de ser um dos idealizadores e coordenador do volume de contratos por mais de três anos. Tenho a honrosa missão e responsabilidade de prefaciar essa 4ª edição, especialmente no ano em que igualmente deixo a coordenação do Insper Direito, encerrando com chave de ouro um ciclo iniciado pelo Prof. Dr. Jairo Saddi, seguido pelo Prof. Dr. André Antunes Soares de Camargo e concluído por mim.

Minha primeira atuação no Insper foi fruto da recomendação do Prof. Dr. Daniel M. Boulos, aquém sou profundamente grato por inúmeros ensinamentos, oportunidades profissionais e acadêmicas e um grande amigo. Confirmada a minha seleção pelos demais colegas, professores conselheiros e pelo então coordenador geral dos programas de direito, o Prof. André Camargo, iniciei, ainda em 2012, minha trajetória no Insper Direito com a missão de colaborar na reestruturação de todo o processo de elaboração das monografias de conclusão de curso, o qual passou a permitir a elaboração de qualificados artigos científicos.

Realizamos a missão com muita presteza, tendo eu sido o único da equipe original de professores orientadores a permanecer durante todo o processo de reversão de uma estatística que era originalmente baixa. Após cinco anos como professor orientador, conseguimos reverter o quadro e alcançar expressivos e postivos resultados.

Ao longo do processo de reestruturação dos trabalhos de conclusão de curso, já mantínhamos uma parceria com a Editora Almedina Brasil para a publicação das melhores monografias aprovadas em qualificada banca de professores. Ainda não tínhamos uma coleção para focar nos artigos científicos elaborados por nossos alunos e selecionados pelos professores orientadores.

Foi nesse momento que idealizamos em equipe, professores orientadores, professores conselheiros e coordenação, a estrutura da presente coleção "Estudos Aplicados de Direito Empresarial" a qual busca trazer ao público os cinco melhores artigos científicos de cada programa do Insper Direito.

A coleção foi originalmente pensada para ocorrer em uma única edição por ano, sempre próximo ao encerramento do ano letivo. Com a expansão dos programas do pós-graduação em direito e crescente aumento dos alunos que apresentavam o seu TCC, fruto da reestruturação de todo o processo de elaboração do TCC, logo percebemos que seria necessário avançar, sendo essa 4ª edição da coleção Estudo Aplicados de Direito Empresarial, o resultado de tal avanço. Projetamos o lançamento de duas edições por ano, porém, sem ficar presos a obrigação do seu lançamento, mas sim, fieis à qualidade que sempre pautou nossas atividades, mantendo a estrutura de cinco artigos de alta qualidade e relevância, prioritariamente de nossos alunos dos programas do pós-graduação e selecionados pelos professores orientadores que coordenam cada um dos volumes.

O leitor terá a oportunidade de conferir as mais diversas abordagens para temas novos, ou com novas leituras de questões já existentes, sempre fiel a qualidade e rigor científico para o enfrentamento de questões concretas e complexas. Buscamos não ficar presos às questões puramente acadêmicas e sem grande aplicação prática. Como uma escola de negócios, os textos que aqui apresentamos trazem luz para as mais variadas dificuldades do dia-a-dia do jurídico empresarial estratégico.

Tenho a honra de encerrar esse ciclo de 20 anos, deixando um verdadeiro legado que foi construído por todos que estiveram na posição de coordenação, conselheiros, professores, alunos, apoio acadêmico e toda a equipe do Insper que construiu esse belo projeto ao longo de duas décadas.

A coleção Estudo Aplicados de Direito Empresarial, em apenas três anos já trouxe ao público 75 artigos altamente qualificados de nossos alunos e cada um dos volumes desta 4ª edição apresenta mais cinco novos artigos, de forma que estamos muito próximos a suplantar a marca de 100 qualificados artigos elaborados por nosso corpo discente, marca realmente expressiva para uma publicação tão jovem no cenário jurídico nacional.

Deixo aqui o meu muito obrigado à todas e todos que colaboraram, de alguma forma, durante essa caminhada e construção de um legado para as novas e futuras gerações que doravante passam a conduzir os trabalhos, desejo sorte e muito mais repetições desse sucesso, fruto de muito trabalho e dedicação de todos os envolvidos até o momento.

Parabéns aos colegas que têm a honra de participar dessa 4ª edição histórica, celebrando os 20 anos do Insper Direito e o sucesso de um projeto plural, competente e de muita dedicação e empenho, vamos em frente.

Boa leitura a todos!

Prof. Dr. Rodrigo Fernandes Rebouças

SUMÁRIO

A Nova Interpretação do §3º do art. 134 da Lei das Sociedades por Ações

Anna Carla Marujo Rossetti

Introdução[1]

A Lei nº 6.404, de 15 de dezembro de 1976, e o Código Civil brasileiro tutelam os investimentos mediante a criação de princípios e regras que protegem os agentes envolvidos na fomentação das atividades produtivas ou de prestação de serviços. O objetivo desses diplomas com a criação dessas regras e princípios é criar um ambiente de negócios que dê segurança aos investidores, detentores dos recursos, incentivado-lhes a realizar tais investimentos.

Aos investidores interessa um arcabouço de regras jurídicas que lhes permita reaver de forma rápida os seus recursos em caso de inadimplência da obrigação, além de ser fundamental a percepção de um poder judiciário rápido que possibilite reaver seus recursos no mais breve tempo.

Já os investidores do mercado de capitais que aportam recursos diretamente na atividade produtiva, mediante a aquisição

[1] Alguns trechos deste item do capítulo foram produzidos pela autora e utilizados no Projeto de Monografia, disciplina Monografia I, ministrada pela orientadora Ana Cristina von Gusseck Kleindienst.

de valores mobiliários emitidos por companhias, abertas ou fechadas, estão interessados nas regras de ressarcimento de prejuízos diretos e indiretos, caso os administradores dessas sociedades descumpram com os seus deveres previstos em lei e causem danos ao acerco social.

Os vários institutos do direito societário, não poderiam ter outro objetivo senão a criação dos incentivos à própria atividade empresarial.

Exemplo de normas que tutelam o investimento são as regras previstas na Seção IV da Lei das S.A., que tratam dos deveres e responsabilidades dos administradores de sociedades anônimas. É uma das seções mais relevantes da lei por instituir os padrões mínimos de conduta que devem ser observados quando da prática dos atos de gestão das sociedades. Além dos padrões de conduta, a Seção IV estabelece como tais administradores responderão quando seus atos que não atenderem aos padrões prescritos, causando prejuízos à sociedade.

Ato de gestão irregulares ou ilícito são os atos contrários à lei, ao estatuto social, aos interesses da companhia e que não observem o padrão de conduta estabelecido na Lei das Sociedade por Ações[2].

Para obterem o ressarcimento por eventuais prejuízos causados diretamente ao acervo social, e indiretamente ao investidor, em razão da prática de atos de gestão ilícitos pelos administradores, os acionistas deverão deliberar em assembleia geral a propositura da ação da responsabilidade civil, também conhecida como ação social, de natureza indenizatória. A companhia, então, diante do consentimento da assembleia geral de acionistas, órgão deliberativo máximo da sociedade, deverá propor a ação de responsabilidade civil em face dos administradores que

[2] Outro exemplo de regra que tutela os investimentos privados é o art. 117 da Lei das S.A., que prescreve um centro de responsabilidade com padrões de conduta direcionados aos acionistas controladores.

perpetraram os supostos atos de gestão irregulares ou ilícitos, elencando todos os fundamentos de fato e de direito que servem de substrato para tal responsabilização. O legislador, com a introdução na norma jurídica desse mecanismo de ressarcimento, nada mais fez do que tutelar o investimento privado, posto que protege diretamente a sociedade e, indiretamente, o seu acionista, resguardando, em última instância, o ambiente de negócios e de investimentos privados do País.

Porém, a possibilidade de a sociedade ser ressarcida pelos prejuízos causados pelos seus administradores em decorrência da prática de atos de gestão irregulares enfrenta grave entrave pela interpretação da doutrina e da jurisprudência majoritárias sobre o tema. Isso porque há muito que se condiciona a propositura de ação de responsabilidade à prévia anulação da aprovação das contas e demonstrações financeiras, mesmo que tal aprovação tenha sido obtida de forma viciada, com emprego de mecanismos de erro, fraude, dolo ou simulação.

A doutrina e jurisprudência majoritárias cristalizaram-se no sentido de que, aprovadas as contas e as demonstrações financeiras dos administradores em assembleia geral de acionistas, estes se desoneram de responsabilidade relativamente às mesmas de forma definitiva, o que se configuraria como um *quitus* que produz efeitos na esfera jurídica do administrador e só poderia ser desconstituído por meio de provimento judicial, em ação própria ou na mesma ação indenizatória como pedido antecedente.

Assim, segundo essa linha de pensamento, uma vez aprovadas as contas dos administradores, somente se poderia ingressar em juízo com ação de responsabilidade se tal aprovação fosse anulada judicialmente, nos termos do art. 286 da Lei das S.A. Esse entendimento, que deriva de interpretação conjunta do contido nos arts. 134, § 3 º e 286 da Lei das S.A., prevalece desde longa data.

Observe-se que o legislador de 1976, seguindo tendência observada no direito comparado, introduziu modificações na lei societária de forma a facilitar a propositura, pela sociedade ou seus acionistas, da ação de responsabilidade contra os administradores e fiscais. São exemplos dessas inovações, dentre outras, a introdução da ação social "*uti singuli*" e o encurtamento do prazo de propositura da ação social "*uti universi*", a partir do qual pode qualquer acionista ingressar com a ação social como substituto processual. Contudo, o legislador de 1976 não alterou a regra prevista no § 3º do art. 134, de onde surge a indagação se quis, de fato, facilitar a propositura da ação social, dado que se tivesse assim procedido, deveria ter afastado a dúvida quanto à necessidade de desconstituição do *quitus* por meio judicial.

O grande problema que se vislumbra com o acima esposado entendimento da doutrina é que o prazo prescricional para apresentação da ação de responsabilidade civil em face de administrador é de 3 (três) anos e o prazo decadencial para ingresso da ação anulatória da aprovação de contas e demonstrações financeiras é de 2 (dois) anos. Assim, como parte da doutrina e a jurisprudência prevalente coloca a procedência da segunda ação, ainda que no mesmo processo, como condição para a propositura da primeira, tem-se, na prática, um encurtamento do prazo de propositura da ação de responsabilidade civil de 3 (três) nos para 2 (dois) anos, uma vez que passados 2 (dois) anos da data do balanço no qual estão inseridos os atos de gestão irregulares ou ilícitos, decai a ação anulatória e também não se poderia propor mais a ação de responsabilidade civil.

Talvez isso nem tenha sido aventado em razão de a desconstituição da quitação por provimento judicial não estar prevista em lei, sendo apenas uma construção doutrinária e jurisprudencial.

Outro ponto que causa estranheza no entendimento doutrinário e jurisprudencial dominantes é que o §3º do art. 134 apresenta uma condicionalidade. A lei fala que a aprovação das contas e das demonstrações financeiras, sem ressalvas, exonera de responsabilidade o administrador, salvo em caso de erro, dolo, fraude ou simulação. Essa segunda parte do dispositivo, ou seja, a exceção quando não ocorre a exoneração de responsabilidade, é literalmente esquecida, pois argumenta-se que, como a exoneração de responsabilidade produziu efeitos na esfera jurídica do administrador quando da aprovação das contas e demonstrações financeiras, seria preciso de decisão judicial para desconstituí-la.

A exposição de motivos da Lei das S.A. não dispõe especificadamente a respeito desse assunto, de forma que não se pode inferir, de forma direta, a vontade ou animus do legislador.

Essa é, a todo sentir, a forma antiquada de interpretação do §3º do art. 134. Há outra. Poder-se-ia argumentar que a aprovação das contas e das demonstrações financeiras só exoneraria de responsabilidade o administrador se não houvesse atos de gestão irregulares entremeados nas contas e aprovados em erro, dolo, fraude ou simulação pelos acionistas da sociedade. Os atos de gestão irregulares, portanto, nunca seria aprovados se que eivados de vícios. Com a mudança de paradigma introduzidos no ordenamento brasileiro pela promulgação da Constituição Federal e o Código Civil, como se verá adiante, não só é possível, como se deve fazer uma interpretação que tutele a companhia, evitando que o administrador de má-fé possa se locupletar abusando do seu direito.

A facilitação da obtenção de ressarcimento, pela companhia, por prejuízos causados aos acionistas não tem outra função, como dito acima, que não criar um ambiente de negócios favorável aos investimentos.

Inicialmente, aprofundar-se-á a questão da interpretação da doutrina majoritária e jurisprudência, que restringe a propositura da ação de responsabilidade ao exigir a prévia desconstituição da quitação dada ao administrador, fragilizando o mecanismo de proteção aos acionistas (e, em última instância, aos investimentos) erigido pela Lei das S.A. e *data maxima venia* não merece continuar a prosperar. Em seguida elencar-se-á, em breves linhas, os deveres e responsabilidades a que os administradores estão sujeitos, bem como esclarecer-se-á o *modus operandi* da ação de responsabilidade civil em face dos administradores, em caso de prática de atos de gestão irregulares por tais administradores.

Abordar-se-á, ademais, as causas extintivas e excludentes de responsabilidade dos administradores, explicitando que a exoneração de responsabilidade constante no §3º do art. 134 da Lei das S.A. pode ser entendida como causa extintiva de responsabilidade do administrador de indenizar à companhia. O contexto histórico da evolução daquele dispositivo também será adiante analisado. Far-se-á um breve apanhado sobre a teoria dos fatos jurídicos, para se chegar à conclusão de que a aprovação das contas e das demonstrações financeiras pela assembleia geral de acionistas é modalidade de ato jurídico *stricto sensu*, já que o § 3º do art. 134 pré-estabelece como seu efeito jurídico a exoneração de responsabilidade dos administradores (condicionada). Explicar-se-á que a funcionalização dos negócios jurídicos e a mudança de paradigma do ordenamento brasileiro introduzidas pelo novo diploma civil (Código Civil de 2002) é mais uma das razões que justificam a mudança de interpretação do § 3º do art. 134 pretendida neste trabalho.

Por fim, explicar-se-á sobre o regime de invalidade de deliberações assembleares e os vícios suscetíveis de serem anulados, bem como mencionar-se-á como esse assunto é tratado em outras jurisdições.

1. A Problemática – o §3º do art. 134 da Lei das S.A.

A doutrina majoritária afirma que a aprovação das contas da administração pela assembleia geral de acionistas exonera de responsabilidade os administradores, funcionando como um verdadeiro *quitus*, que produz efeitos na esfera jurídica dos administradores, sendo, portanto, anulável apenas em juízo, por meio da competente ação de anulação de deliberação de aprovação de contas e de demonstrações financeiras. Nesse sentido, Trajano de Miranda Valverde (1963, págs. 111/112) dizia que a assembleia geral poderia rever as suas deliberações, ressalvados os direitos de terceiros[3] (esse ponto será a diante mais bem esquadrinhado).

A aprovação das contas dos administradores seria, dentro dessa linha de raciocínio, ato jurídico que lhes confere quitação de suas obrigações, que, válida, teria a finalidade imediata de desonerar o recipiente de tal quitação de toda e qualquer responsabilidade acerca da obrigação quitada. Somente prova irretorquível de vício na formação do ato jurídico de quitação, como simulação, erro, dolo ou fraude, teria o condão de viabilizar, judicialmente, a nulidade ou anulação da competente aprovação de contas e respectiva quitação.

Nessa linha, o voto-vista do Ministro do Superior Tribunal de Justiça – Antônio de Pádua Ribeiro – proferido no julgamento do Recurso Especial 256.596-SP[4] também estabeleceu

[3] VALVERDE, Trajano de Miranda. **Sociedades por Ações**. Vol. III. 2 Ed. Rio de Janeiro: Ed. Forense. 1963. págs. 111/112. "832 – A assembleia geral pode sempre rever as suas próprias deliberações. Pode, assim, cancelar ou anular deliberação anterior e ratificar todos os atos que interessam à sociedade. Ressalvados, pois, os direitos de terceiros, acionistas ou não, a deliberação atacada é passível, em princípio de revisão e retificação. E avaliação desta será indiscutível se tiver por fim sanar irregularidades (nº 820)."

[4] Recurso Especial nº 256596/SP (2000/0040484-5), Voto-Vista do Ministro Antônio de Pádua Ribeiro Órgão Julgador: 3ª Turma, Data do Julgamento: 08 de maio de 2001, Data da Publicação (DJE) 18 de junho de 2001. "E quando nasce o direito da ação de responsabilidade movida contra o administrador que teve suas contas aprovadas, sem reservas, pela assembleia geral da sociedade? Será possível propor essa ação antes da anulação do ato de aprovação, por achar-se

que a quitação dada ao administrador se configuraria como um ato jurídico que produz efeitos na esfera dos administradores e não poderia ser desfeito pela própria assembleia.

Mais recentemente, diversos Ministros do Superior Tribunal de Justiça se manifestaram nesse mesmo sentido ao acompanhar o voto do Ministro Marco Aurélio Bellizze[5].

José Alexandre Tavares Guerreiro (1979, pág. 416-417)[6] também sustenta que viciado o consentimento dos acionistas

eivado de erro, dolo, simulação ou fraude? Creio que não, porque esse ato da assembleia geral não é um ato qualquer, tanto assim que a ata que o contém há de ser arquivada no Registro de Comércio e publicada (art. 134, § 5º). É um ato jurídico, que não pode ser anulado pela própria assembleia geral, mesmo porque produz efeitos com relação a terceiros." https://ww2.stj.jus.br/processo/revista/documento/mediado/?componente=IMGD&sequencial=1538792&num_registro=200000404845&data=20010618&formato=PDF

[5] Recurso Especial nº 1515710/RJ e Recurso Especial nº 2014/0327836-9, Ministro Relator Marco Aurélio Bellizze (1150), Órgão Julgador: 3ª Turma, Data do Julgamento: 12 de maio de 2015, Data da Publicação (Dje) 02 de junho de 2015. Recursos Especiais. Ação de Responsabilidade por Ato de Administrador de Sociedade Anônima. Prejuízo Suportado pela Companhia, Decorrente de Proceder Contrário à Lei (em sentido amplo). 1. Litisconsórcio Ativo Facultativo Formado pela Companhia e Acionistas, Após o Prazo do §3º do Art. 159 da Lei das S/A. Possibilidade. 2. Negativa de Prestação Jurisdicional. Não Ocorrência. 3. Aprovação das Contas, sem ressalva, pela Assembleia Geral. Verificação. 4. Ajuizamento Prévio de Ação Destinada a Anular a Deliberação Assemblear que Aprovou as Contas. Exigibilidade. Extinção do Feito. Necessidade. 5. Recursos Especiais Parcialmente providos. https://ww2.stj.jus.br/processo/revista/documento/mediado/?componente=ATC&sequencial=46934150&num_registro=201403278369&data=20150602&tipo=51&formato=PDF

[6] Teixeira, Egberto L. e Guerreiro, José Alexandre T. **Das Sociedades Anônimas no Direito Brasileiro**. Vol. 1. São Paulo: Ed. José Bushatsky. 1979. p. 416-417. "Fiel à orientação anterior, a lei determinada, pois, que a aprovação, se reserva, das demonstrações financeiras e das contas, exonere de responsabilidade os administradores e fiscais, salvo erro, fraude, dolo ou simulação (art. 134, §3º). Viciado o consentimento dos acionistas por qualquer dos apontados defeitos, a respectiva deliberação torna-se anulável, podendo a ação própria ser ajuizada pela sociedade ou por qualquer acionista dentro do lapso prescricional de dois

quando da aprovação de contas, torna-se anulável referida aprovação. Outro não é o entendimento de Fábio Konder Comparato (1978, pág. 56)[7] e Alberto Xavier (1979, págs. 107/108)[8].

Com relação ao *modus operandi* da propositura ação de anulação de deliberação assemblear, o Ministro Pádua Ribeiro, no voto acima citado, assim se manifestou:

> Nada impede que as referidas ações sejam cumulativas, discutindo-se em um mesmo processo a anulação da deliberação e a responsabilidade civil do administrador faltoso. Para tanto, basta a presença dos requisitos do art. 292, § 1º, do Código de Processo Civil, a qual se verifica no presente caso. Haveria, porém, de ser observado o prazo para se promover aquela anulação, ou seja, dois anos. Tratar-se-ia, pois, de cumulação sucessiva, já que o acolhimento de um pedido dependeria do acolhimento do outro. É que, julgado improcedente o pedido de anulação, persistiria a

anos contados da deliberação (art. 286). Enquanto não declara judicialmente sua nulidade, valem as demonstrações financeiras como ato jurídico perfeito, com todos os efeitos daí decorrentes."

[7] COMPARATO, Fábio Konder. **Ensaios e Pareceres de Direito Empresarial**. Rio de Janeiro: Ed. Forense. 1978. pág. 56 "Para que a companhia possa responsabilizar os seus administradores, cujas contas foram aprovadas em assembleia geral, é preciso promover, preliminarmente, a anulação dessa assembleia, com fundamento em um dos vícios da vontade, indicados na lei: erro, dolo, fraude ou simulação."

[8] XAVIER, Alberto. **Administradores de Sociedades**. São Paulo: Revista dos Tribunais. 1979. págs. 107- 108. "A aprovação das contas anuais, sem reservas, além de fixar o lucro líquido do exercício, tem pois eficácia liberatória dos administradores, significando isto que a sociedade renuncia a exigir-lhes responsabilidade pelos prejuízos causados ao seu patrimônio. Devendo, porém, salientar-se que essa liberação e consequente renúncia não existe se a deliberação da assembleia que tiver concedido a aprovação se encontrar viciada por erro, dolo, fraude ou simulação (art. 134, § 3º, in fine). Em tal caso, essa deliberação será impugnável, no prazo de dois anos, nos termos do art. 286; e, reconhecida a consequente nulidade, poderá ser proposta ação de responsabilidade contra os administradores."

> exoneração, pela assembleia geral, da responsabilidade do administrador. A conveniência de tal cumulação seria justamente a interrupção do prazo prescricional de ambas as ações (CPC, art. 219). (Recurso Especial 256.596-SP[9])

A interpretação da doutrina majoritária acerca do §3º do art. 134, combinado com o art. 286 da Lei das S.A., bloqueia que, decorrido o prazo prescricional de 2 (dois) anos para propositura da ação de anulação de deliberação assemblear violadora da lei ou do estatuto, e eivadas de erro, dolo, fraude ou simulação, se possa ingressar com a ação de responsabilidade relativamente a atos de gestão ilícitos praticados nos exercícios sociais cuja aprovação não se pode mais anular.

Em termos práticos, suponha-se que os administradores de uma sociedade praticaram, no exercício social de 2015, atos de má-fé que beneficiaram terceiros e causaram prejuízos à sociedade que administram. Suponha-se, ainda, que esses atos de gestão ilícitos tenham sido escamoteados nas contas e nas demonstrações financeiras da sociedade aprovadas, junto com as contas daquele exercício, na assembleia geral ordinária de 2016. Decorrido o prazo de 2 (dois) anos da data da assembleia geral ordinária de 2016, ou seja, já no início de maio de 2018, não seria mais possível obter qualquer ressarcimento dos administradores por tais atos de gestão ilícitos praticados contra a sociedade, ainda que os acionistas da sociedade só tenham tomado ciência desses atos de gestão irregulares ilícitos no exercício social de 2018, por exemplo. Isso porque não se poderia desconstituir previamente a quitação dadas a esses administrado-

[9] Recurso Especial nº 256596/SP (2000/0040484-5), Voto-Vista do Ministro Antônio de Pádua Ribeiro Órgão Julgador: 3ª Turma, Data do Julgamento: 08 de maio de 2001, Data da Publicação (DJE) 18 de junho de 2001. https://ww2.stj.jus.br/processo/revista/documento/mediado/?componente=IMGD&sequencial=1538792&num_registro=200000404845&data=20010618&formato=PDF

res quando da aprovação das contas e demonstrações financeiras do exercício social de 2015.

A evolução do sistema jurídico brasileiro, após a promulgação da Constituição Federal de 1988 e do Código Civil, normas fundamentais que tornaram o ordenamento pátrio mais ético e efetivo (não deve haver norma jurídica cuja finalidade não seja alcançada), e que introduziram outra lógica no nosso sistema jurídico, a lógica da cooperação, boa-fé, lealdade e da sanção ao abuso de direito, somada à tendência das leis estrangeiras de facilitar o ressarcimento da sociedade por prejuízos causados de má-fé pelos administradores, justificam uma mudança de interpretação jurisprudencial acerca da dicção do §3º do art. 134, combinado com o art. 286.

Há mais três relevantes fundamentos jurídicos para se defender a posição de não ser necessário, previamente à propositura de ação de responsabilidade em face de administrador, anular, judicialmente, a deliberação que aprovou as contas e demonstrações financeiras, o que facilitaria o mecanismo de propositura de ação de responsabilidade civil e o consequente fortalecimento do sistema de proteção dos investimentos privados.

Primeiramente, a exoneração de responsabilidade dos administradores contida no § 3º do art. 134 da Lei das S.A. deve ser vista com reservas, uma vez que tal quitação estabelece apenas uma presunção relativa[10] de que as contas e os atos de gestão estão em conformidade com a lei. Com efeito, essa presunção relativa admite prova em contrário, evidenciando-se a ocorrência de vício de formação na manifestação de vontade do ato de quitação por erro, dolo, fraude ou simulação, como estabelece o próprio art. 134, § 3º da Lei das S.A.

[10] TAVARES BORBA, José Edwaldo T. **Direito Societário.** 10 ed. São Paulo. Ed. Atlas. 2007. pág. 388.

Ademais, é interessante notar que as já mencionadas doutrina e jurisprudência majoritárias simplesmente desconsideram a redação desse dispositivo, que expressamente condiciona o consentimento da exoneração de responsabilidade do administrador que não tenha lançado mão de em erro, dolo, fraude ou simulação.

Segundo, a aprovação pela própria assembleia geral de acionistas da propositura da ação social em face dos administradores (capitulada no art. 159 da Lei das S.A.) significa uma verdadeira revogação da exoneração de responsabilidade anteriormente outorgada pela assembleia geral, abrindo-se, portanto, caminho para ingresso da ação de responsabilidade civil. É consabido que o órgão máximo da sociedade pode alterar uma deliberação tomada. Miranda Valverde (1963, pág. 111)[11] afirmava ser possível a assembleia geral de acionistas modificar uma deliberação tomada, devendo eventual direito de terceiros ser respeitados. Valverde entendia que era preciso previamente anular a aprovação de contas, eis que tal deliberação produziu efeitos na esfera do administrador.

Porém, é possível respeitar o direito do administrador que teve as suas contas e demonstrações financeiras aprovadas, dando-lhe oportunidade de rechaçar a acusação já de posse dos documentos que deram substrato a tal modificação. Assim, a modificação da deliberação de aprovação de contas e de demonstrações financeiras deveria ser minimamente instruída com documentos apresentados aos acionistas. Por fim, o juiz da ação de responsabilidade civil também resguardaria o administrador ao verificar que a modificação da aprovação das contas e demonstrações financeiras, pela assembleia geral, não foi bem conduzida.

Terceiro, a Lei do Anonimato estipula como condição de legitimidade para a propositura de ação de responsabilidade

[11] VALVERDE, Trajano de Miranda. *op. cit.* p. 111.

contra os administradores apenas a existência de decisão assemblear (art. 159 da Lei das S.A.), não mencionando a necessidade de desconstituição da eventual deliberação tomada em assembleia, tendo por objeto a aprovação de contas.

Com relação à primeira razão, pode-se afirmar que a exoneração de responsabilidade outorgada pela assembleia geral aos administradores é um tipo de quitação diferente da quitação do direito civil, entendida como prova de pagamento. A quitação do direito civil decorre da prestação de uma obrigação, o que é, em tese, mais facilmente apurável do que a quitação societária outorgada pela assembleia geral aos administradores. A quitação societária é deveras complicada, eis que aglutina uma série de atividades e números, cuja revisão depende da análise contábil das demonstrações financeiras e de todos os atos de gestão dos praticados pelos administradores, o que, sabidamente, não é possível ser realizada de forma abrangente e profunda no âmbito de uma assembleia geral.

Na prática, é quase impossível que a assembleia verifique a legalidade de cada ato de gestão dos administradores e cada lançamento contábil que deu origem às demonstrações financeiras. Tanto isso é verdade que existe a figura dos auditores independentes que fazem a verificação das contas integrantes das demonstrações financeiras, certificando que a composição das mesmas está de acordo com os princípios de contabilidade geralmente aceitos. Às vezes, nem mesmos essse experts são capazes de descortinar os atos de gestão irregulares praticados pelos administradores.

Além disso, a exoneração capitulada no §3º do art. 134 não poderia se estender a documentos que não foram vistos ou analisados pela assembleia geral, especialmente quando ocorre ocultação proposital de informações ou manobras contábeis pode levar o acionista a erro. A maior parte dos negócios e operação de sociedades anônimas não estão suficientemente transparentes nas demonstrações financeiras. Se, após a aprovação das contas dos administradores, os acionistas descobrirem fatos novos que comprovem a ilegalidade de ato de gestão ou erro na contabilidade, a formação do ato jurídico de exoneração de responsabilidade dos administradores ocorreu de forma viciada, o que justificaria a revogação de mesma pela assembleia, independentemente de se recorrer ao Poder Judiciário para a obtenção dessa medida.

Relativamente à terceira razão acima relatada – ausência na Lei das S.A. de outra condição de *legitimidade ad causam* para ingresso da ação social -, o ilustre jurista Luiz Gastão Paes de Barros Leães (1995, pág. 23) [12] compreende o disposto no art.

[12] Leães, Luiz Gastão Paes de Barros. In: **Revista de Direito Mercantil, Industrial, Econômico e Financeiro**. São Paulo: Malheiros. v. 100, n. 98. 1995. Pág. 23. "2.13 A condição de legitimidade para agir, em todas essas hipóteses, é, portanto, apenas uma: a existência de prévia decisão da assembleia geral deliberando promover – ou não promover – a ação. Inexiste no texto legal qualquer outra condição para que o autor da ação social adquira qualidade para agir. 2.14 Nem se diga que a legitimidade para agir contra os administradores apenas ocorre para apreciar os atos expressamente levados ao conhecimento da assembleia, que, à vista deles, deliberou contrária ou favoravelmente à propositura da ação. Em primeiro lugar, cumpre lembrar que a legitimatio ad causam diz respeito à titularidade da ação; é a pertinência subjetiva da ação; e, na hipótese, essa se dá simplesmente quando, provocada, a assembleia autoriza ou nega a propositura da ação. É apenas isso o que expressamente exige o artigo 159 da Lei do Anonimato. Em segundo lugar, seria uma restrição odiosa que essa legitimidade se instaurasse apenas e tão-somente em relação aos fatos levados ao conhecimento da assembleia. A se admitir essa ideia, estaríamos colocando nas mãos de administradores pouco escrupulosos uma poderosa arma para se furtar de responsabilidades, pois as demonstrações financeiras e as contas de exercício via de regra não apontam fatos; limitam-se a registrá-los. 2.15 De resto, a própria quitação, dada pelos acionistas aos administradores, ao aprovarem sem reservas as demonstrações financeiras e as contas de exercício, na assembleia ordinária anual, não implica na ratificação de todas as operações que lhe servem de alicerce, nem dos atos inquinados de erro, dolo, fraude ou simulação, os quais sempre poderão ser arguidos, como a própria lei o ressalva (Lei 6.404, art. 134,

159 da Lei das S.A. como condição de legitimidade processual para apresentação da ação de responsabilidade em face do administrador, ou seja, a pertinência subjetiva da ação. Leães também pondera que exigir outra condição para propositura da ação de responsabilidade seria criar um sistema que dá força a administradores inescrupulosos. Vale mencionar que, tanto no Decreto nº 434, de 4 julho de 1891, quanto no Decreto-Lei no. 2.627, de 26 de setembro de 1940, não havia referência à necessidade de prévia anulação da deliberação assemblear para propositura da ação de responsabilidade civil.

Tavares Borba (2007, pág. 388) também afirma que, em razão da complexidade das demonstrações financeiras, a aprovação das contas é relativa. Ademais, comenta que o fato de as contas e as demonstrações financeiras serem elaboradas pelos administradores facilitaria o emprego de meios ardilosos para enganar os acionistas. Conclui, ao fim, que "a aprovação das demonstrações financeiras não inibe a responsabilização dos administradores pelas irregularidades que, posteriormente à assembleia, vierem à ciência dos acionistas." (Tavares Borba, 2007, pág. 388)[13]

O Supremo Tribunal Federal, entretanto, se pronunciou no sentido de que o exercício da ação responsabilidade civil dependia da autorização da assembleia geral (Recurso Extraordinário no. 75.884-GB – 1º Turma). Para espancar a dúvida, o legislador de 1976 estabeleceu expressamente (no art. 159 da atual Lei das S.A.) que a propositura de ação social depende de aprovação da assembleia geral de acionistas.

§ 3º). Seria, ademais, um contrassenso que a assembleia geral pudesse paralisar o preceito imperativo de lei ou dos estatutos, ou por atos ilícitos violadores de regra de ordem pública. 2.16 Enfim, a única condição imposta pela lei para a legitimidade ativa, tanto da ação social uti universi quanto da ação social uti singuli, é a prévia deliberação da assembleia geral de acionistas, aprovando ou não a propositura do feito."

[13] Tavares Borba, José Edwaldo T. *op. cit.* pág. 388.

Fábio Ulhoa Coelho (2016, pág. 262)[14] também se manifestou sobre a condição de procedibilidade da ação de responsabilidade ao dizer que a decisão assemblear é condição de procedibilidade da ação de responsabilidade.

Seguindo a mesma linha de raciocínio e indo além, Modesto Carvalhosa (1997, pág. 345-346)[15] assevera que não se poderia impor outro requisito à propositura da ação social, e que a melhor interpretação da questão seria entender que a aprovação assemblear de propositura da ação de reponsabilidade civil retificaria a aprovação das contas e das demonstrações financeiras aprovadas com base em erro, dolo, fraude ou simulação, anulando automaticamente a deliberação. Carvalhosa, ainda,

[14] COELHO, Fábio Ulhoa. **Curso de Direito Comercial, Direito de Empresa.** 20 ed. Vol. 2. São Paulo: Revista dos Tribunais. 2016. p. 262. "A sociedade, em seu próprio nome, ou acionista, na qualidade de substituto, não poderão demandar em juízo a composição do dano sem que a assembleia geral tenha já apreciado e votado a matéria. A decisão assemblear é condição de procedibilidade da ação de responsabilidade contra o administrador (Franzoni, 1994:70)."

[15] CARVALHOSA, Modesto. **Comentários à Lei de Sociedades Anônimas.** Vol. 3. 2. ed. São Paulo: Saraiva. 1997. p. 345-346. "Quanto à ação social ut universi, seja diretamente proposta pela companhia, seja substitutivamente por acionista, o requisito apartado e prévio de decretação judicial de anulação também não pode ser admitido. Isto porque, deliberando a assembleia geral acionar os administradores, estará obviamente retificando sua deliberação anterior de aprovação das contas daqueles, já que o pressuposto é o da existência de fraude. Logo, a deliberação de agir contra os administradores, para responsabilizá-los, automaticamente anula a deliberação anterior de aprovação sem ressalvas. A anulação, portanto, é requisito já cumprido por ato próprio do órgão competente da companhia. E, com efeito, a assembleia geral é órgão soberano da sociedade, sendo da natureza de suas deliberações revogar as anteriores. Por tudo isso, conclui-se que não tem qualquer fundamento a interpretação de que primeiro deve-se anular judicialmente a deliberação da assembleia geral, para depois ingressar-se com ação de responsabilidade. Essa interpretação, além de contrariar a própria exegese sistemática da lei, nega a tendência acentuada do sistema jurídico, que é o de limitar, cada vez mais, os efeitos supostamente preclusivos da aprovação das contas dos administradores."

frisa que, por ser órgão soberano, a assembleia geral de acionistas poderia revogar suas deliberações anteriores. Segundo esse doutrinador, a interpretação hoje prevalente na doutrina e jurisprudência recusa a convergência marcante em outros países de restringir as consequências preclusivas da aprovação das contas dos administradores (MODESTO CARVALHOSA, 1997, pág. 345-346).

Por fim, um último argumento para se alterar a interpretação ampliativa (beneficiando o administrador) que se faz do §3º do art. 134, e que, para autora, espanca qualquer dúvida sobre o assunto, é que todo o sistema de ressarcimento previsto na Lei das S.A. para os acionistas quando da prática de atos de gestão irregulares que causem dano ao acervo social é calcada na Ação Social. Diferentemente dos Estados Unidos da América, no Brasil, por ora, não podem os acionistas que foram indiretamente prejudicados por aquelas irregularidades ingressar com ação contra a sociedade. Nas palavras de Bulhões Pedreira (1996, pág. 406-409)[16], o art. 159 é claro: se o patrimônio da socie-

[16] "3. PREJUÍZO INDIRETO DOS ACIONISTAS – O §7º do artigo 159 da lei das sociedades por ações refere-se a 'acionista diretamente prejudicada por ato de administrador', e a doutrina analisa a responsabilidade civil dos administradores de companhia distinguindo entre o prejuízo direto e indireto do acionista. A companhia tem patrimônio próprio e o dano a esse patrimônio não tem efeito direto nos patrimônios dos seus acionistas; estes são, todavia, titulares de direito de participar nos lucros sociais e no acervo da companhia em caso de liquidação, que fundamentam o conceito de 'prejuízo indireto' do sócios."
"5. O ACIONISTA NÃO TEM AÇÃO PARA HAVER REPARAÇÃO DE PREJUÍZO INDIRETO – A redação do artigo 159 da lei de sociedades por ações deixa evidente que o acionista da companhia não tem ação contra os administradores para obter reparação dos chamados 'prejuízos indiretos'. Se o patrimônio da companhia sofre prejuízo por efeito de ato ilícito de administrador ou de terceiros, a ação para haver indenização compete à companhia, como pessoa jurídica titular do patrimônio que sofreu o dano e deve receber a reparação. Somente negando a existência da personalidade distinta da companhia seria possível atribuir a cada acionista ação para haver do administrador ou de tercei-

dade sofre prejuízos, a legitimada para ingressar com ação é a companhia e não os acionistas.

Se não é possível, por enquanto, ao acionista se ver ressarcido diretamente, não pode o interprete do direito continuar aplicando os dispositivos legais sobre o assunto de forma a obstar a propositura da ação social, dificultando também o ressarcimento direto da companhia (e indireto do acionista). Senão, todo o sistema de ressarcimento da Lei das S.A. colapsa.

O que acontece atualmente, em razão da natureza peculiar dos ilícitos praticados e de como se inserem no conjunto de atos da sociedade, é que grande partes desses ilícitos não estão sendo descortinados a tempo e acabam não sendo ressarcidos. Eles são maldosamente acobertados, escamoteados e fraudulentamente dissimulados de forma enganosa na miríade de atos de gestão refletidos nas contas e nas demonstrações financeiras. Portanto, não são descoberto rapidamente, e, quando são, o direito da sociedade de anular judicialmente a aprovação de contas terá decaído.

O sistema deveria permitir que quase todos os atos irregulares fossem ressarcidos, ficando de fora somente aqueles em que a companhia "comeu bola", "foi lenta para obter o ressarcimento". Mas, infelizmente, não é o que, na prática, se vê.

A interpretação prevalente do §3º do art. 134, antiquada de certa forma, precisa ser alterada como ato de profilaxia do mercado.

ros, a sua quota-parte ideal no prejuízo causado ao patrimônio da companhia: a reparação do patrimônio social seria substituída pela reparação dos patrimônios dos acionistas que promovessem ações de indenização." BULHÕES PEDREIRA, José Luiz; LAMY FILHO, Alfredo. **A Lei das S.A.** Parte III. 2 ed. Rio de Janeiro. Ed. Renovar. 1996. Pág 406-409.

1.1. Os Deveres Fiduciários e a Responsabilidade dos Administradores de Sociedades

Não é possível tratar da exoneração de responsabilidade dos administradores decorrente da aprovação de contas e de demonstrações financeiras sem se falar, ao menos, em breves linhas, sobre a responsabilidade dos administradores e os seus deveres fiduciários.

Como os administradores são órgãos que exteriorizam a vontade social, devem responder perante terceiros e perante a sociedade por atos praticados em desacordo com os padrões de conduta previstos na Seção IV da Lei das S.A.

A legislação societária prevê um regime dualista (os diretores[17] e o conselho de administração) para os órgãos societários responsáveis pela gestão da companhia, porém os deveres imputados a eles são os mesmos – art. 145 da Lei das S.A. Há diferença, contudo, no regime de responsabilidade por atos de gestão irregulares praticados por cada um dos órgãos.

Em razão de administrarem recursos de terceiros, estão os administradores sujeitos ao cumprimento de certos deveres, ditos fiduciários, eis que decorrentes da relação de confiança que, necessariamente, deve se estabelecer entre o administrador e a companhia. O significado dessa relação de confiança é perceptível quando se pensa que uma pessoa só designará um terceiro para gerir, administrar e cuidar dos seus próprios recur-

[17] Não é a diretoria o órgão societário, mas são os próprios diretores, cada qual individualmente, que são os órgãos da companhia. A regra estabelecida em lei para os diretores é a individualidade. Pode haver diretoria colegiada na companhia também, porém essa não é a regra, dependendo de estipulação estatutária, inclusive com a definição clara de suas atribuições. Em geral, cada diretor tem atribuições distintas previstas no estatuto da sociedade, tendo, comumente, o diretor presidente atribuição geral pelo conjunto dos atos de gestão praticados. A repartição de atribuição entre os diretores pode ser feita de várias formas, porém os poderes de gestão diária e de representação são de competência exclusiva dos diretores e não podem ser transferidos.

sos e negócios se tiver plena certeza de que o terceiro é competente, tem a formação adequada para desempenhar a função e é honesto para não usurpar de oportunidades comerciais. A competência e formação são facilmente apuráveis mediante análise curricular e cartas de recomendação, porém honestidade é qualidade que se afere na prática. Essa confiança é depositada no administrador pelos acionistas que o indicaram ao cargo. A lei, então, com o objetivo de proteger os acionistas (indiretamente) e a companhia (diretamente) lança ao administrador deveres que visam servir como parâmetro de atuação do que seria um comportamento honesto e correto do administrador.

Nem todo dever do administrador é fiduciário, há diversos deveres específicos estabelecidos em lei, tais como manter a escrituração da sociedade ou convocar a assembleia geral. Os deveres fiduciários, contudo, são cláusulas gerais genéricas e indetermináveis concretizadas no caso específico. Verificar-se-á se a conduta do administrador foi correta na análise da situação em específico.

Algumas legislações definiram os deveres fiduciários de forma sintética, analítica ou mista[18]. O Brasil adotou um sistema misto, com prevalência do critério analítico, com intenção educativa, segundo a exposição de motivos da lei[19].

O art. 153 da Lei das S.A. trata do dever de diligência, traduzindo-o como o dever de empregar no exercício de suas funções a diligência que o homem ativo e probo costuma empregar na administração dos seus próprios negócios (É o parâmetro de atuação do *bonus pater familiae*?) Nos Estados Unidos da América, é tido como o dever mais relevantes dos administradores, do qual os outros derivariam. Na Alemanha, o dever dos

[18] ADAMEK, Marcelo Viera Von. **Responsabilidade Civil dos Administradores S/A.** 1 ed. 2 tiragem. São Paulo: Saraiva. 2010. pág. 119.

[19] ADAMEK, Marcelo Viera Von. op. cit. p 119.

deveres é o de lealdade, do qual emanariam os demais. Esses dois direitos, no Brasil, são as grandes diretrizes de atuação dos administradores.

A Comissão de Valores Mobiliários tem afirmado que, para as companhias abertas, os administrados, que são profissionais especializados e, em geral, possuem alto grau de formação técnica, não podem ter apenas o cuidado do homem médio, mas, como profissionais e técnicos, têm condições de empregar cuidado maior. Portanto, o *standard* de conduta seria mais alto do que o do homem médio para as companhias abertas que captam poupança popular.

Para concretizar o dever de diligência, a análise deve ser feita com base nos dados disponíveis à época e de acordo com as circunstâncias do caso concreto. Do dever de diligência, deriva a *business judgement rule*, regra protetiva dos administradores que dá a eles liberdade para tomar as decisões negociais, desde que se cerquem de todas as cautelas, providências necessárias, opinião legais, ou seja, tomem decisões de qualidade e informadas sobre as matérias. Para companhias abertas, o administrador não precisa ter ciência de tudo o que acontece na companhia, mas deve tomar as precauções para que os sistemas e procedimentos internos de controle da companhias estejam plenamente funcionando, por meio de comitês e outros órgãos internos. Ademais, o administrador não pode se informar sobre as operações da sociedade passivamente, mas deve ter uma conduta ativa buscando as informações. Se cumpridas as diretrizes acima, os administradores não se responsabilizam por danos causados ao acervo social se os administradores tomaram todas as precauções necessárias.

O art. 154 da Lei das S.A. prevê que o administrador tem que agir no interesse da companhia, tendo como fim mediato obter lucro e como fim imediato alcançar o interesse social. O dever de independência – art. 154, § 1º – significa que a lealdade do administrador o vincula à companhia e não ao acionista que o indicou[20]. A Comissão de Valores Mobiliários tem entendido o dever principal do administrador é com a companhia, e, no limite, deve resguardar o interesse da companhia, mesmo quando existente Acordo de Acionistas. Se o administrador discordar do previsto, ou deliberado em reunião prévia do Acordo de Acionistas, pode o administrador não cumprir tal ajuste, o que afronta o estipulado no §9º do art. 118.

O dever de lealdade previsto no art. 155 estipula condutas em rol meramente exemplificativo. Tais condutas que vedam que o administrador, por exemplo, usurpe de oportunidades comerciais da companhia, se omita ao defender interesse da companhia para obter vantagem indevida ou adquira bens de interesse da companhia.

No que diz respeito ao conflito de interesse, o administrador não pode intervir em operações em que tenha interesse conflitante com a companhia. Esse conflito seria formal e o administrador não poderia votar *a priori*, ou seria material, se se entendesse que o administrar poderia votar e a aferição da validade do seu voto seria feita *a posteriori* já concretizando-o no caso específico. O entendimento sobre a forma de controle desse dever é bastante divergente na doutrina e na jurispru-

[20] A lei definiu o dever de independência ao fazer a desvinculação entre o acionista e o administrador por ele indicado, o que faz sentido diante da direção axiológica da lei de que o acionista deve exercer o seu voto sempre no interesse da companhia, inclusive no que tange a eleição dos administradores. Assim, o acionista deve indicar ao cargo de administrador as pessoas que têm condições objetivas de atuar no melhor interesse da companhia e não visando atender ao interesse do acionista que o indicou. Note-se que, em 2001, alterou-se a lei para incluir os §8º e 9§ do art. 118, que falam que o administrador deve seguir a orientação de voto dada pelos acionistas vinculados a um Acordo de Acionistas. Esses dispositivos retiram, de certa forma, um pouco da independência dos administradores, tendo reconhecido que, havendo acordo de acionistas, os administradores devem observar o que está ali previsto.

dência da Comissão de Valores Mobiliários (e é alterada conforme a composição do Colegiado dessa Autarquia). Em outras palavras, alguns entendem que o administrador não poderia votar quando tivesse em situação de conflito com a companhia, sendo essa aferição feita aprioristicamente. Outros preferem a interpretação de que o administrador poderia votar, desde que votasse no interesse da companhia, sendo a aferição sobre se votou, ou não, no interesse da companhia feita *a posteriori*.

O dever de sigilo, por sua vez, impõe ao administrador que mantenha reserva sobre os negócios da companhia. Na companhia aberta, os administradores, de posse de informações privilegiadas[21] ainda não divulgadas ao mercado, não podem utilizar essa informação, negociando com os valores mobiliários da companhia, para obter vantagem para si e para outrem. Essa é a vedação ao *insider trading*. Terceiros de posse dessa informação também não podem utilizá-la, em benefício próprio ou de terceiros, ou passá-la a terceiros com esse mesmo objetivo, conforme previsto no art. 27- D da Lei nº 6.385 de 07 de setembro de 1976[22].

[21] Entendidas essas informações, conforme previsto no art. 2º da Instrução CVM nº 358, de 03 de janeiro de 2002, conforme alterada, como aquelas que possam influir: na cotação dos valores mobiliários de emissão da companhia aberta ou a eles referenciado; na decisão dos investidores de comprar, vender ou manter aqueles valores mobiliários; e na decisão dos investidores de exercer quaisquer direitos inerentes à condição de titular de valores mobiliários emitidos pela companhia ou a eles referenciados.

[22] Art. 27-D da Lei nº 6.385, de 7 de dezembro 1976 – "Utilizar informação relevante de que tenha conhecimento, ainda não divulgada ao mercado, que seja capaz de propiciar, para si ou para outrem, vantagem indevida, mediante negociação, em nome próprio ou de terceiros, de valores mobiliários: Pena – reclusão, de 1 (um) a 5 (cinco) anos, e multa de até 3 (três) vezes o montante da vantagem ilícita obtida em decorrência do crime. § 1º Incorre na mesma pena quem repassa informação sigilosa relativa a fato relevante a que tenha tido acesso em razão de cargo ou posição que ocupe em emissor de valores mobiliários ou em razão de relação comercial, profissional ou de confiança com o emissor.

O dever de vigilância, decorrente do dever de diligência, configura-se como a obrigação do administrador de estar atento aos atos de gestão praticados. Essa vigilância é concretizada por meio de mecanismos e procedimentos internos de controle dos atos de gestão praticados pelas diversas áreas da companhia.

A regra da responsabilidade do administrador está conectada ao não cumprimento do seu dever de vigilância e o dever de diligência, pois, embora não haja solidariedade entre os administradores, eles respondem não só por seus próprios atos, mas também pelos atos dos outros administradores, quando com eles forem conivente ou deixarem de exercer o dever de vigilância e apurar atos de gestão irregulares praticados por outros administradores. Não se trata de solidariedade ou responsabilidade por fato de terceiros, mas de responsabilidade pelo descumprimento de dever próprio. Ademais, se o administrador toma ciência de ato de gestão irregular de seu predecessor, há a obrigatoriedade de reportar esse fato, sob pena de responsabilização individual do administrador.

O § 5º do art. 158 estabelece responsabilidade ao terceiro que concorrer com o administrador na prática de ato de gestão irregular. Igualmente, não se trata de responsabilidade solidária, mas de responsabilidade do terceiro por ato próprio.

Note-se que o *standard* de conduta para administrador integrante de órgão colegiado é mais rígido do que o *standard* de conduta de administrador que é o próprio órgão da companhia, como no caso do diretor. No órgão de administração separado, a incomunicabilidade da responsabilidade é a regra; a culpa de um administrador por ato de gestão de outro administrador não se presume, sendo preciso comprovar a culpa daquele. Em

§ 2º A pena é aumentada em 1/3 (um terço) se o agente comete o crime previsto no caput deste artigo valendo-se de informação relevante de que tenha conhecimento e da qual deva manter sigilo."

órgão colegiado, o raciocínio é o oposto e a regra é a comunicabilidade da culpa, sendo preciso comprovar a divergência à determina decisão em ata.

No que diz respeito à espécie de responsabilidade que surge do liame entre administrador e sociedade, em razão do desempenho da sua função, poderia ser interpretada como obrigacional derivada de contrato; ou *ex lege* – derivada da lei. Na segunda hipótese, o dever de indenizar surgiria de conduta antijurídica que acarretou infração a dever legal, na primeira hipótese, do contrato existente entre o administrador e a sociedade. No Brasil, ensina Marcelo Adamek (2010, pág. 195), prevalece na doutrina a responsabilidade aquilina (*ex lege*), sob a justificativa de que, até quando as regras descumpridas encontram-se em estatutos sociais, há previsão legal[23] que trata do dever violado. No exterior, Adamek (2010, pág. 194) afirma ser dominante o entendimento de que a responsabilidade do administrador é contratual[24].

O relevante no que tange à responsabilidade do administrador é que se trata de responsabilidade ilimitada, subjetiva, cogente e derivada de obrigação de meio.

Em relação aos danos que podem ser causados pelos administradores, é importante que se frise que podem ser de diferentes ordens[25]. Podem ser danos causados à companhia, aos acionistas ou a terceiros, ou, ainda, uma combinação de dois desses, tal como quando o dano é causado à sociedade diretamente que se vê com seu patrimônio líquido reduzido e com-

[23] Pode-se criticar essa tese, uma vez que, embora órgão social, a conexão que se estabelece entre administrador e sociedade é contratual, de onde se infere que a correspondente responsabilidade seria contratual. Ademais, poder-se-ia, ainda, argumentar que a fonte primária de obrigações para o administrador seria o contrato de sociedade que teria força atributiva de obrigação. (ADAMEK, Marcelo Vieira Von. *op. cit.* pág. 195.)

[24] ADAMEK, Marcelo Vieira Von. *op. cit.* pág. 194.

[25] ADAMEK, Marcelo Vieira Von. *op. cit.* pág. 194.

prometimento de caixa, o que, indiretamente, acaba por atingir os acionistas que não receberão os mesmos dividendos a que fariam jus se prejuízo não houvesse. Há também o dano causado somente ao acionista, como, por exemplo, no caso de definição de preço de emissão de ações, por administradores, para fins de subscrição em aumento de capital em desconformidade com os ditames legais[26].

Diz-se que a definição de centro de imputação de responsabilidade surgiu como forma de balancear o grande poder que a lei e os estatutos outorgaram aos administradores, peças fundamentais que são dentro da estrutura organicista da sociedade, além de servir como incentivo para que o exercício da sua função ficasse adstrito à perseguição do interesse da companhia. Comparato (1976, pág. 307)[27] há 40 anos já falava do binômio poder-dever (responsabilidades) para tratar do acionista controlador, o que não foi muito diferente dos administradores. Junto com grande poder, a lei atribuiu aos administradores deveres, cuja observância garante que a sociedade não será prejudicada pelo problema de agência – conflito de interesse existente entre as sociedades e seus administradores.

Como os administradores têm função orgânica de produção de atos em nome da sociedade, é fato que, na maior parte das vezes, a conduta antijurídica do administrador acarreta danos, diretamente, à sociedade, e, indiretamente, ao acionista. Contudo, ensina Adamek (2010, pág. 203) que há hipóteses em que a atuação do administrador ofende diretamente a esfera patrimonial do acionista ou de terceiros, ensejando direito de ressarcimento por parte desses e não por parte da sociedade[28].

[26] Adamek, Marcelo Vieira Von. *op. cit.* pág. 198.

[27] Comparato, Fábio Konder. **O Poder de Controle na Sociedade Anônima**. 1 ed. São Paulo: Revista dos Tribunais. 1976. Pág 307.

[28] Adamek, Marcelo Vieira Von. *op. cit.* pág. 203.

O divulgação de balanço falso ou inexato com base no qual terceiros sejam induzidos a adquirir valores mobiliários por preço superior ao real, a criação de condições artificiais de mercado para manipular preço de valores mobiliários, a dissolução irregular da sociedade, e a distribuição pública irregular de valores mobiliários são exemplos de atos de gestão que podem causar danos a terceiros diretamente, sem necessariamente afetar o acervo social[29].

Quanto aos pressupostos da responsabilidade dos administradores, não é diferente de outras responsabilidades subjetivas advindas de obrigações previstas em nosso ordenamento. Para fins de ressarcimento, devem ser comprovados o comportamento antijurídico em contrariedade aos ditames legais, o efetivo dano e o nexo de causalidade entre aquele comportamento e o dano.

Adamek (2010, pág. 210) aponta que o comportamento antijurídico do administrador se encontra esquematizado no art. 158 da Lei das S.A. Esse dispositivo apresenta três comandos legais distintos, a saber: o primeiro comando é o de que administrador não se responsabiliza por ato de gestão regular, nem pelas obrigações que contrair em nome da sociedade[30]. Essa é a *business judgement rule*[31] acolhida do direito norte-americano, que informa que o administrador não responde por atos de gestão regulares praticados no interesse da companhia, que, ao fim e ao cabo, acabem por causar danos ao acervo social.

A regra do *business judgement rule* é de aplicação automática pela companhia, porém a Lei das S.A. autorizou que o juiz, analisando a responsabilidade do administrador por ato de gestão, por meio de provimento judicial exclua a sua responsabilidade,

[29] ADAMEK, Marcelo Vieira Von. *op. cit.* pág. 204.

[30] ADAMEK, Marcelo Vieira Von. *op. cit.* pág. 210.

[31] EIZIRIK, Nelson. **A Lei das S.A. COMENTADA**. v. 3. 2 ed. São Paulo: Quartier Latin. 2015. pág. 190.

conforme prognostica o §6º do art. 159 da Lei das S.A. Assim, tanto na hipótese de aplicação automática, quanto na situação de exclusão judicial de responsabilidade do administrador, caso o ato de gestão regular cause prejuízos à sociedade, é preciso o cumprimento dos seguintes pré-requisitos[32] a saber: (i) o ato de gestão deve ter sido praticado pelo administrador de boa-fé (não pode ter havido dolo ou culpa); (ii) não pode ter havido desrespeito às regras legais ou estatutárias, mormente no que diz respeito aos limites de poder estabelecidos nesse documento para o administrador que praticou o ato. Assim, se diretor tem atribuições relativas à área financeira da sociedade não poderia o ato praticado ser *e.g.*, um ato de gestão da área comercial da sociedade. No tocante ao diretor presidente, que, em geral, tem atribuições sobre todos os atos de gestão da companhia, essa preocupação com a aderência do ato aos poderes do administrador seria minimizada; (iii) é imprescindível que se possa apurar com clareza o cumprimento da regra prevista no art.154 da Lei das S.A. de que os atos dos administradores devem sempre perseguir o interesse social; (iv) devem os administradores se cercar de todas as opiniões legais que os informe de forma cristalina sobre os riscos e consequências daquele ato de gestão, sendo capazes de comprovar a diligência da sua atuação; (v) deve ter havido uma conduta ativa do administrador direcionada à prática daquele ato, ou seja, uma decisão deve ter sido tomada, inclusive a decisão de não tomar providência com relação àquela situação. Portanto, a conduta omissa do administrador está fora do âmbito do *business judgement rule*, não podendo ser objeto de exclusão de responsabilidade; (vi) por fim, não pode o ato ter sido praticado em situação de conflito de interesses, significando que não podem ser os administradores beneficiados financeira ou pessoalmente pela prática do

[32] Eizirik, Nelson. *op. cit.* 191.

ato. Esse requisito é decorrência lógica do requisito previsto no item (v) acima – necessidade da tomada de decisão *interna corporis* sobre o ato de gestão -, vez que é proibido ao administrador intervir em qualquer operação social em que tiver interesse conflitante com o da companhia, conforme estabelece o art. 156 da Lei das S.A. Note-se que os administradores ainda devem dar ciência aos demais administradores da situação de conflito, fazendo tal *disclaimer* constar de ata[33].

Assim, se somente na hipótese de ato de gestão regular não responde os administradores, é corolário da primeira parte do art. 158 que os administradores responderiam por atos de gestão irregulares que causem prejuízo à sociedade.

Para aplicação na prática dessa regra geral, forçoso se verificar a lei e o estatuto social em busca dos critérios válidos para regularidade dos atos de gestão. Assim, atos em consonância com a lei e o estatuto social são atos de gestão regulares, e os em dissonância irregulares. O segundo comando previsto no art. 158 da Lei das S.A. é a responsabilidade do administrador por culpa ou dolo: "...; responde, porém, civilmente pelos prejuízos que causar, quando proceder: I – dentro de suas atribuições ou poderes, com culpa ou dolo; e II – com violação da lei e do estatuto." [34]

O inciso I trata da responsabilidade por dolo e culpa ao passo que o inciso II dispõe sobre a responsabilidade do administra-

[33] Ademais, no que tange às situações de conflito de interesse, é preciso dizer entre o administrador e a companhia configuram-se como transação com partes relacionadas, não sendo vedada *a priori*, porém devem contar com condições razoáveis ou equitativas, idênticas às que prevalecem no mercado ou em que a companhia contrataria com terceiros (§1º do art. 156 da Lei das S.A.). O § 2º desse mesmo dispositivo legal define ser anulável o negócio contratado com infração do disposto no §1º, devendo o administrador transferir à companhia eventual benefício indevido auferido.

[34] ADAMEK, Marcelo Vieira Von. *op. cit.* pág. 213.

dor por violação da lei ou do estatuto. A rigor, o inciso I estaria abarcado no inciso II, pois se o dano ao patrimônio da sociedade, do acionista ou de terceiro decorreu de ato de gestão em que o administrador teve a intenção de causar dano à companhia (dolo) ou agiu com negligência, imprudência ou imperícia, terá o administrador de qualquer forma descumprido a lei. Note-se que todos os atos dos administradores devem ser praticados no interesse da companhia, tendo a lei definido o dever de diligência previsto no art. 153 como *standard* dessa premissa.

A todo sentir, na hipótese do inciso I, a comparação da conduta praticada pelo administrador frente ao parâmetro previsto em lei deve-se dar por meio de duas análises subsequentes. Na primeira ocorre a aferição da ilicitude, de onde se analisa o comportamento do administrador à luz da lei em abstrato (juízo de ilicitude), e, posteriormente, faz-se a aferição de culpabilidade, analisando a atuação do agente de acordo com as especificidades do caso em concreto (juízo de culpabilidade)[35].

A aferição da culpabilidade é mutável ao longo do tempo. Recentemente, o colegiado da Comissão de Valores Mobiliários em decisão em que analisava eventuais atos de gestão irregulares praticados pelos gestores da Petrobras S.A., elevou o padrão de conduta esperado para administradores de companhias

[35] Recairia sobre o autor da ação de indenização o ônus de comprovação do comportamento ilícito do administrador, por meio de descrição da conduta efetivamente praticada, da descrição da conduta que se esperaria do administrador segundo o ditame legal e o confronto dessas condutas com a explicação do porquê a primeira violou a lei. É interessante verificar que na Alemanha e em Portugal, ao contrário do Brasil, o ônus de provar que o ato praticado encontra-se em conformidade com a lei é do administrador. Essas legislações europeias não só tem a finalidade de facilitar o ressarcimento do acervo social ou de terceiros, como também têm lógica, à vista de ser o administrador a parte que mais conhece a conduta praticada, sendo mais fácil para ele fazer o confronto da conduta em abstrato e da efetivamente praticada. (ADAMEK, Marcelo Vieira Von. *op. cit.* pág. 214-215)

abertas. De profissionais extremamente preparados espera-se uma conduta em padrão e com diligência superior ao do homem médio.

A responsabilidade prevista no inciso II é igualmente subjetiva, dependendo da prova da culpa, porém, como a conduta se deu em violação à lei, cabe ao administrador provar que agiu dentro dos ditames legais. Ocorreria, então, a inversão do ônus da prova, em razão de presunção *iuris tantum* de culpa do administrador.

1.2. Ação de Responsabilidade Civil em Face do Administrador

O art. 159 da Lei das S.A. trata da ação de responsabilidade civil em face do administrador. As ações judiciais previstas no *caput* do dispositivo e nos seus §§ 3º e 4º são denominadas ações sociais, por terem como fim o ressarcimento do acervo social da sociedade em caso de atos de gestão irregulares praticados pelos administradores. A quarta ação serve para ressarcimento de terceiros ou de acionista quando tiverem sofrido dano direto. Esse ressarcimento dirige-se ao administrador, uma vez que, a rigor, são eles que praticam os atos de gestão irregulares ou ilícitos.

Aqui cabe um parêntese. Existe, hoje, no Brasil uma grande discussão se os acionistas poderiam, aos moldes do que acontece nos Estados Unidos da América, propor ação de indenização para ressarcimento de prejuízos por prejuízos causados por administradores em face da companhia. O mecanismo da lei societária não prevê uma ação direita do acionista ou do terceiro em face companhia. Como já explicitado, são os administradores que ressarcem o acervo social, o que beneficia indiretamente todos os seus acionistas. A lógica da lei é que se se puder pleitear ressarcimento da companhia, os acionistas (não ressarcidos) pagarão a conta duplamente, uma vez quando houve o ilícito e outra vez para ressarcir os acionistas.

É, justamente, o que está acontecendo no caso da Petrobras S.A. Foi noticiado na imprensa[36] que essa sociedade teria firmado acordo para ressarcimento dos acionistas americanos detentores de ADR (*American Depositary Receipts*) da ordem de US$ 2,95 bilhões de dólares norte-americanos. Há também informações veiculadas na impressa de que há uma arbitragem no Brasil e ação judicial no Brasil para ressarcimento dos acionistas brasileiros, mas não se tem informação sobre o andamento delas. Porém, como a jurisprudência é restrita ao afirmar que o dano ao acionista pela prática de ato de gestão irregular pelo administrador que afete o acervo social é sempre indireto, não se sabe ao certo o destino que essa arbitragem e a ação judicial terão. Recentemente, instigante livro[37] foi lançado para difundir outra visão sobre o tema, permitindo que o acionista obtenha ressarcimento da companhia por dano ao seu acervo social, o que se espera que ocorra, trazendo mais segurança ao mercado brasileiro.

Retomando a ação social, a principal delas é a ser promovida pela companhia prevista no *caput* do dispositivo (*ut universi*). Já as ações a serem movidas pelos acionistas estão previstas nos §3º e §4º (*ut singuli*). Essas duas ações tratam de hipóteses em que nasce o direito de agir do acionista (legitimidade ativa extraordinária) por (i) inércia da companhia na propositura da ação social, quando já deliberada pela assembleia geral (nessa situação, qualquer acionista poderia propor a ação); e (ii) por ter a assembleia geral de acionistas deliberado a não promover a ação (aqui, ape-

[36] PAMPLONA, Nicola. Petrobras faz acordo de US$ 2,95 bi para encerrar ação coletiva nos EUA. Folha de São Paulo, São Paulo, 03 jan. 2018. Folha on line. https://www1.folha.uol.com.br/mercado/2018/01/1947703-petrobras-faz-acordo-de-us-295-bilhoes-para-encerrar-acao-coletiva-nos-eua.shtml.

[37] CARVALHOSA, Modesto; LEÃES, Luiz Gastão Paes de Barros (organizadores); Wald, Arnold. **A Responsabilidade Civil da Empresa Perante Investidores**. 1 ed. São Paulo: Quartier Latin. 2018

nas acionistas representando, ao menos, 5% (cinco por cento) do capital social poderia se unir para apresentar essa ação). A hipótese do item (ii), é um direito de oposição de acionista minoritário a ato da maioria acionistas que fez seu voto prevalecer na assembleia geral que desaprovou a propositura da ação social.

A deliberação da assembleia é imprescindível para propositura da ação social de titularidade da companhia ou de seus acionistas. É possível que essa deliberação ocorra durante o curso da demanda indenizatória, mas se não houver, a ação judicial poderá ser julgada extinta sem julgamento do mérito por falta de requisito legal.

Essa matéria, de rigor, é da competência da assembleia geral ordinária, sem necessidade de estar prevista na ordem do dia de convocação da assembleia. Porém, pode ser tratada em assembleia geral extraordinária, se a matéria for urgente e não puder aguardar a assembleia geral ordinária e se essa matéria estiver prevista na ordem do dia da assembleia. Também é possível deliberar a propositura da ação social em assembleia geral extraordinária se essa matéria decorrer de outro assunto tratado e a própria assembleia decidir que é o caso de deliberar sobre a apresentação da demanda.

Há discussão na doutrina ou na jurisprudência sobre se seria necessário deliberar a propositura da ação social se o administrador já foi destituído de seu cargo na data da assembleia. A análise fria da lei indica que não. Porém, recomenda-se obter a deliberação mesmo caso o administrador já tenha sido destituído. Note-se que o administrador fica impedido de exercer seu cargo, quando é deliberada a propositura da ação social em face dele, devendo ser substituído na mesma assembleia. O quórum de deliberação dessa matéria é maioria simples dos presentes à assembleia geral, sendo que só os acionistas detentores de ações ordinárias votam (os detentores de ações preferenciais podem participar da assembleia geral, mas não podem votar).

Os efeitos advindos da deliberação de aprovação são o impedimento do administrador e a exoneração (condicionada) de responsabilidade dos administradores. A deliberação de não apresentação da ação social tem o efeito de conceder legitimidade ativa extraordinária aos acionistas detentores de, ao menos, 5% (cinco por cento) do capital social para propor a ação social, em nome próprio, defendendo interesse da sociedade – ocorre a substituição processual.

Se a administração não propuser a ação social no prazo de 3 (três) meses, a contar da data da deliberação, qualquer acionista detentor de ação ordinária ou preferencial, que tenha qualquer número de ações, pode propor essa ação, em seu nome, defendendo direito da companhia. Esse também é um caso de substituição processual em que surge a legitimidade ativa extraordinária do acionista, caso a companhia fique inerte.

O art. 159, §7º, trata da ação promovida pelo acionista ou pelo terceiro em face do administrador em caso de dano direto. Essa ação não apresenta os requisitos acima; ou seja, não é preciso deliberar a propositura dessa ação e eventual aprovação de contas e de demonstrações financeiras não causa a preclusão do direito indenizatório.

A lei previu no §5º do art. 159 um incentivo econômico insuficiente para o acionista propor a ação social. O acionista será indenizado pela companhia por todos os custos do processo até o limite do valor que a companhia receber, caso a ação seja procedente, de todas as despesas em que tiver incorrido, inclusive correção monetária e juros dos dispêndios realizados.

2. Causas Extintivas e Causa Excludente da Obrigação de Indenizar dos Administradores

O §3º do art. 134 da Lei das S.A. seria causa extintiva da obrigação de indenizar dos administradores, em razão do efeito liberatório que a doutrina e jurisprudência interpretam como advindo da aprovação das contas e das demonstrações financeiras. Além do § 3º do art. 134, há outras causas extintivas de responsabilidade – a renúncia, a remissão e a transação. Dessas, somente a transação é aceita no direito das sociedades. É relevante entender cada uma delas individualmente.

Todas essas hipóteses, de qualquer forma, eliminariam o crédito da companhia perante o administrador que causou dano ao seu acervo social, e, por via de consequência, a obrigação dos administradores de indenizar a companhia. A prática de ato de gestão irregular ou ilícito por administrador, em nosso ordenamento, dá origem automaticamente ao dever de indenizar, se presentes todos os requisitos legais, quais sejam o comportamento antijurídico (é a própria prática do ato de gestão irregular – por culpa ou dolo ou decorrente da violação da lei ou dos estatutos), o nexo de causalidade entre a conduta do administrador e o dano da companhia. No direito civil, a remissão é causa extintiva de responsabilidade não-satisfatória de obrigação[38].

O §6º do art. 159 da Lei das S.A. trata da exclusão de responsabilidade do administrador, por meio de decisão judicial, se convencido de que o administrador agiu dentro de suas atribuições, visando ao interesse da Companhia e de boa-fé. Essa hipótese se classifica como causa excludente de responsabilidade, como o próprio nome ilustra, não se confundindo com as causas extintivas da responsabilidade civil acima mencionadas.

Essa causa excludente de responsabilidade afeta o elemento da conduta antijurídica (se se considerar que o §6º do art. 159 consubstancia a *business judgement rule*) ou o elemento da culpabilidade da conduta antijurídica (se se considerar que o §6º retrata hipótese de perdão judicial)[39].

[38] Faria, Cristiano Chaves de et Rosenvald, Nelson. **Curso de Direito Civil.** V.2. 8 ed. Salvador: Jus Podium. 2014. Pag. 493.

[39] Adamek, Marcelo Vieira Von. *op. cit.* pág. 286 – 288.

A renúncia é ato unilaterial realizado pela companhia em favor do administrador, que se configura como ato de liberalidade do administrador. Ora, se a renúncia não tem uma contrapartida clara para a companhia, hipótese em que poderia ser entendida como negócio jurídico comutativo e bilateral, deve ser tratada como ato de liberalidade.

A rigor, todo direito de crédito pode ser objeto de renúncia por seu titular, inclusive o eventual crédito referente ao direito de reparação de prejuízos causados pelos administradores em face da companhia. A Lei das S.A. foi, contudo, peremptória ao vedar ao administrador a prática de ato de liberalidade, conforme prescreve a alínea a) do §2º do art. 154. Tal é a gravidade do ato de liberalidade segundo o entendimento da lei, que, diferentemente do que consta nas alíneas b) e c) desse mesmo dispositivo legal, parece que a prática de ato de liberalidade pelo administrador sequer pode ser aprovada em assembleia geral de acionistas. O confronto dessas duas alínea (b) e (c) com a alínea (a) mostra que aquelas contaram com a permissibilidade expressa em caso de aprovação da assembleia geral e a alínea a) não[40].

A impossibilidade da prática de atos de liberalidade significa, em sentido contrário, que os bens sociais somente podem ser utilizados na perseguição do interesse social da companhia, que é muito mais do que o cumprimento do seu objetivo social ou o interesse de seus sócios, representando o *modus operandi* pelo qual a companhia exerce a sua atividade e organiza os fatores de produção. O interesse social é a forma como a sociedade exerce a atividade estabelecida no objeto social, cuja finalidade

[40] A Lei das S.A. prevê em seu art. 154, §4º a possibilidade da prática pela diretoria, com ou sem autorização do conselho, de atos de pequeno valor gratuitos em benefício dos empregados ou da comunidade, que, em nada se assemelham, a renúncia de direito de ressarcimento civil em face de administradores por atos lesivos praticados.

última não poderia deixar de ser senão a perseguição do lucro e incremento do patrimônio social.

O ato de liberalidade *per se* reduz e diminui o patrimônio social, estando conceituado como reduzem o patrimônio social, sem contrapartida financeira para a sociedade, econômica ou de outra ordem.

Portanto, a renúncia não poderia se configurar como causa extinta de obrigação do administrador, eis que não admitida pela Lei das S.A. nem mediante aprovação da assembleia geral de acionistas da sociedade. A não permissão legal por si só já justificaria a impossibilidade da renúncia à propositura, pela companhia, da ação social.

Adamek (2010, pág. 284) menciona uma engenhosa razão que vale aqui ser relacionada. Como a companhia detém a legitimidade processual ordinária para propositura da ação social e os acionistas a legitimidade processual extraordinária, só surgindo a segunda, caso a companhia não tome as providências legais para o ingresso em face dos administradores ou quando reprovada a propositura da ação pelo órgão máxima societário, a renúncia pela companhia dos direitos de eventual crédito oriundo de indenização, se configuraria como renúncia ao direito em que se fundaria a ação, implicando subtração dos acionistas da possibilidade de propor a ação social *ut singuli* [41].

A remissão é também modo extintivo e não satisfatório de obrigação, eis que a sociedade liberaria, por meio do perdão, sem contrapartida o administrador da sua responsabilidade pelos atos lesivos a que deu causa. Diferentemente da renúncia, que se configura como ato unilateral, na remissão está-se diante de negócio jurídico bilateral[42], que depende da aceitação do devedor, e, de toda forma, não importa cumprimento da

41 Adamek, Marcelo Vieira Von. *op. cit.* pág. 284.

42 Faria, Cristiano Chaves. op. cit. pág. 493.

obrigação por parte do devedor. No caso da remissão de responsabilidade civil do administrador, a companhia não seria satisfeita e não teria o seu patrimônio, outrora lesado pelo ato do administrador, recomposto. Assim, pelos mesmos motivos aludidos acima no que tange à possibilidade de renúncia, não pode o administrador remir a obrigação de indenizar do administrador, o que se configuraria como ato de liberalidade, prática vedada pela lei societária[43].

A transação também é causa extintiva da obrigação de ressarcimento do administrador. Inserida no Livro do Direito das Obrigações do Código Civil, no Título VI – Das Várias Espécies de Contratos –, Capítulo XIX, a transação é contrato que visa a prevenir ou terminar litígio, mediante concessões mútuas, objetivando extinguir obrigações. A avalição se se pode, ou não, transacionar em matéria de extinção da responsabilidade dos administradores será sempre realizada *a posteriori*, dependendo dos termos e das condições de tal acordo de transação.

Há quem expresse opinião[44] no sentido de que a transação só poderia ser realizada quando surge a *res dubia*, não havendo impedimento se as partes cederem em relação ao que é pleiteado em juízo, desde que haja contrapartida financeira para a companhia. Não parece correto afirmar, contudo, que a companhia não poderia, antes da propositura da própria demanda, se conhecido o montante total devido pelo administrador, transacionar, evitando a propositura da ação social, mediante ressarcimento de parte dos valores que seriam fixados pelo juiz em sentença judicial.

A companhia arcará com custos para propor a ação social e haverá incerteza subjetiva não só quanto ao valor devido, mas também se a companhia será ressarcida. Assim, uma transação

[43] Adamek, Marcelo Vieira Von. *op. cit.* pág. 285.
[44] Adamek, Marcelo Vieira Von. *op. cit.* pág. 285.

antes da apresentação da ação social, e após instalada a controvérsia poderia, dependendo dos seus termos e contrapartidas, ser interessante para a companhia. Concessões mútuas serão feitas de lado a lado, mas ocorrerá a redução do custo geral transacional de propositura da ação. A transação, por óbvio, só poderia afetar direito patrimonial disponível da companhia[45], ou seja, a companhia não poderia transacionar sobre eventual crime praticado pelo administrador, eis que a persecução penal, a depender do crime, seria de competência do Ministério Público, ou, ainda, sobre infração à regra de regulamento atinente ao mercado de valores mobiliário, cuja fiscalização, cabe à Comissão de Valores Mobiliários.

Também não poderia ser objeto da transação eventual direito de terceiros. Ou seja, se o ato irregular de gestão praticado pelo administrador causou lesão a direitos de terceiros, a reparação civil desses terceiros também estaria fora do acordo de transação a ser firmado entre a companhia e o administrador.

Por óbvio, o que se coloca como indispensável em uma situação em que o administrador transacionará sobre a responsabilidade civil de outro é que tal administrador conduzindo a negociação se cerque de todos os pareceres externos, opiniões legais, cálculo de valores devidos, estratégia de negociação e tudo o que, ademais, seja necessário, para se chegar ao valor de transação ótimo para a companhia. Tomando todas essas precauções, estaria esse administrador agindo no melhor interesse da companhia e de acordo com o padrão de conduta e diligência previstos na Lei das S.A. Os atos de gestão transacionados devem estar previstos com clareza no acordo de transação para evitar que, se aparecerem outros atos de gestão irregulares, a companhia ainda poderia propor a ação social[46]. Adamek (2010,

[45] ADAMEK, Marcelo Vieira Von. *op. cit.* pág. 285.

[46] ADAMEK, Marcelo Vieira Von. *op. cit.* pág. 285.

pág. 285) professa, adicionalmente, que o acordo de transação deve ser interpretado restritamente, à vista do que estabelece o art. 823 do Código Civil[47].

Tal acordo de transação teria que ser aprovado ou ratificado pela assembleia geral de acionistas, que é órgão competente para dispor, não só sobre a contas e as demonstrações financeiras companhia, mas também sobre a exoneração de responsabilidade dos administradores e, por fim, sobre a própria propositura da ação social[48]. Além disso, esse acordo de transação também afetaria a possibilidade de propositura pelos acionistas da ação *ut singuli*, como acima explicitado. Assim, em que pese o administrador ter a competência para a prática do ato de transação em si, para validade do mesmo seria indispensável uma posição afirmativa de assembleia geral de acionistas.

O acordo de transação não pode ser levado a cabo por administrador em benefício dele próprio, ou seja, o ato de gestão irregular sobre o qual se está transacionando não pode ser ato lesivo praticado por ele mesmo, uma vez que o art. 156 da Lei das S.A. veda expressamente que o administrador intervenha em ato em que tiver interesse conflitante com a companhia, como seria o caso se ele próprio negociasse acordo com ele mesmo. Como acima explicitado, acordo de transação nesses termos seria anulável, eis que eivado de vício de consentimento.

Por fim, a Lei das S.A. previu causa de exclusão de responsabilidade do administrador por provimento judicial, caso o administrador tenha agido de boa-fé e de acordo com os interesses sociais. A doutrina diverge quanto à natureza dessa exclusão judicial. Alguns a entendem como exclusão judicial aos moldes do caso fortuito e força maior[49], outros a veem como a pró-

[47] ADAMEK, Marcelo Vieira Von. *op. cit.* pág. 285.

[48] ADAMEK, Marcelo Vieira Von. *op. cit.* pág. 285.

[49] BULGARELLI, Waldírio. Manual das Sociedades Anônimas: lei nº 9.457/97. 13. ed. São Paulo: Atlas, 2001. Pág. 337.

pria consubstanciação da regra dos *business judgement rule*[50]. Há, ainda, os que afirmam ser causa de justificação, sob a forma de perdão judicial[51], e, por fim, alguns a compreendem como redução equitativa da indenização[52], conforme possibilita o parágrafo único do art. 944 do Código Civil.

A prescrição é outra causa de extinção de obrigação do administrador que aniquila a pretensão da companhia de propor a ação de indenização. A prescrição é tratada em outra parte deste trabalho. Por um lado, a prescrição é importante em razão do dinamismo societário e da necessidade de estabilidade dos negócios concatenados da sociedade. Por outro lado, as contas e as demonstrações financeiras, documento mais significativo da sociedade, são relevantes para todos os agentes que com a sociedade tenham relação, que é possível verificar um verdadeiro interesse público nesse documento. Vícios nesse documento têm um alto potencial de se transformar em danos; nesse caso, potenciais danos não atingirão só à sociedade, mas podem alcançar todos os agentes que se relacionam com a sociedade.

3. A Exoneração de Responsabilidade do Administrador (§3º do art. 134 da Lei das S.A.) como Causa Extintiva da Obrigação de Indenizar

A exoneração de responsabilidade advinda da aprovação de contas e demonstrações financeiras configura-se como uma verdadeira quitação aos administradores. A natureza dessa quitação e os efeitos que produz no direito das sociedades, à vista do grau de complexidade dos atos aprovados, sujeitos à quitação, serão analisados adiante neste trabalho.

As legislações de diversos países não preveem dessa forma, mas, no Brasil, é o que consta na lei. Assim, a legislação bra-

[50] Eizirik, Nelson. *op. cit.* 190.

[51] Adamek, Marcelo Vieira Von. *op. cit.* pág. 286.

[52] Adamek, Marcelo Vieira Von. *op. cit.* pág. 286.

sileira foi na contramão de grande parte dos países. Ademais, impende verificar que essa aprovação se dá, em assembleia geral de acionistas, por maioria simples dos presentes, o que significa que, no caso de companhia com controlador definido, possivelmente referido controlador, isoladamente, terá o poder de aprovar os atos de gestão do administrado que ele próprio indicou.

A instalação de assembleia geral de acionistas se dá[53], em primeira convocação, por acionistas que representem, no mínimo, um quarto do capital social com direito de voto, mas, em segunda convocação, com qualquer número de presentes. Instalada a assembleia geral de acionistas em segunda convocação, a maioria dos acionistas presentes poderá deliberar validamente sobre a aprovação das contas e demonstrações financeiras, *i.e.*, a exoneração de responsabilidade do administrador poderia ser concedida por pequeno grupo de acionistas detentores de ações ordinárias, com possibilidade de efeito nefasto para a companhia, e, consequentemente, aos demais acionistas.

Diferentemente do que acontece em outros ordenamentos, nos quais uma minoria de acionistas poderia bloquear a liberação de responsabilidade do administrador, opondo-se à eficácia preclusiva que inviabilizaria a propositura da ação de responsabilidade – na Argentina e no Uruguai um grupo de acionistas representando 5% (cinco por cento) de acionistas presentes à assembleia geral -, a lei societária brasileira não previu essa possibilidade.

Tanto nas sociedades limitadas, mais pessoalizadas, como nas companhias fechadas e, principalmente, nas companhias abertas o assunto acima é premente, havendo grande número

[53] Exceção a essa regra encontra-se no art. 135 da Lei das S.A. – as assembleias gerais extraordinárias que tiverem por objeto a reforma do estatuto social somente serão instaladas, em primeira convocação, com a presença de acionistas que representem 2/3 (dois terços) do capital com direito a voto, no mínimo.

de ações judiciais derivadas de disputas entre a companhia e os acionistas, de um lado, e os administradores, de outro lado.

A decisões judicias sobre o §3º do art. 134 denotam uma interpretação restritiva desse dispositivo. A jurisprudência segue a linha da necessidade da anulação prévia da aprovação de contas que exonerou de responsabilidade o administrador. Essa exigência, que se configura como um obstáculo adicional para a companhia pleitear indenização, é criticada, com razão, pela doutrina desde a época do Decreto Lei nº 2.627, de 26 de setembro de 1940.

Quando a Lei das S.A. atual foi promulgada, com a manutenção, praticamente, como se verá adiante, da mesma redação anterior, houve os que reverberaram as críticas, mormente em virtude de legislações espalhadas pelo mundo já estarem sendo alteradas para facilitar a propositura da ação social.

A necessidade de desconstituição prévia da aprovação das contas, pode não só obstaculizar como inviabilizar por completo a propositura da ação social. O prazo de decadência previsto no art. 286 da Lei das S.A. para anular as deliberações societárias é de 2 (dois) anos, contados da data da publicação da ata onde consta a deliberação de aprovação das contas. Essa data de início do termo de desconstituição é outro problema, pois imagine-se a situação em que a companhia (outros administradores) e seus acionistas só tomem ciência dos atos de gestão irregulares praticados pelos administradores após o decurso desse prazo. Isso não é incomum, uma vez que, em geral, os administradores que praticam atos de gestão irregulares danosos tentam encobri-los.

Nessa situação, a companhia e seus acionistas estariam, no entender da jurisprudência dominante, impossibilitados de propor a ação social. Um absurdo interpretativo que se afasta sobremaneira da atual vertente axiológica da Constituição Federal e do Código Civil em vigor. É preciso fazer essa exegese evoluir, sob pena, não só de, no plano individual, se perpetuarem os desmandos perpetrados por administradores, mas também, no plano do mercado visto como um todo, investidores se afastarem, em razão da ausência de remédio jurídico (institutos) sólidos para obtenção de ressarcimento. A solidez desse mercado depende de regras claras de ressarcimentos de prejuízos tanto para a companhia como para investidores, e, também, para acionistas.

Pode a jurisprudência ser modificada sem alteração da dicção do §3º do art. 134? A resposta, a todo sentir, é afirmativa. Como adiante explicitado, a modernização do ideário do tráfego jurídico feito pela Constituição Federal e pelo Código Civil alteraram a lógica do ordenamento brasileiro, não havendo mais espaço para tutela de situações não merecedoras.

Outro elemento a ser observado é que o prazo para propositura da ação de indenização em face de administradores é de 3 (três) anos[54] e está previsto no Código Civil, a contar da data do balanço referente ao exercício em que a violação tenha sido praticada, ou da reunião ou assembleia geral que dela deva tomar conhecimento, ou seja, a data da assembleia geral ordinária.

Embora a Lei das S.A. tenha dispositivo específico sobre a matéria (art. 287, II, b), 2[55]), entende-se que teria havido a sua

[54] Art. 206. Prescreve:... § 3o Em três anos: ......VII – a pretensão contra as pessoas em seguida indicadas por violação da lei ou do estatuto, contado o prazo:.....b) **para os administradores, ou fiscais, da apresentação, aos sócios, do balanço referente ao exercício em que a violação tenha sido praticada, ou da reunião ou assembléia geral que dela deva tomar conhecimento;**..... (grifos da autora)

[55] Art. 287. Prescreve:..... **II – em 3 (três) anos:** a) a ação para haver dividendos, contado o prazo da data em que tenham sido postos à disposição do acionista; **b) a ação contra os fundadores, acionistas, administradores, liquidantes, fiscais ou sociedade de comando, para deles haver reparação civil por atos culposos ou dolosos, no caso de violação da lei, do estatuto ou da convenção de grupo, contado o prazo:** 1 – para os fundadores, da data da publicação dos atos constitutivos da companhia; **2 – para os acionistas, administradores,**

revogação pelo art. 206, §3º, VII, b do Código Civil, eis que ambos se tratam de normas específicas, uma posterior a outra.

De qualquer forma, a se exigir a desconstituição prévia da aprovação das contas e demonstrações financeiras em pedido antecedente (desconstitutivo negativo) na própria ação de indenização, na prática, o prazo para propositura da ação social passaria a ser de 2 (dois) anos.

É preciso analisar a possibilidade de a própria assembleia geral ordinária retirar a aprovação das contas e das demonstrações financeiras. É assente na doutrina essa possibilidade. A assembleia geral de acionistas, que exterioriza a vontade interna da companhia, pode, a qualquer momento, alterar uma deliberação anterior, inclusive desaprovar as contas.

Essa deliberação, se tomada de forma tão abrangente, poderia causar dificuldade para a companhia, especialmente se for companhia aberta, com valores mobiliários emitidos no mercado, cuja precificação depende da veracidade, completude e precisão daquelas informações, pois a aprovação das contas e das demonstrações financeiras passam a produzir efeitos perante terceiros, sendo, anteriormente, mero rascunho[56]. Assim, em vez de desaprovar as contas como um todo, modificando a deliberação anteriormente aprovada, a assembleia geral de acionistas poderia somente desaprovar certos atos de gestão comprovadamente ilícitos.

A deliberação de retirar a aprovação de certos atos de gestão deve ser tomada de forma justificada, com base em erro, dolo, fraude ou simulação (condicionalidade prevista no §3º do art. 134 da Lei das S.A.), inclusive em razão da delibera-

fiscais e sociedades de comando, da data da publicação da ata que aprovar o balanço referente ao exercício em que a violação tenha ocorrido; 3 – para os liquidantes, da data da publicação da ata da primeira assembléia-geral posterior à violação. .... (grifos da autora)

[56] Tavares Borba, José Edwaldo T. *op. cit.* pág. 387.

ção de aprovação ter tido efeito exoneratório ao administrador. É plenamente possível transpor a necessidade de desconstituição prévia da aprovação das contas e demonstrações financeiras, sem ofensa a qualquer direito dos administradores.

Não haverá violação a direito dos administradores, porque o próprio juiz que analisará o pleito indenizatório terá, antecedentemente, que avaliar as circunstâncias do ato de gestão ilícito sujeito à indenização; qual o tipo de vício que eivou a deliberação anterior; se houve, ou, não, a intenção de lesar a companhia; se não é o caso de aplicar o *business judgement rule*; se havia, no momento da assembleia e no período anterior de disponibilização desses documentos aos acionistas, condições de, facilmente, se apurar o ato de gestão irregular; se havia menção a ele nas notas explicativas da companhia; se o malefício que esse ato causou à companhia se configurou como benefício ao próprio administrador, a terceiros ou ao acionistas controlador que o indicou. Enfim, todos os elementos que seriam tratados na ação de anulação de deliberação assemblear prévia à ação social poderiam ser também analisados pelo juiz da ação indenizatória.

Porém, certas precauções deverão ser tomadas pela assembleia geral para a aprovação de certos atos de gestão, em decorrência de a aprovação modificada produzir efeitos na esfera jurídica do administrador. Uma providência que parece imprescindível é a obtenção de parecer de empresa de auditoria sobre a ilegalidade do ato de gestão e submissão desse relatório de auditoria à assembleia geral para que os acionistas pudesse tomar uma decisão bem informada. Na prática, o que se vê é que esses atos de gestão irregulares, em geral, são bem escondidos, sendo necessária, às vezes, uma auditoria especializada em fraude para apuração dos ilícitos.

Outro ato acautelatório importante é dar ao administrador o direito de se defender, de se manifestar sobre o relatório de auditoria que apurou os ilícitos praticados. Dessa forma, a assembleia geral terá condições de avaliar se altera, ou não, a aprovação anteriormente dada. Seguindo essa linha de raciocínio, e tomadas as providências acautelatórias sugeridas acima, foi respeitado o direito do administrador.

Nessa hipótese, é de se indagar, sendo a ação de responsabilidade proposta dessa forma, se se deveria respeitar o prazo de decadência de 2 (dois) anos ou o prazo prescricional de 3 (três) anos acima mencionados? Como é condição daquela ação que a assembleia se manifeste positivamente autorizando a sua propositura, esse mesmo conclave poderia deliberar sobre a desaprovação dos atos de gestão irregulares praticados. Quando isso ocorre, não há necessidade de desconstituir judicialmente a aprovação das contas, pois o argumento que sustenta essa ideia é que a própria assembleia geral poderia retirar validade dessa aprovação, de forma que não seria relevante o prazo decadencial de 2 (dois) anos. Portanto, a propositura da ação social poderia se dar dentro do prazo de 3 (três) anos previsto no Código Civil.

3.1. Contexto Histórico do Dispositivo que Trata da Aprovação de Contas

Os primeiros normativos a tratar das sociedades anônimas, no Brasil, foram o Decreto nº 434, de 4 de julho de 1891 e o Decreto-Lei nº 2.627/40. Essas leis estabeleceram os institutos básicos do direito societário e os órgãos das sociedades anônimas que cuidariam da organização *interna corporis* da sociedade, além das principais regras de contabilização de ativos e passivos, apuração de lucros, avaliação de lucros e distribuição.

No Brasil, essas leis foram pioneiras. Note-se que, já em 1846, o Brasil, além das atividades econômicas comercial e agricultura escravocrata, iniciava a era dos grandes empreendimentos.

O Decreto nº 434/91[57] (art. 145), continha dispositivo similar ao §3º do art. 134. O art. 146[58] desse diploma societário também era de relevante importância. A análise desses dispositivos autoriza a conclusão de que, diferentemente do que consta na atual Lei das S.A., os acionistas ausentes e aqueles cujos votos não concorreram para a aprovação das contas poderiam propor a ação em face dos administradores, em caso de atos e operações que violaram a lei ou o estatuto da sociedade. Ou seja, eles tinham legitimidade ativa extraordinária direta, imediata e não dependente de qualquer condicionalidade[59], para propor a ação de responsabilidade em face dos administradores da sociedade.

Essa ação do sócio em face do administrador foi regulada pelo art. 110[60] do Decreto de 1891. Assim, pelos artigos 146, 110 e 111, somente os sócios que aprovaram os atos de gestão violadores da lei e do estatuto teriam que anular tal aprovação, em caso de erro, dolo, fraude ou simulação, antes de ingressar com a ação social. Assim, como, ao menos, alguns acionistas teriam o seu direito de propor a ação de responsabilidade em face do

[57] Art. 145. A approvação do balanço e contas, feita sem reserva, importa a ratificação dos actos e operações relativas. A approvação, porém, poderá ser annullada, em caso de erro, dolo, fraude ou simulação. (Cod. Commercial, art. 429 n. 4º; Dec. n. 8821 de 1882, art. 74.)

[58] Art. 146. A approvação, pela assembléa geral, de actos e operações, que importam violação da lei, ou dos estatutos, não perime a acção dos sócios ausentes e dos que não houverem concorrido com os seus votos para tal approvação. (Decr. n. 8821 de 1882, art. 75.)

[59] Os acionistas atualmente só adquirem legitimidade para propor a ação de responsabilidade se a assembleia rejeitar a propositura dessa ação e se, aprovada, a ação não for proposta dentre de 3 (três) meses da data da assembleia.

[60] Art. 110. O accionista tem sempre salva a acção competente, para haver dos administradores as perdas e damnos resultantes da violação da lei e dos estatutos. Art. 111. A acção poderá ser intentada conjunctamente por dous ou mais accionistas; não podendo, porém, referir-se a actos e operações já julgados por assembléas geraes. (Decr. n. 164 de 17 de janeiro de 1890, paragrapho único do art. 11.)

administrador, havia esperança de que o administrador ressarcisse o prejuízo causado.

Interessante notar que o legislador em 1891 teve a preocupação de não dificultar por completo a propositura da ação de responsabilidade, caso a aprovação tivesse se dirigido a atos e operações (contas) violadores da lei e do estatuto, razão pela qual inseriu art. 146 no texto legal.

Iniciou-se, portanto, com os transcritos art. 145 e art. 111 o entendimento que se consolidou ao longo de muitos anos no sentido de que a aprovação das contas e demonstrações financeiras dependeria de prévia anulação para que os acionistas que aprovaram tais contas pudessem ingressar com a ação de responsabilidade em face do administrador.

Note-se que, em 1891, não se falava em exoneração de responsabilidade do administrador em razão do art. 146 deixar claro que a aprovação das contas e das demonstrações financeiras de atos de gestão contrários a lei ou ao estatuto não extinguiria a ação de sócios (dos que não tiverem participado dessa aprovação, ausentes ou presente) em face desses administradores.

A análise do capítulo do Decreto nº 434/91 relativo aos administradores demonstra grande preocupação do legislador por atos culposos, dolosos e com excesso de poder praticados pelos administradores[61]. Era inclusive obrigatório aos administradores caucionarem ações de sua titularidade (ou de acionista) em garantia da sua gestão[62].

[61] Arts. 109 do Decreto Lei nº 434 de 4 de julho de 1891: Art. 109. Os administradores são responsaveis:1º A' sociedade, pela negligência, culpa ou dolo, com que se houverem no desempenho do mandato; 2º A' sociedade e aos terceiros prejudicados pelo excesso do mandato; 3º Solidariamente à sociedade e aos terceiros prejudicados pela violação da lei e dos estatutos. (Lei n. 3150 de 1882, art. 11; Decr. n. 8821 do mesmo anno, art. 50 paragrapho único; Decr. n. 164 de 1890, art. 11.)

[62] *Caput* do art. 105 do Decreto Lei nº 434 de 4 de julho de 1891: "Os administradores, antes de entrarem em exercício, são obrigados a caucionar a responsabilidade de sua gestão com o número de acções que se houver fixado nos estatutos.'

O Decreto-Lei nº 2.627, de 4 de julho de 1940, nascido em regime de exceção, teve seu anteprojeto rascunhado por Miranda Valverde. À época, ampliava-se a industrialização brasileira com Getúlio Vargas que fomentou a constituição das denominadas indústrias de base.

O dispositivo 145 e 146 do diploma anterior foram traduzidos no Decreto-Lei nº 2.627 no seguinte comando legal: *Art. 101. A aprovação, sem reserva, do balanço e das contas, exonera de responsabilidade os membros da diretoria e do conselho fiscal, salvo erro, dolo, fraude ou simulação (art. 156[63])*. Essa redação é praticamente a que existe no atual diploma legal. Em 1940, introduziu-se o efeito de exoneração da responsabilidade do administrador quando da aprovação das conta e demonstrações financeiras, inviabilizando a propositura da ação de responsabilidade civil até mesmo por acionista ausente da assembleia geral ou presente, que não concorreu para a aprovação. Ademais, retirou-se da lei a referência expressa à possibilidade de anulação da aprovação das contas em caso de erro, dolo, fraude ou simulação, e inseriu-se a referência ao artigo da lei que trata da anulação de deliberações assembleares, que, à época, era de 3 (três) anos. Críticas, à época, foram feitas.

Note-se que as inovações trazidas pela Lei das S.A. estão relacionadas a sua rigorosa conexão com o arranjo do mercado de capitais, uma vez que permitiu a instituição de sociedades anônimas abertas. A Lei nº 6.385, de 7 de dezembro de 1976, que criou a Comissão de Valores Mobiliários, foi promulgada no mesmo ano da Lei das S.A. A CVM passou a ter o poder-dever de regular e fiscalizar as companhias abertas.

[63] Art. 156 do Decreto-Lei nº 2.627: "Prescreve em três anos a ação para anular as deliberações tomadas em assembléia geral ou especial, irregularmente convocada ou instalada, ou violadoras da lei ou dos estatutos, ou eivadas de erro, dolo, fraude ou simulação."

A Lei das S.A., ainda, modificou as regras contábeis, e, dentre outros aspectos relevantes, criou um centro de responsabilidade novel, o dos acionistas controladores. Ademais, melhor sistematizou o centro de responsabilidade dos administradores, especificando o padrão de conduta a ser adotado mediante o estabelecimento, às vezes analítica, outras vezes sinteticamente, dos deveres por eles assumidos. Os acionistas controladores também passaram a ter diversos deveres e responsabilidades, quase todos distintos dos demais acionistas.

Poder-se-ia pensar, ainda, que o reforço que se deu à definição dos diversos deveres dos administradores poderia desestimular a prática de atos de gestão irregulares, pois, afinal, a lei estabeleceu um padrão de conduta rigoroso aos administradores.

Contudo, não obstante a crítica de parte da doutrina, que, desde meados da metade do século passado, se posicionava contra a exoneração de responsabilidade do administrador perante a sociedade em caso de aprovação das contas, nada foi alterado.

É de se indagar quem são os beneficiados com essa manutenção? Certamente não é o sistema jurídico nacional e nem o mercado de capitais que permanecem inseguro para os investidores.

Introduzir regras de Governança Corporativa, fomentar a autorregularão, editar Código de Governança Corporativa, criar Comitê de Fusões e Aquisições e Manuais para evitar o uso de informações privilegiadas são providências importantes. Porém, é preciso também tornar mais fácil obter ressarcimento, em caso de danos efetivos causados pelos administradores: (i) à sociedade; (ii) direta ou indiretamente, aos acionistas; e (ii) a terceiros. Os remédios jurídicos previstos na Lei das S.A. para esses casos são insuficientes.

É sabido e consabido que aqueles interessados, dependendo das circunstâncias, não podem livremente propor ações de indenização, seja porque atos de gestão ilícitos (refletidos nas contas e demonstrações financeiras da companhia) foram aprovados pela assembleia geral de acionistas, exonerando os administradores de responsabilidade, seja porque o sistema da Lei das S.A. só permite que os acionistas se voltem diretamente contra o acervo social, caso os administradores tenham-lhes causado dano direito, deixando o dano indireto, ou seja, aquele causado primordialmente ao acervo social, de fora da possibilidade de ressarcimento.

Nem se comente sobre a ausência, no Brasil, da possibilidade da propositura de ação coletiva nos moldes da *Class Action* norte-americana. A Lei nº 7.913/89, que trata daquela matéria, não confere ao investidor os instrumentos para obter ressarcimento[64].

A Lei brasileira que chega perto de permitir que se ingresse com ações coletivas é raramente utilizada. O Ministério Público, de acordo com essa lei, é o único a poder promover a ação de ressarcimento. A doutrina foi obrigada a construir uma interpretação para permitir que os investidores se valessem desse diploma legal para tentar obter ressarcimento.

Outro elemento sobre o qual se deve discorrer neste trabalho é a natureza da quitação dada ao administrador quando da aprovação das contas da administração.

3.2. A Diferença entre a Quitação do Direito Civil e a Quitação da Sociedade Relativa Aos atos de Gestão

Como já afirmado, a exoneração de responsabilidade do administrador quando da aprovação de contas e demonstrações financeiras é entendida como uma quitação, que produz efeitos

[64] Leirião Filho, José Afonso et Oioli, Erik. Os Empecilhos à Tutela Judicial dos Investidores do Mercado de Capitais e a Class Action no Brasil. In: Yarshell, Flávio Luiz et Pereira, Guilherme Setoguti J. **Processo Societário II – Adaptado ao Novo CPC – Lei 13.105/2015**. São Paulo: Quartier Latin. 2015. pág. 176.

na esfera jurídica do administrador e só poderia ser desconstituída judicialmente por meio de ação própria, proposta preliminarmente à ação de indenização, ou por provimento judicial antecedente na própria ação de responsabilidade.

Há algumas poucas decisões judiciais em que os julgadores pensam diferente, como o voto vencido da Ministra Nancy Andrighi[65] no Recurso Especial Nº 256.596-SP (2000/0040484-5), *in verbis*: "Não se pode concluir – a partir de singela correlação do art. 134, § 3° com o art. 286, ambos da Lei n. 6404/76 -, que a prévia anulação da assembléia geral ordinária que aprovou a prestação de contas constitui requisito da ação social do art. 159 da Lei n. 6404/76, pois isto não está na "literalidade da lei", nem na fonte legal, mas em ilação diversa do intérprete."

Para deslinde da questão, é preciso analisar a natureza da quitação no direito civil e compará-la à quitação do direito societário. Caio Mario da Silva Pereira (2003, pág. 203) entende a quitação como um ato jurídico independente com autonomia formal[66]. Os arts. 319 e seguintes do Código Civil tratam do seu regramento jurídico. As regras civis atualmente em vigor estipulam ser a quitação um direito do devedor que cumpre a sua obrigação, ou seja, a outorga da quitação é obrigação do credor diante do direito subjetivo do devedor de a ter.

O devedor pode legalmente se abster de pagar a dívida na data do seu vencimento se constatar que não receberá a devida quitação. A quitação não é negócio jurídico, mas ato jurídico

65 Recurso Especial nº 256596/SP (2000/0040484-5), Voto Ministra Nancy Andrighi. Órgão Julgador: 3ª Turma, Data do Julgamento: 08 de maio de 2001, Data da Publicação (DJE) 18 de junho de 2001. https://ww2.stj.jus.br/processo/revista/documento/mediado/?componente=IMGD&sequencial=1538783&num_registro=200000404845&data=20010618&formato=PDF

66 Pereira, Caio Mário da Silva. **Instituições de Direito Civil.** Vol. III Teoria Geral das Obrigações. 20 ed. Atualizador: Luiz Roldão de Freitas Gomes: Forense. 2003. Pág 203.

que independe da aceitação do devedor. De grande importância, a quitação não serve unicamente como certificação do pagamento ou reconhecimento de pagamento[67], mas, adicionalmente, é capaz de definir quem pode receber o pagamento, eis que o art. 311 do Código Civil presume ser devedor aquele que portar a quitação.

Caio Mário da Silva Pereira (2003, pág. 204) afirma que a quitação não causa a extinção da obrigação nem se configura como confissão de pagamento, uma vez que o credor apenas expressa o reconhecimento de que a prestação foi devidamente cumprida[68]. A presunção advinda da quitação é meramente relativa, caindo em caso de prova em contrário[69].

Já o art. 212 estipula que o adimplemento da obrigação pode ser evidenciado por outros meios, caso o recibo (instrumento que comprova a quitação) não seja dado pelo credor.

O remédio jurídico para o devedor que não recebe a quitação é a retenção do pagamento (sem que isso o constitua em mora), podendo, inclusive, consigná-lo em juízo, eis que a ausência da quitação equivaleria à recusa ao recebimento dos valores devidos pelo devedor.

Se, dada a quitação, perceber o devedor que o débito não foi integralmente quitado, poderá o credor ir a juízo cobrar a diferença, sendo revogável a quitação. Em decorrência de presumir-se com a quitação que a dívida integralmente adimplida, fica o credor com o ônus de provar o não pagamento. Na lição de Cristiano Chaves Faria e Nelson Rosenvald[70]:

> A outro giro, se no momento posterior à quitação o credor perceber que parte do pagamento ainda se encontra em aberto, nada

[67] GOMES, Orlando. **Obrigações**. 8 ed. Rio de Janeiro: Forense. 1986. pág.129.

[68] PEREIRA, Caio Mário da Silva. *op. cit.* pág. 204.

[69] GOMES, Orlando. *op. cit.* pág. 130.

[70] FARIA, Cristiano Chaves de et ROSENVALD, Nelson. Curso de Direito Civil. V.2. 8 ed. Salvador: Jus Podium. 2014. pag. 413.

impedirá que busque a diferença em juízo, tendo o ônus probatório de impugnar a quitação que emitira anteriormente. Em suma, a quitação é revogável (FARIA et ROSENVALD, 2014, pág. 413).

Seguindo essa mesma lógica, quando a quitação depender da entrega de título ao portador, a efetiva entrega presume o pagamento (art. 324 do Código Civil). O parágrafo único desse dispositivo, contudo, estipula que ficará sem efeito a quitação assim operada, se o credor provar, em sessenta dias, a falta do pagamento.

Verifica-se que, embora produza efeitos na esfera dos devedores, a desconstituição da quitação se opera na própria ação judicial de cobrança da dívida, mediante prova do não adimplemento da obrigação, não sendo necessário a propositura de ação própria para anular a quitação para depois se propor a ação de cobrança ou execução da dívida.

Se é dessa forma no âmbito do direito civil, em que a cumprimento da obrigação, em geral, é mais facilmente apurável do que no caso da companhia, que depende da verificação da regularidade dos atos de gestão enredados nas contas e demonstrações financeiras, seguindo a linha axiológica da Constituição Federal, não há razão para exigir que assim também não se opere na quitação societária. Poderia o próprio juízo que analisasse a responsabilidade civil do administrador verificar que a quitação dada ao administrador foi viciada, tendo os acionistas incorridos em erro, dolo fraude ou simulação.

No que tange à quitação societária, os estudiosos brasileiros divergem quanto à sua natureza. Alguns a compreendem como reconhecimento negativo de dívida (reconhecimento de que não há dívida), outros como renúncia à pretensão indenizatória da companhia. A ideia de se configurar como perdão de dívida pode ser descartada, porque, para haver perdão de dívida, essa tem que existir. E se há dívida, ou responsabilidade, dos administradores perante a companhia por danos causados, não poderia ser dada a quitação aos administradores. Assim, não tem lógica se considerar a quitação societária como perdão de dívida[71].

Orlando Gomes (1986, pág. 152) concorda com esse entendimento, pois o perdão seria aplicável apenas em caso de dívida certa, ao passo que, em caso de dívidas duvidosas, como são os atos de gestão praticados por administradores que gerem recursos de terceiros, a quitação configurar-se-ia como declaração negativa de débito[72].

Alberto Xavier (1979, pág. 107-108) reconhece no *quitus* elementos de renúncia à pretensão indenizatória[73]. Porém, há que se diferenciar o objeto da deliberação (que é a aprovação das contas) do efeito eventualmente estabelecido em lei (que é a exoneração de responsabilidade). Várias legislações, como se verá adiante, expressamente dispõe que a aprovação das contas não terá o efeito de exoneração de responsabilidade. Assim, se ocorrerá, ou não, por via de consequência, a renúncia à pretensão indenizatória, dependerá do que cada legislação estabelecer a respeito.

Segundo Adamek posição acertada é a de Karsten Schmidt no sentido de que a quitação societária não se configura como renúncia à pretensão indenizatória, mas, conforme estipulado na lei societária local, pode a quitação ter o efeito de impossibilitar a pretensão indenizatória em face do administrador[74].

[71] Adamek, Marcelo Vieira Von. *op. cit.* pág. 250-252.

[72] Gomes, Orlando. **Obrigações.** 8 ed. Rio de Janeiro: Forense. 1986. pág. 152.

[73] Xavier, Alberto. *op. cit.* pág 107-108.

[74] Adamek, Marcelo Vieira Von. *op. cit.* pág. 251-252. *"Esses posicionamentos, porém, são combatidos por Karsten Schmidt, que, com total razão, denuncia a confusão entre o objeto da deliberação de exoneração dos administradores (quitus) e os seus efeitos, que resultam da lei e podem variar profundamente, dependendo do que a respeito dispuser a lei de regência de cada tipo societário. A exoneração de responsabilidade, pela aprovação*

Citando Karsten Schmidt, Adamek (2010, pág. 251-252) explica que no direito das coletividades, calcado na confiança, a aprovação da gestão dos administradores representa uma declaração de confiança que é dada pela assembleia geral de acionistas (órgão societário máximo) aos administradores (órgão de gestão societária)[75]. A supressão de pretensões, contudo, dependeria de expressa previsão legal, como aquela constante no art. 111 do Decreto nº 434/91.

A aprovação das contas e das demonstrações financeiras é outorgada na pressuposição de que não há pretensão indenizatória decorrente de eventuais danos causados pelos administradores à companhia. Portanto, a renúncia à pretensão indenizatória, que não existiria, não poderia ser objeto dessa deliberação.

Se *a posteriori* surgirem atos não conhecidos à época, em relação aos quais a assembleia de acionistas não poderia se manifestar, a exoneração em relação a eles não poderia sequer existir. Essa é a interpretação, *a contrário sensu*, que se faria do §3º do art. 134 – sendo a aprovação das contas e das demonstrações financeiras dada em erro, dolo, fraude ou simulação pelo acionista,

de sua gestão, não importa, em si mesmo, em qualquer renúncia de pretensão; o eventual reflexo desse ato no regime da responsabilidade civil constituiria efeito preclusivo, que só se manifesta por obra do legislador. De fato, combatendo a visão tradicional, segundo a qual a exoneração importaria renúncia ou reconhecimento negativo de dívida, Karsten Schmidt verbera: 'Essa interpretação está ultrapassada. Pelos motivos a seguir exposto não havia como acompanhá-las, pois: (1) ela escolhe um efeito de exoneração particularmente palpável para o jurista, acostumado a pensar em pretensões, julgando que este efeito seja a exoneração; (2) ela coloca este efeito de exoneração ex post no centro da deliberação sobre a exoneração, embora a renúncia à pretensão, conforme as regras, não seja objeto de manifestação de vontade da assembleia; (3) ela leva a que a deliberação 'é dada a exoneração' possua natureza jurídica totalmente diversa, conforme o caso, se a lei admite a supressão de pretensões (exemplo: na GmbH) ou não (exemplo: na AG)" (Gesellschaftsrecht, 4. Aufl. Köln: Carl Heymanns, 2002, § 14, VI, p.430)"

[75] ADAMEK, Marcelo Vieira Von. *op. cit.* pág. 251-252.

não haveria exoneração de responsabilidade. De acordo com o pensamento de Schmidt, a preclusão da pretensão indenizatória decorrente da exoneração de responsabilidade dependeria de prévia previsão legal.

3.3. Teoria dos Fatos Jurídicos

O direito civil clássico sempre estudou as situações jurídicas patrimoniais, assim entendidas como as relações entre particulares constituídas com base em interesses econômicos, sejam contratuais ou relativos a direitos reais. As relações de direito obrigacional são aquelas que se estabelecem entre partes particulares e que preveem uma prestação de dar, fazer ou de não fazer. As relações baseadas em direitos reais são aquelas que versam sobre bens.

De acordo com a teoria dos fatos jurídicos, são fatos jurídicos quaisquer acontecimentos naturais ou ação humana que produza consequências jurídicas. Os fatos jurídicos podem ser classificados em: a) fatos jurídicos *stricto sensu*, que são a alteração da ordem jurídica sem ato humano como dado essencial; b) ato-fato; e c) ato jurídico. Nos fatos jurídicos *stricto sensu* não há fator humano desencadeador produzido pelo homem. O ato--fato configura-se como o comportamento humano ao qual a lei atribui consequências, independente de tal comportamento ter sido pretendido, ou não. Assim, se uma pessoa pratica determinado ato, que produz consequências jurídicas, os efeitos jurídicos prescritos em lei decorrem exclusivamente do ato do agente, independe dessa pessoa ter tido, ou não, a intenção de praticar o ato. Os atos jurídico podem ser definidos como a exteriorização consciente da vontade dirigida à produção de efeitos almejados pelo agente. No caso dos atos jurídicos, existe a vontade de produção do resultado, de toda sorte que o comportamento da pessoa é intencional e direcionado à produção de certos efeitos. A exteriorização da vontade do agente pode ser dar de duas formas distintas, a saber a manifestação de vontade e a declaração de vontade. A manifestação de vontade é a exteriorização tácita da vontade humana. A declaração de vontade é a exteriorização formal de vontade por determinado agente.

Os atos jurídicos, por sua vez, subdividem-se em: a) ato jurídico *stricto sensu*; e b) negócio jurídico. O ato jurídico *stricto sensu* pode ser definido como a exteriorização consciente de vontade, cujos efeitos estão previstos em lei. O sujeito exterioriza a vontade com o intuito de alcançar certo resultado e essa manifestação não cria categoria jurídica, porque todos os efeitos dessa manifestação já estavam previstos em lei. Quando o ato jurídico é realizado pelo agente, as consequências já estão previstas em lei.

O negócio jurídico, por fim, é a exteriorização consciente da vontade, cujos efeitos podem ser estabelecidos pelo agente. Somente no negócio jurídico o agente pode utilizar-se da vontade para criar os efeitos almejados, criando, modificando e extinguindo eventual direito. É por meio do negócio jurídico que se exerce a autonomia privada, limitada a alguns parâmetro do ordenamento, e, às vezes, restrita em decorrência da assimetria de poder na relação jurídica. Não há autonomia privada no fato jurídico *stricto sensu*, ato-fato ou no ato jurídico estrito senso. A sanção da nulidade e da anulabilidade é dirigida aos atos não permitidos pelo ordenamento.

A aprovação das contas e das demonstrações financeiras pela assembleia geral de acionistas é modalidade de ato jurídico *stricto sensu*, eis que, como no exemplo do acender de luz, o § 3º do art. 134 pré-estabelece como seu efeito jurídico a exoneração de responsabilidade dos administradores. Contudo, essa exoneração de responsabilidade dos administradores não é incondicionada, pois aquele mesmo dispositivo prevê suas condicionalidade, quais sejam os casos em tal aprovação foi dada em erro, dolo, fraude ou simulação.

Tavares Borba (2007, pág. 388)[76] adiciona o argumento de que o efeito de exoneração que a lei determina é relativo, eis que são as contas e as demonstrações financeiras são instrumentos de enorme complexidade e amplitude, normalmente analisadas e revisadas por empresas de auditoria durante meses. Só após esse extensivo trabalho é que as empresas de auditoria se manifestam com segurança e confiabilidade sobre os números, transações e contratos que foram as contas e as demonstrações financeiras de sociedades. Nesse sentido:

> Desse modo, a exoneração do administradores, que decorre da aprovação das demonstrações financeiras é relativa e aparente, pois tudo aquilo que tenha escapado ao conhecimento dos acionistas, e que seja substancial, posto que suficiente para demovê-los de aprovar as contas, caracterizará uma hipótese de erro, consequenciado a reabertura do problema, para efeito de responsabilização dos envolvidos.

A aprovação societária do §3º do art. 134, conclui-se, é ato jurídico *stricto senso*, cujo efeito determinado pelo ordenamento – exoneração de responsabilidade – é relativo, em razão de duas características: a condicionalidade prevista na lei (salvo erro, dolo, fraude ou simulação); e a complexidade da matéria em relação à qual se está dando quitação.

3.4. A Funcionalização dos Negócios Jurídicos após a Constituição de 1988, o Código Civil e a Mudança de Paradigma do Ordenamento Jurídico Brasileiro

Antes da Constituição Federal de 1988, os negócios jurídicos eram avaliados unicamente pela sua estrutura e essência. Verificava-se se o agente era capaz e o objeto era lícito. Observava-se se o negócio jurídico atendia ao interesse econômico das partes.

[76] Tavares Borba, José Edwaldo T. *op. cit.* pág. 388.

Atualmente, prevalece o entendimento de que os negócios jurídicos devem ser funcionalizados, *i.e*, deve-se ir a fundo na análise da estrutura do negócio jurídico, partindo-se da premissa de que o mesmo tem uma função. A indagação que se deve fazer é para que serve esse negócio jurídico. Qual a missão que este negócio jurídico tem a cumprir? Questiona-se sobre a finalidade do negócio jurídico de forma ampla, não se pretendo apenas que satisfaça a utilidade das partes, mas também o interesse prático do ordenamento jurídico. A autonomia privada é mais um valor a ser defendido, mas não é o único. Além dela, há outros valores que devem ser atendidos, o princípio da segurança jurídica, dignidade da pessoa humana, justiça, dentre outros. Extrai-se essa interpretação do art. 170 da Constituição Federal, que estipula que a ordem econômica, fundada na valorização do trabalho humano e na livre-iniciativa, tem por finalidade assegurar a todos existência digna, conforme os ditames da justiça, dentre outros princípios – soberania, propriedade privada, função social da propriedade, livre concorrência, defesa do consumidor, redução das desigualdades regionais e sociais, busca pelo pleno emprego, tratamento favorecido para as empresas de pequeno porte constituídas sob a lei brasileira e que tenham sua sede e administração no País.

A Constituição Federal de 1988 fez uma ponderação abstrata de valores (princípios); de um lado, a autonomia privada (ordem econômica e livre iniciativa), e, do outro lado, os valores acima referidos. Portanto, a autonomia privada é o pontapé inicial do negócio jurídico que concorre com os outros valores a serem protegidos. Se o negócio jurídico não estiver conforme esses outros valores, ele não terá legitimidade, não merecerá e nem tampouco será digno de proteção.

Essa modificação na forma de compreensão dos negócios jurídicos, que, atualmente, são avaliados pela finalidade que pretendem atingir, mudou o paradigma do ordenamento jurídico brasileiro.

Ademais, a superação do formalismo jurídico nessa nova formatação constitucional não passou despercebida de Luís Roberto Barroso (2014. Pág. 333-334), que verbera que, no direito clássico havia dois dogmas, o direito era a expressão da razão e da justiça e o direito se realizava pela interpretação do juiz, que fazia a subsunção do fato à norma. No século XX, esse pensamento mudou[77]. Hoje, o pensamento constitucional prevalente é no sentido de que: (i) o direito é a expressão do interesse dominante na sociedade; e (ii) o problema jurídico, por vezes, não tem solução pronta no ordenamento, que deve basear-se em valores morais.

Esse pensamento de Barroso (2014. Pág. 333-334) é extremamente relevante. Para ilustrá-lo, basta verificar que a Comissão de Valores Mobiliários, em 2009, editou a Instrução CVM nº 480 prevendo que a remuneração mínima, média e máxima dos diretores de companhias abertas fosse divulgada. À época, esclareceu a CVM que a divulgação dessas informações, realizada alhures, auxiliaria os agentes de mercado a tomar decisões sobre a companhia. Por óbvio, essa Autarquia queria coibir prá-

[77] "O pensamento jurídico clássico alimentava duas ficções que, na verdade, expressavam o interesse ideológico dos setores hegemônicos: a) a de que o Direito era a expressão da razão, de uma justiça imanente; e b) a de que o Direito se realizava, se interpretava, se concretizava mediante uma operação lógica e dedutiva, em que o juiz fazia a subsunção dos fatos à norma, meramente pronunciando a consequência jurídica que nela já se continha. Ao longo do século XX, consolidou-se a convicção de que: a) o Direito é, frequentemente, não a expressão de uma justiça imanente, mas de interesses que se tornam dominantes em um dado momento e lugar; e b) em uma grande quantidade de situações, a solução para os problemas jurídicos não se encontrará pré-pronta no ordenamento jurídico. Ela terá de ser construída argumentativamente pelo intérprete, com recurso a elemento externos ao sistema normativo. Ele terá de legitimar suas decisões em valores morais e em fins políticos legítimos." BARROSO, Luís Roberto. **Curso de Direito Constitucional Contemporâneo. Os conceitos Fundamentais e a Construção do Novo Modelo.** 4ª ed. 3ª tiragem. São Paulo: Saraiva. 2014. Pág. 333-334.

ticas indevidas, tais como a drenagem de recursos da sociedade a acionistas controladores que também exercessem funções de gestão na sociedade, mediante a possibilidade de comparação da remuneração daqueles com a remuneração de diretores de sociedade do mesmo setor. Pois bem, houve uma comoção no mercado. Sob o argumento de ofensa à intimidade e privacidade dos administradores, ingressou-se com medida judicial que bloqueou até recentemente que essas informações fossem divulgadas. Apesar de benéfica ao mercado, somente 9 (nove) anos depois de editada aquela instrução, o mercado passou a receber a informação de quanto ganham os administradores de companhias abertas, que captam poupança popular. Vê-se como o grupo dos administradores é forte.

De acordo com a nova linha de raciocínio da funcionalidade e do menor formalismo jurídico acima expressadas e da mudança de paradigma do ordenamento jurídico dali decorrente, em que os negócio e atos jurídicos devem ser entendidos de forma ampliativa e não apenas de acordo com o interesse das partes que dele participam, cabe o questionamento se se deve continuar aplicando o §3º do art. 134 de forma tão peremptória e prejudicial aos interesses das companhias e de seus acionistas, como é hoje.

A indagação que se deve fazer é se, diante de terem ciência da eventual prática de atos de gestão irregulares, devem os administradores receber quitação absoluta, impossibilitando, dependendo das circunstâncias, que a companhia obtenha o ressarcimento devido?

Diante da mudança de paradigma do ordenamento jurídico brasileiro após a Constituição Federal de 1988, deve-se alterar a interpretação daquele dispositivo. Merece a exoneração dos administradores ser funcionalizada, ou seja, ser analisada pela perspectiva da função a que se destina, sem tanto formalismo? Essa exoneração é dada ao administrador para protegê-lo de que venha a ser futuramente responsabilizado por atos de gestão regulares. Ora, se todos os atos de gestão forem regulares, a exoneração cumpre a função a que se destina. Porém, se os atos de gestão forem irregulares, não há porque se interpretar que o *quitus* foi outorgado de forma absoluta.

A promulgação do Código Civil auxiliou a mudança de paradigma do ordenamento brasileiro, eis que, atualmente, as normas-princípios do Código Civil norteiam a aplicação das demais normas-regras do ordenamento brasileiro. Deve haver um dinamismo interpretativo das normas jurídicas à luz da nova situação fática e social em que se encontram. Quando a Lei das S.A. foi promulgada, era imperativo incentivar a profissionalização da administração de sociedades e foi preciso circunscrever o risco desses administradores. À época, buscou-se dar segurança a eles. Hoje, o contexto da atividade empresarial é completamente diferente. Há muitos agentes qualificados para exercer a função de administrador de sociedade.

Além disso, não é incomum os tribunais testemunharem os prejuízos causados às sociedades anônimas (e, consequentemente, a seus acionistas) por atos de gestão ilícito praticados pelos administradores, que, pelas restrições interpretativas mencionadas neste trabalho, não podem ressarcidos. Isso justifica, então, que se retirem as regras protetivas dos administradores inseridas no referido diploma legal, dentre elas, por exemplo, o *Business Judgement Rule*? Por óbvio, que não. Mas, parece imperioso se flexibilizar a aplicação da regra contida no §3º do art. 134 ao caso concreto, dando-lhe interpretação mais adequada.

Outro elemento relevante a ser mencionado é o fato de a hermenêutica jurídica estabelecer que regra restritiva de direito deve ser interpretada restritivamente. O §3º do art. 134 estabelece como efeito da aprovação das contas e das demonstrações financeiras a exoneração de responsabilidade do administrador apenas. Neste trabalho, afirma-se que o efeito preclusivo à propositura da ação social não é decorrência lógica daquele efeito (exoneração) e deveria estar previsto em lei. Tampouco se encontra nos dispositivos que tratam da ação social qualquer outra condição de procedibilidade da ação social, que não a deliberação assemblear autorizativa da mesma, *e.g.*, a prévia anulação da aprovação de contas não consta da Lei das S.A. (havia no Decreto nº 434/91 e foi retirado, havendo apenas uma citação da art. do diploma societário que dispõe sobre a ação de anulação de deliberação assemblear).

A jurisprudência prevalente que exige a prévia anulação das aprovação das contas faz, portanto, uma interpretação ampliativa da regra jurídica acima mencionadas e restringe o direito da sociedade de se ver ressarcida de prejuízos causados por administradores. Poder-se-ia afirmar que essa intepretação ampliativa restringe o direito da sociedade, mas protege o direito do administrador de ter seus atos definitivamente julgados. Como na análise constitucional, em que os princípios constitucionais devem ser confrontados para verificação do que deve prevalecer no caso em específico, sopesando o direito do administrador, personagem relevante no funcionamento das sociedade, e o direito da própria sociedade, que congrega em si o interesse de diversos outros agentes, não só sócios ou acionistas, mas empregados, fornecedores, clientes, investidores e outros terceiros que com ela faça negócios, a balança meneia para o lado da sociedade, ainda mais se se considerar que, com a prática do ato de gestão irregular e com o acobertamento do mesmo, o administrador deixa de ser merecedor de tutela.

3.5. O Regime de Invalidade de Deliberações Assembleares e os Diversos Vícios Suscetíveis de Serem Anulados

As sociedades são entes não corporificados de alta jurisdicidade criados pelo ordenamento. Por essa razão, as deliberações de seus órgãos são peça chave para o funcionamento social, vez que tais órgão exprimem a vontade social. Em outras palavras, a sociedade se manifesta por meio dos seus órgãos, alguns unipessoais outros colegiados.

Os principais atos de manifestação da vontade da sociedade são tomados pelos acionistas na assembleia geral de acionistas. Vê-se que a colegialidade é um aspecto relevante da sociedade, de onde deriva o princípio majoritário. Por esse princípio, a maioria dos membros dos órgãos delibera expressando a vontade do órgão, que, por fim, manifesta a vontade da sociedade. A deliberação do órgão é formada a partir da vontade de seus membros, mais deles se difere, configurando-se como um ato jurídico colegiado. As vontades de cada um de seus membros se unem e formam um ato jurídico só da sociedade.

Assim, para se anular uma deliberação da assembleia geral de acionistas, no polo passivo da ação deve figurar a sociedade, e, dependendo, se esse ato a ser anulável produziu efeitos na esfera jurídica de terceiros, esse terceiro necessariamente deve figurar como litisconsorte passivo dessa ação anulatória. No caso de ação da anulação da deliberação de aprovação de contas da administração, o administrador deve figurar como litisconsorte passivo, juntamente com a sociedade, e, no caso de ação de anulação da deliberação tomado por acionista controlador em benefício próprio contrariando os deveres previstos no parágrafo único do art. 116, o próprio acionista controlador também deve estar no polo passivo daquela relação jurídica processual.

Daí decorre um problema processual em se cumular os pedidos, em uma mesma ação, de anulação da aprovação das contas (pedido antecedente) e de ressarcimento do administrador. Não se concorda com essa alternativa, mas é importante explorá-la. A sociedade, por certo, deveria figurar no polo ativo da ação de responsabilidade civil *ut universi* em face do administrador, e deveria, necessariamente, figurar no polo passivo da ação de anulação da aprovação das contas. Como fazer? Por óbvio, não poderia a sociedade figurar no polo ativo e passivo da ação. Isso é uma questão processual relevante que pode impossibilitar a cumulação dos pedidos acima mencionados, obrigando que se proponha primeiro a ação de anulação da aprovação de contas e depois da decisão final transitada em julgado se proponha a ação de responsabilidade civil. Como a prescrição desta última é relativamente curta, seria difícil obter ressarcimento à sociedade.

O controle de legalidade que se faz dos atos societários ocorre no âmbito interno, da companhia, pelos próprios sócios, e no âmbito externo. O controle interno é feito pelo acionista que tem o dever de votar no interesse da companhia. O controle externo pode ser feito por vários atores. Um dos controles de legalidade, no caso das companhias abertas, é feito pela Comissão de Valores Mobiliários, que, embora não tenha competência para invalidar o ato, pode dar sua opinião, declarando a invalidade dos atos societários. Outro controle de legalidade é feito pelas Juntas Comerciais dos diversos Estados da Federação, que realiza o controle formal dos atos societários, verificando formalidades extrínsecas dos mesmos. Outro controle de legalidade externo é o realizado por juiz ou árbitro.

O principal dispositivo da Lei das S.A. que trata do regime de invalidade das deliberações assembleares é o art. 286[78]. Enquanto o art. 286 prevê de forma genérica a possibilidade de invalidação, o § 4º do art. 115 trata da anulação de deliberação por conflito de interesse.

O prazo para invalidar deliberação viciada por uma das hipóteses previstas naquele dispositivo legal é de 2 (dois) anos. Embora a lei mencione a prescrição da ação para anular deli-

[78] Art. 286. A ação para anular as deliberações tomadas em assembléia-geral ou especial, irregularmente convocada ou instalada, violadoras da lei ou do estatuto, ou eivadas de erro, dolo, fraude ou simulação, prescreve em 2 (dois) anos, contados da deliberação.

beração assemblear, é corrente na doutrina que esse prazos é de decadência[79] e não de prescrição, em razão do objetivo da invalidade ser a desconstituição de um direito (ação constitutiva negativa). Esse prazo, portanto, não se suspende e também não pode ser interrompido pelo protesto interruptivo de prescrição. Esse prazo de 2 (dois) anos é criticado por ser longo, se comparado com outras legislação que estipulam prazos bem menores. O termo inicial desse prazo é a data da publicação na Junta Comercial da ata que contém a deliberação assemblear.

O regime de invalidade do direito societário é distinto do regime de invalidades dos atos civis[80]. Trata-se aquele de um

[79] TORNOVSKY, Miguel. Prazos de Decadência para Propositura de Ações de Anulação na Lei das S.A. In: YARSHELL, Flávio Luiz et PEREIRA, Guilherme Setoguti J. **Processo Societário II – Adaptado ao Novo CPC – Lei 13.105/2015**. São Paulo: Quartier Latin. 2015. pág. 567.

[80] Em breve síntese, são hipóteses de nulidade do negócio jurídico: (1) celebrado por pessoa absolutamente incapaz; (2) objeto ilícito, impossível ou indeterminável; (3) o motivo determinante ilícito (para as partes); e (4) não ter forma prevista em lei; (5) não tenha seguido solenidade essencial para a sua validade; (6) objetivar fraudar lei imperativa (nulidade criada em 2002). Se alguém viola norma de forma direta, o objeto é ilícito. Se alguém viola norma de forma indireta, alcançando, por via oblíqua, por meio de negócio jurídico aparentemente lícito, finalidade semelhante à proibida, está-se diante de NJ fraudulento em razão de abuso de forma; (7) quando a lei taxativamente o declarar nulo ou proibir-lhe a prática sem cominar sanção. No direito civil haverá nulidade mesmo que o agente não tenha qualquer prejuízo econômico com o negócio jurídico nulo. Se nulo, o negócio jurídico será sancionado com a invalidade, além da responsabilidade civil em decorrência do prejuízo. O que ofende o ordenamento é o fato do negócio jurídico ser contrário a norma cogente e não ter dele decorrido um prejuízo. O juiz decreta a nulidade independente de Intenção do agente. A nulidade é objetiva sendo despiciendo a prova do prejuízo. Não existe nulidade de pleno direito porque a nulidade nunca é automática. A nulidade não pode ser constatada sem o devido processo legal. Negócio Jurídico nulo não convalesce, sendo perpétuas e imprescritíveis a nulidade. São situações que dão ensejo à anulabilidade do ato: (1) firmado por agente relativamente incapaz; (2) firmado com base em erro, dolo, coação, lesão, estado de perigo, fraude; (3) outros casos expressamente previstos em lei prevendo a anulabilidade de NJ.

regime mais flexível, com prazos mais curtos. No direito societário há limitação do rol de quem pode invalidar os atos e há ampla possibilidade de sanar o ato (inclusive o ato nulo, entendem alguns). A convalidação do ato também não retroage a data do ato (isso se dá para preservar terceiros que tenham realizados negócios com a companhia) e as partes não são restituídas ao *status quo ante*.

Isso ocorre em razão da necessidade das deliberações sociais terem estabilidade à vista do dinamismo das relações empresariais e também por envolverem agentes que atuam no âmbito interno na sociedade e terceiros, diferentemente do que ocorre em situações patrimoniais particulares, que, embora possam envolver vários sujeitos, estão circunscritas a um âmbito restrito de interessados. Nas sociedades, os efeitos das deliberações se propagam internamente e externamente. Mais relevante ainda, para os fins da criação de um regime de nulidades próprio, é o potencial de dano à companhia e a terceiros se tais prazos fosse mais longos[81]. Tome-se de exemplo um aumento de capital subscrito e integralizado por não acionista, que não respeitasse o direito de preferência previsto no art. 171, nem se enquadrasse nas hipóteses permissivas do art. 172. A deliberação do aumento

Há diversos artigos espalhados, mas toda anulabilidade é textual, pois se trata de ofensa à ordem privada. A anulabilidade só pode ser requerida pela parte ou pelo interessado que sofreu prejuízo. O Ministério Público não pode pedir nem juiz pode decretar de ofício. Para se requerer a anulabilidade, a parte tem que apresentar ação de anulabilidade de negócio jurídico. Se for o réu a alegá-la, terá que fazer por meio de defesa indireta de mérito. A anulabilidade é suscetível de sanação (quando o negócio jurídico se torna válido). É possível um negócio jurídico inválido produzir efeitos? Em princípio, não. A sanção à invalidade é justamente a ineficácia (impossibilidade de produzir efeitos).

[81] FRANÇA, Erasmo Valladão Azevedo e Novaes. Apontamentos sobre a Invalidade de Deliberações Conexas nas Companhias. In: **Revista de Direito Mercantil, Industrial, Econômico e Financeiro**. Vol. 112. São Paulo: Malheiros. 1998. Pág 22.

de capital seria anulável. Imagine-se a possibilidade de anulação dessa deliberação 4 (quatro) anos após os recursos terem sido aportados ao caixa da companhia (ativo) e na conta de capital (passivo) e terem sido consumidos na atividade empresarial. Esses recursos podem, ou não, ter gerado lucro empresarial, mas, certamente, deram origem a outras relações societárias, e.g., a aquisição de maquinário a contratação de funcionários. Quanto mais tempo passa, mais negócios jurídicos são realizados com recursos oriundos daquele aumento de capital. Imagine-se a anulação daquele aumento de capital. Todos os atos, relações e negócios jurídicos praticados pela sociedade com aqueles recursos seriam anulados? Não parece fazer sentido, em razão do dinamismo e da necessidade de estabilidade das relações sociais.

Esse regime especial, embora construído por estudiosos do direito societário, foi acatado pela jurisprudência pátria, que só mencionam a possibilidade de anulabilidade dos atos societários, excluindo, *a priori*, a invalidação de atos nulos. As posições são divergentes no tocante a essa exclusão, porém, prevalece na doutrina o entendimento de que o regime de nulidades do direito societário não exclui a possibilidade de aplicação do regime da invalidade comum às deliberações assembleares nulas. O ato nulo da vida da sociedade merece de igual modo ser invalidados[82] a qualquer tempo. Guilherme Setoguiti J. Pereira não entende dessa forma[83].

[82] Valladão menciona os seguintes argumentos para justificar tal afirmação: seria absurdo o contrário, *e.g.*, se os atos nulos se convalidassem passado o prazo de invalidação previsto em lei; e na lei societária há dispositivos que vão no sentido de não possível o afastamento da sua aplicação. Assim, atos contrários a essas disposições teriam necessariamente que ser invalidados a qualquer tempo. (França, Erasmo Valladão Azevedo e Novaes. *op. cit.* pág. 23.)

[83] Pereira, Guilherme Setoguiti J. Impugnação de Deliberações de Assembleia das S/A. 1 ed. São Paulo: Quartier Latin e Atlântico Pacífico. 2013. pág. 67

Distingue-se a nulidade da anulabilidade dos atos societários em razão do interesse violado pelo vício a ser invalidado. Se o interesse violado atingir a esfera dos acionistas da companhia em determinado momento, o vício seria anulável. Se a invalidade se referir à violação à norma de interesse público, haveria um caso de nulidade. Por exemplo, admitir em sociedade jornalística sócio estrangeiro com participação superior a 30% (trinta por cento) do capital social, em ofensa à disposição constitucional cujo conteúdo possui claro interesse público, seria o caso de nulidade[84]. Por sua vez, violação à norma estatutária seria, em geral, caso de anulabilidade do vício, pois estar-se-ia na esfera dispositiva dos acionistas. Porém, seriam nulas as deliberações que violassem: (i) regra que protege direito de terceiros; e (ii) direito dos acionistas atuais e de futuros acionista da sociedade, eis que se estaria diante da hipótese de violação de interesse público *lato sensu*.

São três os vícios tratados no art. 286 e que podem ser objeto de invalidade: (i) o vício de deliberação; (ii) o vício de voto; ou (iii) vício de assembleia ou de conclave (vício do consentimento). Os efeitos de cada um desses vícios são distintos[85].

O vício de assembleia ou de conclave é o vício no procedimento da assembleia no que tange a sua convocação ou instalação. O efeito do vício de assembleia é a anulabilidade de todas as deliberações tomadas naquela assembleia. Se houver vício na deliberação, tomada em contrariedade à lei ou ao estatuto, somente essa deliberação será invalidada e não a assembleia em sua integralidade[86].

Por fim, o vício de voto é o relativo ao próprio voto do acionista que o proferiu em erro, dolo, fraude ou simulação. Nessa

[84] França, Erasmo Valladão Azevedo e Novaes. *op. cit.* pág. 23.

[85] França, Erasmo Valladão Azevedo e Novaes. *op. cit.* pág. 25.

[86] França, Erasmo Valladão Azevedo e Novaes. *op. cit.* pág. 29.

hipótese, só aquele voto será anulado, sendo necessário analisar qual o peso que aquele voto teve na formação da deliberação para se apurar se a deliberação será invalidada, ou não[87]. Ainda que a deliberação não seja invalidada pelo voto viciado, permanece o acionista que buscou anular o voto com a legitimidade para agir e buscar eventual ressarcimento.

São dois os efeitos da deliberação da aprovação de contas e demonstrações financeiras da companhia. O primeiro efeito está previsto no §3º do art. 134, que é a exoneração de responsabilidade dos administradores, e o outro efeito é que essas contas e demonstrações financeiras passam a refletir a real situação patrimonial perante a companhia e terceiros. Até a referida aprovação, as contas e as demonstrações financeiras são meros projetos[88]. É possível vislumbrar um interesse público nesses documentos, uma vez que é com base neles que diversos agentes tomam decisões relevantes sobre a sociedade.

Assim, investidores tomarão a decisão de adquirir ou vender valores mobiliários da sociedade com base nos números apresentados. Os acionistas decidirão se mantêm, ou não, os administradores, pois, com base na situação patrimonial da companhia, verificarão se a administração está sendo bem sucedida, ou precisa ser alterada. Os credores da sociedade analisarão o seu risco de crédito para decidir se a sociedade tem capacidade para aumentar o seu endividamento, à vista da situação financeira apresentada. Os fornecedores também avaliarão se abrem linhas de crédito para venda de insumos com pagamento diferido no tempo. Empregados e futuros empregados avaliam se a companhia está financeiramente sólida, e, com base nessa informação, tomarão suas decisões pessoais. Enfim, é uma vasta gama de terceiros que, dependendo da situação patrimonial e financeira da companhia, decidem agir de uma forma ou de outra.

[87] França, Erasmo Valladão Azevedo e Novaes. *op. cit.* pág. 31.
[88] Tavares Borba, José Edwaldo T. *op. cit.* pág. 387.

O sistema informacional previsto no diploma societário é um dos pilares de sustentação do sistema. O princípio do *full disclosure*, a rigor, é talvez um dos mais relevantes princípios do mercado de capitais. A final de contas se todos os agentes possuem as mesmas informações ao mesmo tempo, poderão tomar decisões de investimento adequadas. O princípio do *full disclosure* não se refere apenas à tutela das informações privilegiadas da companhia, para evitar o seu uso indevido (*insider trading*), servindo também para que o sistema informacional previsto na lei, que permite a aferição da situação patrimonial e financeira da companhia, funcione adequadamente.

Impossível imaginar diversos agentes tomando decisões com base em informações financeiras e contábeis inverídicas, incompletas e imprecisas produzidas por administradores de má-fé com o intuito de encobrir seus atos de gestão irregulares. O caso mais elucidativo é o da Petrobras S.A., que teve que fazer um ajuste contábil nas suas demonstrações financeiras, deixando evidente que seus ativos estavam contabilizados erroneamente, em razão de atos de gestão irregulares praticados por seus administradores. Diversos terceiros e a própria companhia foi lesada pelas informações incorretas previstas nas contas e nas demonstrações financeiras da companhia.

Vê-se, portanto, que o interesse ofendido no caso das contas e demonstrações financeiras da companhia estarem incorretas, incompletas e inverídicas transcende e muito o interesse individual de um acionistas. Nessa situação ocorrerá violação da lei e do estatuto, uma vez que foram praticados atos dolosos com vistas a prejudicar a companhia. Está-se, em realidade, diante de um caso em que o interesse ofendido é da coletividade formada por todos aqueles que de alguma forma fazem negócios com a companhia, seus credores, fornecedores, empregados, configurando-se como um interesse público *lato sensu*.

Seguindo essa linha de raciocínio, pode-se afirmar que a deliberação de aprovação das contas e demonstrações financeiras em erro, dolo, fraude ou simulação, que merece ser invalidada, ofendeu o interesse público de uma coletividade, estando sujeita à nulidade e não à anulabilidade.

Renato Ventura Ribeiro[89] tinha outra visão sobre o tema: "Assim, deve ser anulado o voto dado com base em informações erradas dadas ou seus administradores. É o caso, por exemplo, de erro sobre a situação econômico-financeira, como o balanço irregular."

Isso não é uma mera questão acadêmica, pois, se se considerar que o regime de nulidade do direito civil se aplica no âmbito societário, seguindo a lógica acertada de Erasmo Valladão[90], permitindo que atos nulos sejam sancionados a qualquer tempo, o prazo decadencial de 2 (dois) previsto no art. 286 não se aplicaria à ação declaratória de nulidade de deliberação de aprovação de contas e demonstrações financeiras.

Como o termo inicial do prazo decadencial previsto no art. 286 é a data da deliberação (ou a data da publicação da ata contendo a deliberação na Junta Comercial, dependendo do caso), e não a data da ciência, pela assembleia geral de acionistas, da fraude, do erro, do ato doloso ou do ato simulação do administrador, é possível que quando da ciência, já tenha decaído o direito da sociedade de anular a aprovação das contas, o que não ocorreria, se considerássemos que o interesse violado em caso de estar viciada a aprovação das contas e das demonstrações financeiras é um interesse público, sujeito à nulidade, e que tal invalidade poderia ser decidida pelo juiz a qualquer tempo.

[89] RIBEIRO, Renato Ventura. *op. cit.* Pág 265.

[90] FRANÇA, Erasmo Valladão Azevedo e Novaes. *op. cit.* pág. 25.

4. Outras Legislações sobre a Aprovação das Contas dos Administradores

As legislações de outros países abaixo listadas reduziram os efeitos preclusivos da exoneração de responsabilidade outorgada pela assembleia geral aos administradores, seja por retirar o significado de renúncia de direito da exoneração, seja pela aprovação das contas não significar exoneração de responsabilidade, dependendo a efetiva exoneração de deliberação singular específica a respeito.

Na Argentina, a *Ley de Sociedades Comerciales* prevê que a aprovação da gestão não significa a automática exoneração de responsabilidade aos administradores. Essa exoneração dependeria de aprovação assemblear expressa, e, quando concedida, não exoneraria de responsabilidade se baseada em atos irregulares violadores da lei ou do estatuto da sociedade.

No Uruguai, o art. 392[91] da Lei nº 16.060, de 4 de setembro de 1989, que trata das *Sociedades Comerciales* prevê que a aprovação da gestão do administrador o exonera de responsabilidade, salvo se essa responsabilidade se dá por violação da lei, do estatuto ou de regulamento e se não houver oposição de acionistas que representem 5% (cinco por cento) do capital integralizado. A exoneração de responsabilidade é condicionada a uma série de requisitos.

No Chile, o art. 41[92] da Lei nº 18.046, de 22 de outubro de 1981, estipula que aprovação dos atos de gestão não libera o adminis-

[91] *Art. 392. (Extinción de la responsabilidad). La responsabilidad de los administradores y directores respecto de la sociedad, se extinguirá por la aprobación de su gestión, renúncia expresa o transacción, resueltas por la asamblea, si esa responsabilidad no es por violación de la ley, del estatuto o del reglamento y si no mediara oposición de accionistas que representen el 5 % (cinco por ciento) del capital integrado, por lo menos y siempre que los actos o hechos que la generen hayan sido concretamente planteados y el asunto se hubiera incluido en el orden del día. La extinción será ineficaz en caso de liquidación forzosa o concursal.*

[92] *Art. 41. Los directores deberán emplear en el ejercicio de sus funciones el cuidado y diligencia que los hombres emplean ordinariamente en sus propios negocios y responderán solidariamente de los perjuicios causados a la sociedad y a los accionistas por sus actuaciones*

trador de responsabilidade, nem quando a aprovação for específica, em caso de atos praticados com culpa leva, grave ou dolo.

Em solo europeu, vários diplomas alienígenas tratam desse mesmo tema de forma diversa.

O art. 134.3 da Lei de Sociedades Anônimas espanhola, de 22 de dezembro de 1989, apresenta a seguinte redação: "*La aprobación de las cuentas anuales no impedirá ni supondrá el ejercicio de la acción de responsabilidade ni supone la renuncia a la acción acordada o ejercitada.*"

A legislação alemã, por exemplo, exige que a exoneração de responsabilidade dos administradores seja matéria a ser aprovada pela assembleia geral de acionistas no tocante aos membros do conselho de supervisão (§ 120 da AktG (1)). Porém, a assembleia geral, ou mediante exigência de acionistas presentes à assembleia que representem 10% (dez por cento) de participação, ou, ainda, acionistas que congreguem ações que representem 1 milhão de euros podem exigir que a responsabilidade individual de cada membro seja deliberada em voto separado (§ 120 da AktG (2)). A lei societária expressa a exoneração de responsabilidade não impossibilita a propositura de ação indenizatória (§ 120 da AktG (3))[93].

Essa tendência, que visa a facilitar a propositura pela sociedade da ação de reparação civil, pode ser observada na Alemanha, Itália e França, conforme esclarecido pelo Professor Alberto Xavier[94]:

dolosas o culpables. Es nula toda estipulación del estatuto social y todo acuerdo de la junta de accionistas que tienda a liberar o a limitar la responsabilidad de los directores a que se refiere el inciso anterior. La aprobación otorgada por la junta de accionistas a la memoria y balance presentados por el directorio o a cualquier otra cuenta o información general, no libera a los directores de la responsabilidad que les corresponda por actos o negocios determinados; ni la aprobación específica de éstos los exonera de aquella responsabilidad, cuando se hubieren celebrado o ejecutado con culpa leve, grave o dolo.

93 Adamek, Marcelo Vieira Von. *op. cit.* pág. 253.

94 Xavier, Alberto. *op. cit.* pág. 108-109.

A atual lei alemã (AKTG de 1965, §120) não só distingue claramente a aprovação do balanço anual da liberação dos administradores (Entlastung), como retirou a esta o significado de renúncia à efetivação de uma eventual responsabilidade. Desta sorte a "liberação" passou apenas a ser um ato de quitação comprovativa do cumprimento do dever de prestação de contas. Cf. Godin-Wilhelmi, Gesetz über Aktiengesellshaften und Kommanditgesellschaften auf Aktien, Berlin, 3º ed., 1967, §104, Gadow e outros, Aktiengesetz - grosskommentar, Berlin, 1959-62, 2 vol. Também no direito francês a assembleia passou a não poder conceder liberação, como efeito extintivo da responsabilidade dos administradores, tendo porém encurtado o prazo prescricional (Lei de 1966, art.246). Cf. sobre os antecedentes doutrinários, Étienne Hommey, La responsabilité, personelle dês administrateurs das la gestion dês société anonymes, Thése, Paris, 1935. Na Itália (Cód. Civ., art. 2.434) a aprovação do balanço por parte da assembléia não implica liberação dos administradores. Cf. Giovanni E. Colombo, "Il bilancio di esercizio", em I grandi problemi delle società per azioni nelle legislazioni vigenti, Padova, 1976, p. 132. (XAVIER, 1979, pág. 108-109)

Assim, tanto na França como na Itália a aprovação das contas e demonstrações financeiras não exoneram de responsabilidade o administrador.

Em Portugal, o dispositivo 74.3[95] do Decreto-Lei nº 262, de 1986[96], dispõe que a deliberação de aprovação de contas não

[95] A deliberação pela qual a assembleia geral aprove as contas ou a gestão dos gerentes, administradores ou diretores não implica renúncia aos direitos de indenização da sociedade contra estes, salvo se os factos constitutivos da responsabilidade houverem sido expressamente levados ao conhecimento dos sócios antes da aprovação e esta estiver obedecido aos requisitos de voto exigidos pelo número anterior.

[96] Voto do Sr. Ministro Ari Pargendler em Recurso Especial nº 256.596/SP, Julgador: 3ª Turma, Data do Julgamento: 08 de maio de 2001, Data da

implica renúncia aos direitos de indenização da sociedade em face dos administradores, salvo se os atos irregulares tenham sido levados a conhecimento dos acionistas antes da aprovação e referida aprovação tenha obedecido os requisitos legais lá estabelecidos.

A lei societária suíça estabelece que a exoneração aos administradores depende de deliberação da assembleia geral de acionistas, ou seja, não decorre automaticamente de deliberação assemblear de aprovação de contas, mas, quando dada, não inclui fatos não conhecidos da assembleia geral de acionistas. Portanto, apresenta dupla salvaguarda, pois, ainda que a deliberação de exoneração ocorra, os fatos ignorados no momento dessa aprovação, não estão incluídos na exoneração. Os acionistas que tenham rejeitado em assembleia a concessão da exoneração permanecem com o direito de propor a ação social de que são titulares[97].

O Decreto Real Legislativo Espanhol (238), de 2 de julho de 2010, que aprovou a Lei das Sociedades de Capital, expressamente determina que a aprovação das contas anuais não impedirá a propositura da ação social, *in verbis:*

> *Artículo 238. Acción social de responsabilidad. 1. La acción de responsabilidad contra los administradores se entablará por la sociedad, previo*

Publicação (DJE) 18 de junho de 2001. Nesse voto, Ari Pargendler esposa a tese de que, embora a doutrina alienígena tenha caminhado em direção menos restritiva no que diz respeito ao efeito da aprovação das contas dos administradores, o legislador pátrio não alterou o teor do §3º do art. 134, que, em sua visão, configura-se como quitação que produz efeitos na esfera jurídica do administrador. Assim, somente mediante a anulação prévia da deliberação assemblear de aprovação de contas, poderia a sociedade ingressar a competente ação de responsabilidade. Para mudar essa interpretação seria preciso alterar a lei. https://ww2.stj.jus.br/processo/revista/documento/mediado/?componente=IMGD&sequencial=1538792&num_registro=200000404845&data=20010618&formato=PDF

[97] Adamek, Marcelo Vieira Von. *op. cit.* pág. 254.

acuerdo de la junta general, que puede ser adoptado a solicitud de cualquier socio aunque no conste en el orden del día. Los estatutos no podrán establecer una mayoría distinta a la ordinaria para la adopción de este acuerdo. 2. En cualquier momento la junta general podrá transigir o renunciar al ejercicio de la acción, siempre que no se opusieren a ello socios que representen el cinco por ciento del capital social. 3. El acuerdo de promover la acción o de transigir determinará la destitución de los administradores afectados. 4. La aprobación de las cuentas anuales no impedirá el ejercicio de la acción de responsabilidad ni supondrá la renuncia a la acción acordada o ejercitada."

Conclusão

Conclui-se, portanto, que, apesar da doutrina e jurisprudência trilharem no caminho de a aprovação das contas impedir o ajuizamento da ação social, salvo se, prévia ou concomitantemente, for deduzido em juízo um pedido de anulação da aprovação das contas, esse entendimento não deve prevalecer.

São diversos os argumentos que justificam a guinada na aplicação do §3º do art. 134, sob o prisma do sistema analisado como um todo, e também de acordo com uma visão individual da sociedade. Em realidade, a propositura de ação social, que visa a ressarcir a companhia pelos danos causados por administradores por atos de gestão irregulares, deve ser independente da desconstituição judicial da quitação dada ao administrador pela assembleia geral. Essa é a interpretação mais condizente com as normas-princípios existentes hoje no ordenamento brasileiro, além de ser a exegese que reforça os alicerces do sistema de proteções erigido pela Lei das S.A., que objetiva tutelar, diretamente, o acervo patrimonial da sociedade, e, indiretamente, os seus acionistas.

Diversas legislações estrangeiras já alteraram seus dispositivos, o que significa que a nova exegese não só é tendência, mas providência inexorável. Enquanto não ocorre a alteração legislativa no Brasil, é possível se modificar a aplicação do dispositivo com base na nova vertente axiológica do ordenamento e em diversos outros argumentos expostos neste trabalho.

Os atuais preceitos constitucionais e decorrentes do Código Civil de funcionalização das situações jurídicas para apuração das merecedoras de tutela; a restrição ao formalismo, ao império da lei, em geral instituída por grupos dominantes, permite visualizar que a imposição de condição à propositura da ação social configurar-se-ia como ato que dificultaria o devido ressarcimento da companhia.

Aliado àqueles argumentos, o fato de todo o sistema de ressarcimento da Lei das S.A. por atos de gestão irregulares estar calcado na indenização direta da companhia, que recompõe o patrimônio do acionista indiretamente. A se manter o entendimento prevalente, esse sistema de ressarcimento continuará ineficiente e insuficiente; é preciso se manter uma fluidez no sistema de controle (*checks and balances*) para que o mesmo funcione adequadamente.

Adicionalmente, não se poderia interpretar ampliativamente regra que restringe o direito das sociedades, praticamente desconsiderando a condicionalidade prevista no §3º (salvo em caso de erro, dolo, fraude ou simulação). É preciso interpretá-la restritivamente no sentido de que não há exoneração de responsabilidade se a aprovação se deu por meio de ato doloso de administrador.

Não há na Lei das S.A. outra condição de procedibilidade da ação social que não a aprovação da sua propositura pela assembleia geral da sociedade, que, quando ocorre, automaticamente, revoga a aprovação das contas. Isso se baseia no fato de ser assente a possibilidade de a assembleia geral poder alterar deliberações anteriores. O direito do administrador será resguardado se a sociedade der a ele oportunidade de se defender, antes ou durante, a assembleia que revogar a deliberação anterior.

Ademais, as contas e demonstrações financeiras são um amalgama de diversos atos complexos, cuja aprovação só poderia ser relativa, eis que o acionista não tem como conhecer todos eles.

Da forma como é aplicado o §3º do art. 134, poucos acionistas podem aprovar as contas e demonstrações financeiras, sem possibilidade de oposição de minoria organizada. A interpretação que se faz desse dispositivo hoje acaba por, na prática, reduzir de 3 (três) para 2 (dois) anos o prazo prescricional para propositura da ação social.

Assim, não há outra saída, senão se alterar a interpretação do §3º do art. 134, para que se tenha um sistema eficiente.

Referências

ADAMEK, Marcelo Viera Von. *Responsabilidade Civil dos Administradores S/A*. 1 ed. 2 tiragem. São Paulo: Saraiva. 2010.

ASCARELLI, Tulio. *Problemas das Sociedades Anônimas e Direito Comparado*. 1 ed. Campinas: Bookseller. 2001.

BAINBRIDGE, Stephen M. *Mergers and Acquisitions*. 2 ed. Estados Unidos da América: Thomson West. 2009.

BATALHA, Wilson S. C. *Sociedades Anônimas e Mercado de Capitais*. Rio de Janeiro: Ed. Forense, 1973.

BARROSO, Luís Roberto. *Curso de Direito Constitucional Contemporâneo. Os conceitos Fundamentais e a Construção do Novo Modelo*. 4 ed. 3 tiragem. São Paulo: Saraiva. 2014.

BULGARELLI, Waldírio, 1930. *Manual das Sociedades Anônimas: lei nº 9.457/97*. 13. ed. São Paulo: Atlas. 2001.

BULHÕES PEDREIRA, José Luiz; LAMY FILHO, Alfredo. *A Lei das S.A.* Parte III. 2 ed. Rio de Janeiro: Ed. Renovar. 1996.

CARVALHOSA, Modesto. *Comentários à Lei de Sociedades Anônimas*. Parte 3. 2. ed. São Paulo: Saraiva. 1997.

CARVALHOSA, Modesto; LEÃES, Luiz Gastão Paes de Barros (organizadores); Wald, Arnold. *A Responsabilidade Civil da Empresa Perante Investidores*. 1 ed. São Paulo: Quartier Latin. 2018

CLARK, Robert Charles. *Corporate Law*. Boston and Toronto: Little, Brown and Company.

COELHO, Fábio Ulhoa. *Curso de Direito Comercial, Direito de Empresa*. 20 ed. Vol. 2. São Paulo: Revista dos Tribunais. 2016.

COMPARATO, Fábio Konder. *Ensaios e pareceres de direito empresarial*. 1 ed. Rio de Janeiro: Ed. Forense. 1978.

COMPARATO, Fábio Konder e SALAMÃO FILHO, Calixto. *O Poder de Controle na Sociedade Anônima*. 6 ed. Rio de Janeiro: Ed. Forense. 2014.

COMPARATO, Fábio Konder. *O Poder de Controle na Sociedade Anônima*. 1 ed. São Paulo: Revista dos Tribunais. 1976.

COMPARATO, Fábio Konder. *Revista de Direito Mercantil, Econômico e Financeiro*. São Paulo: Malheiros, v. 104.

EIZIRIK, Nelson. *A Lei das S.A. COMENTADA*. v. 3. 2 ed. São Paulo: Quartier Latin. 2015.

FOLSOM, Ralph M.; GORDON, Michael W.; SPANOGLE, John A. *International Business Transactions*. St. Pauls: West Group. 1999.

GUNTHER, Gerald; SULLIVAN, Kathleen M. *Constitutional Law*. 13 ed. New York: The Foundation Press, Inc. 1997.

FARIA, Cristiano Chaves de et ROSENVALD, Nelson. *Curso de Direito Civil*. V.2. 8 ed. Salvador: Jus Podium. 2014.

FARIA, Cristiano Chaves de et ROSENVALD, Nelson. *Curso de Direito Civil*. V.1. 12 ed. Salvador: Jus Podium. 2014. Pag. 493.

FRANÇA, Erasmo Valladão Azevedo e Novaes. Apontamentos sobre a Invalidade de Deliberações Conexas nas Companhias. In: *Revista de Direito Mercantil, Industrial, Econômico e Financeiro*. Vol. 112. São Paulo: Malheiros. 1998.

FRANÇA, Erasmo Valladão Azevedo e Novaes. *Invalidade das Deliberações de Assembleia das S.A.* 2 ed. rev. e aum. São Paulo: Malheiros. 2017.

FRANÇA, Erasmo Valladão Azevedo e Novaes et ADAMEK, Marcelo Vieira von. *Da ação de dissolução parcial de sociedade: comentários breves ao CPC/2015*. 1 ed. São Paulo: Malheiros, 2016.

FRANÇA, Erasmo Valladão Azevedo e Novaes et ADAMEK, Marcelo Vieira von. Algumas Notas sobre o Exercício Abusivo da Ação de Invalidação de Deliberação Assemblear. In: YARSHELL, Flávio Luiz et PEREIRA, Guilherme Setoguti J. *Processo Societário*. São Paulo: Quartier Latin. 2012.

GOMES, Orlando. *Obrigações*. 8 ed. Rio de Janeiro: Forense. 1986.

GOMES, Orlando. *Contratos*. 12 ed. Rio de Janeiro: Forense. 1992.

HAMILTON, Robert W. *Corporations including Partnerships and Limited Liability Companies: Cases and Materials*. 6 ed. St. Pauls: West Publishing Co. 1998.

HORNGREN, Charles T.; HARRISON, Walter T. Jr. *Financial Accounting*. 3 ed. New Jersey: Prentice-Hall Inc. 1995.

LEÃES, Luiz Gastão Paes de Barros. In: *Revista de Direito Mercantil, Industrial, Econômico e Financeiro*. São Paulo: Malheiros. v. 100, n. 98, 1995.

LEÃES, Luiz Gastão Paes de Barros. *Estudos e Pareceres sobre Sociedades Anônimas*. São Paulo. Revista do Tribunal. 1989.

LEIRIÃO FILHO, José Afonso et OIOLI, Erik. Os Empecilhos à Tutela Judicial dos Investidores do Mercado de Capitais e a Class Action no Brasil. In: YARSHELL, Flávio Luiz et PEREIRA, Guilherme Setoguti J. *Processo Societário II – Adaptado ao Novo CPC – Lei 13.105/2015*. São Paulo: Quartier Latin. 2015.

LORIA, Eli; KALANSKY, Daniel. *Processo Sancionador e Mercado de Capitais*. 1 ed. São Paulo: Quartier Latin. 2015.

LUCENA, José Waldecy. *Das Sociedades Limitadas*. 6ª ed. São Paulo: Renovar. 2005.

KRAAKMAN, Reinier, et all. The Anatomy of Corporate Law. *A Comparative and Functional Approach*. 2 ed. United Kindom: Oxford. 2009.

MARTINS, Frans. *Contratos e Obrigações Comercial*. Rio de Janeiro. 16 ed. atualizada por Osmar Brina Côrrea-Lima. São Paulo: Forense. 2010.

PEREIRA, Caio Mário da Silva. *Instituições de Direito Civil*. Vol. III Teoria Geral das Obrigações. 20 ed. Atualizador: Luiz Roldão de Freitas Gomes. Rio de Janeiro: Forense. 2003.

PEREIRA, Guilherme Setoguiti J. *Impugnação de Deliberações de Assembleia das S/A*. 1 ed. São Paulo: Quartier Latin e Atlântico Pacífico. 2013.

POSNER, Richard A. *Economic Analysis of Law*. 4 ed. Boston, Toronto and London: Little, Brown and Company. 1992.

RIBEIRO, Renato Ventura. *Direito de Voto nas Sociedades Anônima*. 1 ed. São Paulo: Quartier Latin. 2009.

SALOMÃO FILHO, Calixto. *O Novo Direito Societário*. 3 ed. São Paulo: Malheiros Editores. 2006.

TAVARES BORBA, José Edwaldo T. *Direito Societário*. 10º ed. São Paulo: Ed. Atlas. 2007.

TEIXEIRA, Egberto L. e GUERREIRO, José Alexandre T. *Das Sociedades Anônimas no Direito Brasileiro*. Vol. 1. São Paulo: Ed. José Bushatsky. 1979.

TORNOVSKY, Miguel. Prazos de Decadência para Propositura de Ações de Anulação na Lei das S.A. In: YARSHELL, Flávio Luiz et PEREIRA, Guilherme Setoguti J. *Processo Societário II – Adaptado ao Novo CPC – Lei 13.105/2015*. São Paulo: Quartier Latin. 2015.

VALVERDE, Trajano de Miranda. *Sociedades por Ações*. Vol. III. 2 Ed. Rio de Janeiro: Ed. Forense. 1963.

SZTAJN, Raquel. *Teoria Jurídica da Empresa: Atividade Empresária e Mercados.* São Paulo: Ed. Atlas. 2014. p.13.

XAVIER, Alberto. *Administradores de Sociedades.* São Paulo: Revista dos Tribunais. 1979.

XAVIER, Alberto. *Direito Tributário Internacional do Brasil.* 1 ed. São Paulo: Resenha Tributária. 1977.

O Usufruto de Ações: Uma Análise sobre os Desdobramentos de Seus Direitos Políticos e Econômicos

Daniel Fernandes Kulcsar

Introdução

Quando se discute o tema de sucessão patrimonial no Brasil, costuma-se apontar diversos "problemas" para a sua implementação, impostos pela legislação tributária e societária. Dessa forma, os operadores do direito sempre buscam as mais inusitadas soluções dentro dos limites e lacunas impostas pela legislação, com o objetivo de alcançar eficiência e segurança jurídica em cada caso concreto.

Dentro desse campo fértil para o desenvolvimento do estudo sobre direitos reais e sobre o direito de família (sucessão) é que surgiu o grande interesse dos operadores do direito pelo instituto do usufruto.

No entanto, qual a importância desse instituto criado no Direito Romano para os advogados dos dias de hoje? Quais benefícios ele outorga ao seu detentor? E, mais importante, quais as principais discussões e problemas que envolvem esse instituto? Estes são alguns questionamentos que serão respondidos ao longo deste trabalho, demonstrando a importância do instituto do usufruto dentro do direito civil, seja sob a ótica do direito das sucessões, seja em busca de delimitar e melhor compreender os limites dos direitos reais.

Assim, para melhor compreensão acerca da importância do instituto do usufruto e para elucidar as diversas questões e discussões apresentadas pelo tema, inicialmente, aspectos fundamentais do usufruto deverão ser apresentados.

Comecemos, assim, por sua definição.

O usufruto consiste num direito real concedido ao usufrutuário sobre determinado bem ou patrimônio alheio para usufruir e gozar dele e de seus frutos, por um período determinado. Ao alienar um bem em usufruto, o usufrutuário obtém alguns direitos que se assemelham aos do nu-proprietário, já que, para todos os fins práticos, ele se apresenta como o proprietário do bem (o possuidor imediato).

Apesar de não ser o proprietário, a legislação brasileira outorgou diversos direitos para que o usufrutuário possa deter e manter a posse do bem caso o nu-proprietário não transfira o bem gravado ou mesmo passe a danificá-lo em prejuízo do usufrutuário.

A partir da definição do usufruto, fica mais fácil perceber que as características deste instituto agradaram (e muito) os operadores do direito quando o assunto é a sucessão patrimonial. Isso porque é comum a realização de diversas operações societárias para concentração de bens familiares dentro de uma mesma sociedade empresarial ou civil, visando sempre o melhor planejamento tributário.

A delicadeza do tema e o seu desmembramento em diversas discussões e debates na doutrina e na jurisprudência nacional requer uma análise cuidadosa dos conceitos e princípios fundamentais do usufruto e, no caso deste texto, do usufruto de ações.

É claro que este estudo não visa esgotar o tema do usufruto de ações, muito menos abordar todas as discussões que este enseja, mas sim apresentar os principais aspectos, bem como doutrinas e decisões emitidas pelos principais tribunais no Brasil.

Para tanto, serão analisados os seguintes aspectos do usufruto: (i) conceito; (ii) a análise de bens e frutos; (iii) o usufruto de ações; (iv) direitos econômicos e políticos; (v) o usufruto desses direitos; e, (vi) a possibilidade do usufruto de direitos em geral.

Prosseguindo com a introdução sobre o tema, é importante frisar que as discussões travadas dentro do usufruto de ações envolvem sempre os direitos básicos de um acionista: o político e o econômico. Conforme será demonstrado ao longo deste estudo, esses direitos são essenciais para a administração de uma companhia (no caso dos direitos políticos) e para o interesse do acionista em manter o seu investimento (direitos econômicos). Por esse motivo, a legislação nacional garantiu meios para que esses direitos fossem expressados pelos acionistas e resguardados por terceiros.

Com a alienação de uma ação em usufruto, os direitos do nu-proprietário da ação e de seu usufrutuário acabam coexistindo e, apesar do legislador brasileiro tratar do tema e tentar definir os direitos e deveres de cada um, são muitas vezes confundidos e exercidos de forma ilegal.

Não é segredo que a prática jurídica sempre levanta as mais diversas discussões e problemas práticos para vários institutos do direito. O usufruto de ações sofreu o mesmo efeito, fazendo com que diversos nós lógicos e conceituais fossem criados, cabendo ao judiciário e à doutrina desatá-los, conforme indicado e tratado ao longo deste trabalho.

O usufruto do direito de voto de ações pode ser indicado como um desses nós conceituais criados pela prática jurídica. No ramo das reorganizações societárias e dos planejamentos sucessórios em que o detentor do patrimônio visa reorganizar os bens e dispô-los em adiantamento aos seus herdeiros, principalmente por meio de doações e antecipação de partilha. No entanto, na maioria dos casos, apesar de já distribuir o patrimônio entre os seus herdeiros, o pai ou a mãe de família não deseja alienar/perder os direitos (principalmente econômicos) que são intrínsecos aos bens. Para tanto, são criadas estruturas jurídicas.

Quando esse patrimônio é composto (no todo ou em parte) por ações de companhias (sejam elas abertas ou fechadas, holdings familiares) ou por quotas de sociedades limitadas ou até mesmo de fundos de investimento, devemos levar em consideração que essas ações ou quotas detém dois tipos de direitos: econômicos e políticos.

Como será apresentado e analisado por este trabalho, os direitos econômicos referem-se, basicamente, ao direito do proprietário ou usufrutuário de uma ação aos lucros e dividendos da companhia, enquanto que os políticos se baseiam no direito de voto.

Ao alienar uma ação em usufruto, os direitos econômicos e políticos do nu-proprietário e do usufrutuário devem ser acordados de forma clara e específica entre as partes. Caso contrário (e muito por conta da falta de regulamentação do ordenamento nacional), é provável que tais direitos sejam o cerne de discussões futuras entre as partes.

Não são raras as situações, geralmente por falta (ou excesso) de conhecimento técnico sobre o tema, em que se encontram discussões sobre a possibilidade do usufruto somente do direito de voto do nu-proprietário para o usufrutuário. Apesar de parecer razoável num primeiro momento, será que o ordenamento brasileiro regula e permite o usufruto de um direito, além do usufruto de bens? Como a doutrina e a jurisprudência analisam casos de usufruto de direito de voto?

Essas e as demais ponderações feitas nesta breve introdução sobre o usufruto de ações certamente auxiliarão na melhor compreensão acerca do panorama atual da doutrina, jurisprudência e legislação nacional sobre o tema.

1. O Usufruto

1.1. O Usufruto – Um Direito Real sobre coisa alheia

De acordo com a Lei 10.406, de 10 de janeiro de 2002 (o "Código Civil"), e com a doutrina histórica, o usufruto consiste num dos três tipos de direitos reais de gozo ou fruição. Os demais são o uso e a habitação.

Assim como diversos outros institutos do Direito Civil brasileiro, o usufruto, da forma como é definido e apresentado hoje, teve as suas raízes no Direito Romano, evoluindo e se desenvolvendo ao longo da história de acordo com a evolução da humanidade e das interações sociais.

De acordo com a doutrina romana, o usufruto consistia num dos tipos de servidões pessoais, ou seja, direitos reais sobre coisa alheia, completados pelo uso, a habitação e o trabalho de escravos, e se caracterizava pelo uso de coisa alheia e o gozo de seus frutos. O elemento essencial do usufruto e, portanto, aquilo que o diferenciava, era o fato de que o usufrutuário não poderia, em hipótese alguma, alterar a essência do bem usufruído, ainda que as alterações do bem fossem para, em tese, aumentar o seu valor.[1]

Apesar da aparente proximidade entre as figuras, o usufrutuário não deve ser confundido com a figura do nu-proprietário, já que o primeiro se apresenta para a sociedade como o possuidor imediato do bem e possui um direito temporário para usar e gozar do bem, e não perpétuo como o do nu-proprietário[2].

[1] Marky, Thomas. **Curso Elementar de Direito Romano**, 8 ed. São Paulo: Saraiva, 1995. pp. 95 e 96.

[2] Wald, Arnold. **Do Regime Jurídico do Usufruto de Cotas de Sociedade de Responsabilidade Limitada e de Ações de Sociedades Anônimas**. In: em Revista de Direito Mercantil, Industrial, Econômico e Financeiro. N. 77. São Paulo: Editora Revista dos Tribunais, 1990. p. 6.

No máximo, esse direito pode ser vitalício, ou seja, perdurar enquanto o usufrutuário viver[3].

Da mesma forma disciplinou o doutrinador brasileiro ao dispor entre os artigos 1.390 a 1.411, do Código Civil, sobre o conceito de usufruto e os direitos e deveres do usufrutuário, já que este tem o direito "à posse, uso, administração e percepção dos frutos", conforme discorre o art. 1.394. O usufrutuário pode assim usar e fruir do bem, detendo todas as vantagens reais do gozo da coisa que geralmente são reservadas ao seu proprietário.

Vale, no entanto, ressaltar que, apesar de seus direitos, o usufrutuário não pode dispor do bem (alienar ou gravar) tendo em vista que não poderia alienar coisa alheia em nome próprio[4] (conceito importante para o presente estudo, conforme será visto mais adiante). O usufruto é, então, um direito personalíssimo e inalienável, sendo que somente o seu exercício poderia ser cedido para terceiros (estes não possuiriam o direito real, somente um mero direito pessoal ou de crédito do usufruto). [5][6]

[3] Gagliano, Pablo Stolze. **Código Civil Comentado: direito das coisas, superfície, servidões, usufruto, uso, habitação, direito do promitente comprador, artigos 1.369 a 1.418**, vol. XIII, coord. Álvaro Villaça Azevedo, São Paulo: Atlas, 2004. p. 118.

[4] De acordo com Pontes de Miranda, o usufrutuário pode, no entanto, "*dispor do que foi inventariado como pertença sujeita a desgaste (e.g., instrumentos agrícolas deterioráveis, máquinas suscetíveis de utilização), e então ocorre ato de disposição da coisa alheia, em nome próprio*". Pontes de Miranda. **Tratado de Direito Privado.** t. XIX, 3ª Edição, São Paulo: Revista dos Tribunais, 1983. p. 169.

[5] Da Silva Pereira, Caio Mário. **Instituições de Direito Civil.** v. IV, 30ª Edição, Rio de Janeiro: Forense, 2017. .p. 254.

[6] Gagliano, Pablo Stolze. **Código Civil Comentado: direito das coisas, superfície, servidões, usufruto, uso, habitação, direito do promitente comprador, artigos 1.369 a 1.418**, vol. XIII, coord. Álvaro Villaça Azevedo, São Paulo: Atlas, 2004. p. 134.

1.2. O Usufruto Voluntário, Legal, Judicial e Sucessivo

Para fins de esclarecimento, vale realizar aqui uma breve distinção entre os tipos de usufruto que fizeram ou fazem parte do nosso ordenamento jurídico. São eles: (i) usufruto voluntário; (ii) usufruto legal e, dentro deste, o usufruto vidual; (iii) usufruto judicial; e (iv) usufruto sucessivo.

Os usufrutos voluntários são aqueles decorrentes de negócios realizados entre vivos ou *mortis causa*, além de negócios celebrados em decorrência de prescrições aquisitivas. Por sua vez, os usufrutos legais decorrem de previsões na lei e visam, a princípio, a proteção e a tutela de certas pessoas.

Apesar de não ser disciplinado pelo Código Civil atualmente em vigor, o usufruto vidual foi introduzido pelo Código Civil de 1916 (sendo, portanto, um tipo de usufruto legal) e ensejou diversas discussões (tanto doutrinárias quanto nas principais cortes do país) sobre os direitos do usufrutuário decorrentes dele.

O usufruto vidual era estabelecido em favor do cônjuge supérstite, desde que o regime de comunhão adotado pelo casal não tivesse sido o universal, pelo tempo em que perdurasse a viuvez do cônjuge sobrevivente. De acordo com o art. 1.611 do Código Civil de 1916, o cônjuge supérstite teria direito a quotas equivalentes à metade do patrimônio hereditário ou à sua quota parte, a depender do concurso com os filhos.[7]

Logo, caso o patrimônio hereditário fosse consubstanciado por quotas ou ações de sociedades, a(o) cônjuge supérstite ingressaria, assim, na condição de usufrutuária(o) desses bens, detendo o direito de posse, administração e percepção dos frutos (i.e., fruir e gozar dos frutos do bem dado em usufruto).

Por se tratar de uma questão familiar extremamente sensível e com alto potencial de inviabilizar o normal andamento dos

[7] LEÃES, Luiz Gastão Paes de Barros. **O Direito de Voto de Ações Gravadas com Usufruto Vidual**; em **Pareceres**, Volume II. São Paulo: Editora Singular, 2004. p.1360.

negócios de uma sociedade, diversas disputas familiares entre o usufrutuário e os demais herdeiros e/ou parentes familiares (os nu-proprietários das ações ou quotas em discussão) foram levadas ao sistema judiciário. Assim, o usufruto vidual, apesar de não estar mais previsto no Código Civil em vigor, acarretou diversas discussões sobre os direitos do nu-proprietário e do usufrutuário de ações, enriquecendo a jurisprudência sobre o assunto.

O usufruto judicial, por sua vez, é constituído por uma autoridade judiciária no exercício de sua atividade[8]. O art. 716 da Lei nº 5.869, de 1973, o Código de Processo Civil de 1973, previa a concessão do usufruto de bem móvel ou imóvel ao exequente, caso o juiz considerasse o usufruto menos gravoso ao executado e um meio mais eficiente para o recebimento do crédito devido.[9] Dessa forma, e nos termos do art. 717 da mesma lei, o executado perderia a posse e o gozo do bem até o pagamento integral da quantia principal devida, devidamente acrescida dos juros, custas e honorários advocatícios.[10] No entanto, a Lei nº 13.105, de 2015, o novo Código de Processo Civil e atualmente em vigor, por meio da nova redação do art. 867 (equivalente ao art. 716 do Código de Processo Civil de 1973), revogou a instituição do usufruto judicial para, em seu lugar, prever a possibilidade do juiz decretar a penhora dos frutos e rendimentos do bem móvel ou imóvel para garantir o recebimento do exequente.[11]

[8] GARBI, Carlos Alberto. **Relação Jurídica de Direito Real e Usufruto**, São Paulo: Método, 2008. p.222.

[9] Nos termos do art. 716 da Lei nº 5.869, de 1973: "*O juiz pode conceder ao exequente o usufruto de móvel ou imóvel, quando o reputar menos gravoso ao executado e eficiente para o recebimento do crédito.*"

[10] Art. 717 da Lei nº 5.869, de 1973: "*Decretado o usufruto, perde o executado o gozo do móvel ou imóvel, até que o exequente seja pago do principal, juros, custas e honorários advocatícios.*"

[11] Art. 867 da Lei nº 13.105, de 2015: "*O juiz pode ordenar a penhora de frutos e rendimentos de coisa móvel ou imóvel quando a considerar mais eficiente para o recebimento do crédito e menos gravosa ao executado.*"

Por último, o usufruto sucessivo é definido como aquele que é instituído em favor de uma pessoa para que o bem gravado seja transferido a um terceiro por meio da morte do usufrutuário.[12] Sendo assim, este seria um usufruto posterior a outro usufruto, sendo que o segundo somente se inicia mediante a ocorrência de uma condição ou termo após a extinção do primeiro.[13]

Vale ressaltar que o usufruto sucessivo se diferencia do voluntário *mortis causa*, uma vez que a alienação do bem não depende da vontade do herdeiro usufrutuário, e sim do nu-proprietário original que instituiu o usufruto sucessivo.

No entanto, a legislação brasileira não admite que o usufruto seja transferido após a morte do usufrutuário, tendo em vista que esse direito real tem caráter personalíssimo[14], além do fato de que, como visto neste trabalho, o usufruto não pode ser alienado pelo usufrutuário a um terceiro.[15]

1.3. Coisa Alheia – Bens Corpóreos ou Incorpóreos, Consumíveis ou Inconsumíveis

Para entender melhor o usufruto, não basta compreender apenas a sua qualificação, devemos também estudar a essência do objeto do usufruto, assim como as principais características dos seus frutos.

[12] GARBI, Carlos Alberto. **Relação Jurídica de Direito Real e Usufruto**, São Paulo: Método, 2008. p.223.

[13] PONTES DE MIRANDA. **Tratado de Direito Privado**. t. XIX, 3ª Edição, São Paulo: Revista dos Tribunais, 1983. p. 269.

[14] GARBI, Carlos Alberto. **Relação Jurídica de Direito Real e Usufruto**, São Paulo: Método, 2008. p.225.

[15] Diversas são as discussões doutrinárias sobre a possibilidade do usufruto sucessivo, principalmente quando analisados alguns casos de alienação de bens em usufruto que continham cláusula de inalienabilidade. Como o objetivo deste trabalho não é tecer longos comentários sobre todas as discussões que envolvem o usufrutuo, este tema, apesar de interessante, não será aqui abordado.

Para o usufrutuário usar e fruir do bem gravado com o usufruto, este tem o direito da sua posse que, a princípio, seria imediata, a não ser que a coisa esteja alugada, depositada, penhorada ou empenhada[16]. A posse só existe quando o seu objeto é uma coisa, um bem corpóreo ou incorpóreo, não existindo no ordenamento brasileiro, de acordo com a doutrina majoritária, a posse de créditos ou de direitos[17].

A definição de bem corpóreo e incorpóreo é relativamente simples. Enquanto o primeiro existe no plano material, sendo tangível (como uma casa, um prédio, um objeto), o segundo somente existe no plano intelectual, sendo relativo aos direitos que as pessoas naturais ou jurídicas têm sobre as coisas, o resultado de seu intelecto (direitos autorais e de propriedade intelectual) ou contra outra pessoa, desde que apresentem valor econômico[18]. Mesmo com a evolução da sociedade e do direito que, cada vez mais, contribuíram para dificultar a classificação dos bens, tal distinção criada no Direito Romano ainda pode ser utilizada para distinguir coisas (bem corpóreo) de direitos (bem incorpóreo)[19].

As ações de uma companhia, por exemplo, seriam consideradas um bem corpóreo ou incorpóreo[20]? A escrituração da propriedade das ações no Livro de Registro de Ações da companhia, conforme art. 100, inciso I, da Lei das S.A., transformaria esse bem, por si só, em corpóreo? E as ações comercializadas na

[16] Pontes de Miranda. **Tratado de Direito Privado.** t. XIX, 3ª Edição, São Paulo: Revista dos Tribunais, 1983. p. 167.

[17] Pontes de Miranda. **Tratado de Direito Privado.** t. XIX, 3ª Edição, São Paulo: Revista dos Tribunais, 1983. p. 172.

[18] Diniz, Maria Helena. **Curso de Direito Civil Brasileiro, Volume I: Teoria Geral do Direito Civil**, 28ª ed. São Paulo: Saraiva, 2011. p.361.

[19] Marky, Thomas. **Curso Elementar de Direito Romano**, 8ª ed. São Paulo: Saraiva, 1995. pp. 95 e 96.

[20] Excetuaremos neste exemplo as ações ao portador por serem bens físicos que tornam o proprietário desse papel em acionista da companhia.

bolsa e em mercados de balcão, atualmente quase todos digitais? Seriam consideradas bens tangíveis?

Apesar da modernização da forma como as ações são apresentadas (livros, registro digital, transferências eletrônicas), a doutrina brasileira é unânime ao classificar esses bens como corpóreos.

E os direitos, que são classificados como bens incorpóreos? Poderiam também ser objeto do usufruto? Como veremos adiante no Item 2.5, esse tema ainda diverge as opiniões de grandes autores brasileiros e internacionais.

Resta esclarecer, então, se o usufruto poderia gravar bens consumíveis ou inconsumíveis. Analisando o conceito de usufruto apresentado, fica evidente que, para que o usufrutuário possa usar e fruir do bem e de seus frutos sem, no entanto, alterar a essência desse bem, este deveria ser uma coisa cuja substância não se alterasse ao longo dos anos, nem que fosse consumida de modo que perdesse o seu valor inicial.

Assim, bens inconsumíveis claramente se encaixam na descrição acima e, portanto, são passíveis de serem gravados com usufruto, como é o caso das ações.

Bens consumíveis, por outro lado, não possuem as características necessárias para o usufruto, já que a sua substância é destruída logo com os primeiros usos[21], sofrendo alterações irreversíveis na sua essência.

A classificação de um bem em consumível ou inconsumível, no entanto, também pode ser determinada pela sua consuntibilidade jurídica, ou seja, de acordo com a sua destinação econômica-jurídica. Assim, uma loja de eletrodomésticos, por exemplo, considera os seus produtos como bens consumíveis, uma vez que vendidos eles perdem a sua essência (i.e., não estão

[21] DINIZ, Maria Helena. **Curso de Direito Civil Brasileiro, Volume I: Teoria Geral do Direito Civil**, 28ª ed. São Paulo: Saraiva, 2011. p.373.

mais disponíveis para serem vendidos ao consumidor). Por outro lado, o consumidor, ao adquirir um eletrodoméstico, considera este bem como inconsumível, já que a tendência é que, mesmo com o seu uso contínuo, ele tenha uma longa duração sem perder a sua finalidade essencial.[22]

Superada a definição de bens em consumíveis e inconsumíveis, poderiam estes serem objetos de usufruto? Se são consumidos de imediato e a sua essência é destruída, como esse bem poderia ser alienado para o usufrutuário para depois retornar ao nu-proprietário?

Apesar da resposta inicial ser "não", os bens inconsumíveis podem sim ser gravados com usufruto. No entanto, devido às suas características, esses são chamados de usufrutos impróprios e, por isso, alvo de grandes debates na doutrina brasileira. O usufrutuário, então, fica obrigado a restituir o bem que se consome pelo uso em gênero, qualidade e quantidade para o antigo proprietário[23].

1.4. Frutos – Conceito

Conforme definição legal e doutrinária, já analisada acima, o usufrutuário tem o direito, destaca-se, de fruir os frutos do bem gravado. No entanto, o que seriam os frutos de um bem? Uma ação teria frutos a serem destinados ao usufrutuário?

Frutos nada mais são do que coisas novas produzidas pelos bens de forma regular[24] e que possuem certo valor econômico,

[22] Diniz, Maria Helena. **Curso de Direito Civil Brasileiro, Volume I: Teoria Geral do Direito Civil**, 28ª ed. São Paulo: Saraiva, 2011. pp.373-374.

[23] Da Silva Pereira, Caio Mário. **Instituições de Direito Civil.** v. IV, 30ª Edição, Rio de Janeiro: Forense, 2017. .p. 255. O autor, no entanto, não acredita que o usufruto impróprio deva ser considerado como usufruto, já que o primeiro não apresenta os elementos essenciais do usufruto.

[24] Marky, Thomas. **Curso Elementar de Direito Romano**, 8 ed. São Paulo: Saraiva, 1995. p. 44.

conforme definido pelas relações humanas[25], classificados em naturais ou civis.

Os frutos naturais distinguem-se dos frutos civis por, basicamente, derivarem materialmente do bem[26], enquanto que os civis, apesar de terem conexão com o bem, não são resultados materiais produzidos regularmente, mas sim rendimentos decorrentes da utilização do bem por outra pessoa que não o proprietário[27].

Não se pode considerar, no entanto, que os frutos civis são direitos adquiridos, e não bens materiais, conforme será elucidado mais a frente por alguns exemplos.

De acordo com o Código Civil e a Lei das S.A., os proprietários de quotas e ações detém dois grandes direitos: econômicos e políticos. Dentre os direitos econômicos de uma ação/quota, destacaremos aqui os dividendos ou lucros por eles gerados. Assim, esses dividendos/lucros poderiam ser considerados como frutos civis[28] das quotas/ações?

De acordo com Pontes de Miranda, sim, já que os sócios possuem participação nos lucros da sociedade uma vez que realizaram investimentos para obterem uma parte do capital social.[29]

2. O Usufruto de Ações

O Item 1 teve como finalidade apresentar conceitos importantes para a compreensão do instituto do usufruto e das suas prin-

[25] Pontes de Miranda. **Tratado de Direito Privado.** t. XIX, 3ª Edição, São Paulo: Revista dos Tribunais, 1983. p. 185.

[26] Pontes de Miranda. **Tratado de Direito Privado.** t. XIX, 3ª Edição, São Paulo: Revista dos Tribunais, 1983. p. 188.

[27] Diniz, Maria Helena. **Curso de Direito Civil Brasileiro, Volume I: Teoria Geral do Direito Civil**, 28ª ed. São Paulo: Saraiva, 2011. p. 382.

[28] De acordo com a definição de frutos apresentada acima, resta claro que os dividendos e lucros não são derivados materialmente dos bens.

[29] Pontes de Miranda. **Tratado de Direito Privado.** t. XIX, 3ª Edição, São Paulo: Revista dos Tribunais, 1983. p. 188.

cipais ramificações, como os frutos. Dessa forma, o estudo do usufruto de ações e das suas principais discussões podem ser mais facilmente compreendidos e as suas polêmicas superadas.

Continuando, o usufruto, apesar de ter finalidade basicamente alimentar, passou a ser utilizado em estruturas mercantis, e, dentre elas, sobre as ações.[30] A própria Lei das S.A. em diversos artigos menciona e regula o instituto do usufruto de ações, como nos artigos. (i) 40 – obrigação de averbação do usufruto nos livros da companhia; (ii) 114 – direito de voto nas ações gravadas com usufruto; (iii) 169, §2º – extensão do usufruto às ações decorrentes de aumento de capital, mediante capitalização de lucros ou reservas, o usufruto que onera as ações das quais elas forem derivadas, salvo convenção em contrário; (iv) 171, §5º – direito de preferência para subscrição de ações pelo nu-proprietário até 10 dias antes do vencimento do prazo e, se ele não o fizer, pelo usufrutuário; e (v) 205 – pagamento de dividendos à pessoa que, na data do ato de declaração do dividendo, estiver inscrita como proprietária ou usufrutuária da ação.[31]

Para fins do presente estudo, será analisado e aprofundado os aspectos que correspondem, principalmente, aos arts. 114 e 205, da Lei das S.A., i.e., aos direitos de voto e aos dividendos, conforme transcritos abaixo:

> Art. 114: "O direito de voto da ação gravada com usufruto, se não for regulado no ato de constituição do gravame, somente poderá ser exercido mediante prévio acordo entre o proprietário e o usufrutuário."
>
> Art. 205: "A companhia pagará o dividendo de ações nominativas à pessoa que, na data do ato de declaração do dividendo, estiver inscrita como proprietária ou usufrutuária da ação."

[30] Eizirik, Nelson. **Direito Societário – Estudos e Pareceres**. São Paulo: Quartier Latin, 2015. p. 196.

[31] Eizirik, Nelson. **A Lei das S/A Comentada**, Volume 1. São Paulo: Quartier Latin, 2011, pp. 645-646.

2.1. Direitos e Deveres do Usufrutuário

Ao transferir um bem em usufruto, o usufrutuário incorre em certos direitos e deveres inerentes a esse instituto que deverão ser observados para usufruir de forma inteira e completa do bem transferido e de seus frutos. O proprietário, por sua vez, tem a obrigação de fazer com que esses direitos e deveres do usufrutuário sejam observados e respeitados.

Dessa forma, o Código Civil descreve quais são esses direitos e deveres do usufrutuário e quais os meios para a sua implementação.

Nos termos do artigo 1.394, o usufrutuário tem direito "*à posse, uso, administração e percepção dos frutos*". No entanto, quais meios o usufrutuário possuiu para garantir que ele efetivamente incorrerá na posse do bem transferido pelo nu-proprietário? E se esse último, por qualquer motivo que seja, não transferir o bem e impedir o usufrutuário de exercer o seu direito?

Deve-se dividir aqui a posse do bem do direito real de usufruto detido pelo usufrutuário. A posse do bem é essencial para o exercício de seu uso e fruição, e não para a constituição do seu direito de usufruto. Assim, o usufrutuário é titular de seu direito real de usufruto, ainda que nunca tenha tido a posse do bem gravado. [32]

De acordo com a doutrina brasileira, o usufrutuário, caso nunca tenha tido a posse do bem, deveria ingressar com uma ação de vindicação do usufruto. Por outro lado, caso o usufrutuário já tenha ou teve a posse do bem gravado com o usufruto, a ação possessória, seja contra o esbulho ou para a manutenção do bem[33], seria o melhor caminho para obter a garantia de seu direito de usar e fruir o bem.

[32] Pontes de Miranda. **Tratado de Direito Privado.** t. XIX, 3ª Edição, São Paulo: Revista dos Tribunais, 1983. p. 171.

[33] Da Silva Pereira, Caio Mário. **Instituições de Direito Civil.** v. IV, 30ª Edição, Rio de Janeiro: Forense, 2017. .p. 252.

O nu-proprietário, por sua vez, tem o dever negativo, ou seja, a obrigação de não interferir/impedir o uso pacífico da coisa pelo usufrutuário, sob o perigo de incorrer em um procedimento injurídico[34] e completamente contrário ao conceito de usufruto. No entanto, certos direitos inerentes à sua qualidade de proprietário do bem ainda devem permanecer, como se verá adiante.

Além do direito à posse e uso do bem, o usufrutuário também tem o direito (i) de administração do bem, podendo extrair toda a utilização da coisa[35] sem, no entanto, alterar a sua substância; e (ii) da percepção de seus frutos. Esses direitos serão extensivamente analisados ao longo deste trabalho.

Pelo próprio conceito de usufruto, o usufrutuário, como mero possuidor imediato do bem com o direito de usar e fruir desse, não tem o direito de dispor, alienar ou gravar o bem. O nu-proprietário não dispõe ao usufrutuário o uso e o gozo do bem, somente o grava em nome do segundo. Assim, o usufrutuário incorreria em disposição de coisa alheia em nome próprio caso alienasse ou gravasse o bem possuído em usufruto.[36]

Como possuidor imediato da coisa, além de direitos, o usufrutuário também tem alguns deveres que devem ser observados para não esvaziar o usufruto, descritos entre os artigos 1.400 e 1.409 do Código Civil.

Cumpre aqui destacar os mais relevantes para este trabalho, quais sejam, o dever de: (i) conservação (art. 1.403, inciso I, do Código Civil); e (ii) pagamento de prestações e tributos (art. 1.403, inciso II, do Código Civil).

[34] DA SILVA PEREIRA, Caio Mário. **Instituições de Direito Civil.** v. IV, 30ª Edição, Rio de Janeiro: Forense, 2017. .p. 252.

[35] DA SILVA PEREIRA, Caio Mário. **Instituições de Direito Civil.** v. IV, 30ª Edição, Rio de Janeiro: Forense, 2017. p. 253.

[36] PONTES DE MIRANDA. **Tratado de Direito Privado.** t. XIX, 3ª Edição, São Paulo: Revista dos Tribunais, 1983. p. 169.

De acordo com a legislação brasileira, o usufrutuário deve arcar com todas as despesas referentes à conservação do bem dado em usufruto para que, ao tempo da sua extinção, o bem não tenha deteriorado nem perdido o seu valor por falta de conservação e manutenção.

Cumpre ressaltar que quando falamos de ações de uma companhia, principalmente quando essas são comercializadas em bolsas de valores e mercados de balcão, existe a possibilidade dessas sofrerem variações no seu valor de mercado por motivos alheios às ações ou omissões do usufrutuário, ainda que o usufrutuário realize os seus melhores esforços para conservar o bem. Nesses casos, é claro que o usufrutuário não deveria ser responsabilizado por não ter conservado/mantido o valor original da ação por motivos externos ao seu controle.

Seguindo, o dever de pagamento de prestações e tributos do usufrutuário engloba também os rendimentos da coisa fruída. Temos, portanto, que o usufrutuário de uma ação é responsável por todos os tributos advindo de seus rendimentos, tais como os dividendos, lucros e distribuições sobre capital.

Assim como qualquer outro direito real, o usufrutuário tem diversos direitos e deveres que devem ser observados ao longo da posse do bem dado em usufruto, sendo que tanto ele quanto o nu-proprietário possuem meios legais para reforçar ou efetivar tais direitos e deveres, conforme visto acima.

2.2. Os Direitos Econômicos e Políticos das Ações

O proprietário de uma ação com direito de voto (referida neste trabalho em vários momentos somente como "ação") detém vários direitos e obrigações para com a companhia e os demais acionistas. A Lei das S.A. divide esses direitos em duas categorias: (i) direitos essenciais; e (ii) direito de voto[37].

[37] De acordo com o art. 15 da Lei das S.A., os acionistas de uma companhia detém a capacidade de emitir ações: (i) ordinárias; (ii) preferenciais; e, (iii) de

Os direitos ditos como essenciais do acionista estão descritos no art. 109 da Lei das S.A. Esses direitos são assim qualificados pela sua importância para a manutenção de uma convivência minimamente sadia entre todos os acionistas, evitando-se o prejuízo de uma acionista em benefício de outro.

Alguns desses direitos, por sua vez, podem ser classificados como direitos econômicos, tendo em vista que o artigo disciplina os direitos de participar dos lucros e do acervo da companhia em caso de liquidação, preferência para a subscrição de ações, retirar-se da sociedade e fiscalizar os negócios sociais.

Os direitos políticos, por sua vez, estão previstos entre os arts 110 e 115, da Lei das S.A. Os artigos discorrem, resumidamente, sobre os direitos de voto dos acionistas, conflitos de interesses e abusos do direito de voto.

O voto dentro de uma companhia é um dos direitos dos acionistas mais marcantes e significativos, já que por meio dele o acionista pode direcionar os rumos da companhia ao participar da manifestação de vontade do grupo de acionistas em assembleias e reuniões convocadas para tanto.[38] Sendo um direito subjetivo, este decorre de uma situação legítima que fundamenta o exercício do voto, i.e., a pessoa que vota tem os devidos poderes e cumpre as condições legais necessárias para votar.

fruição. O proprietário de uma ação ordinária possui todos os direitos e deveres que foram e serão descritos ao longo deste item. As ações preferenciais, por sua vez, não têm o direito de voto ou este é restrito a situações específicas, conforme definido no estatuto social da companhia. As de fruição, por ultimo, apesar de não serem usuais no Mercado brasileiro, são aquelas ações distribuídas aos acionistas quando a sua ação ordinária ou preferencial é amortizada, detendo todos os direitos da ação antes de sua amortização, sem, no entanto, poder participar do rateio dos bens da companhia em casso de liquidação. EIZIRIK, Nelson. **A Lei das S/A Comentada**, Volume 1, São Paulo: Quartier Latin, 2011, p. 167.

[38] EIZIRIK, Nelson. **A Lei das S/A Comentada**, Volume 2 São Paulo: Quartier Latin, 2011, pp. 645-174.

Conforme se verá adiante, o usufrutuário, ao ingressar na qualidade de possuidor imediato das ações, detém parte dos direitos endereçados ao nu-proprietário da ação. No entanto, para que o usufruto não seja esvaziado pelo usufrutuário ao alterar a essência das ações por meio do exercício dos seus direitos legais, certos limites e mecanismos para a sua prevenção foram estabelecidos pelo legislador, que também podem ser acordados pelas partes.

Tais limites podem ser encontrados no art. 115, da Lei das S.A., disciplinando sobre os casos em que o acionista: (i) exerce o seu direito de voto em prejuízo da companhia ou de terceiros (ou seja, abusando do seu direito de votar) e (ii) deveria deixar de exercer o seu direito por votar em interesse conflitante com o da companhia.

Em momento oportuno será analisado como o usufrutuário ou o nu-proprietário podem incorrer em abuso desse direito ao votar de forma que possam prejudicar o outro, mesmo se o seu voto não tenha prevalecido, nos termos do art. 115, §3º.

Portanto, tanto o proprietário quanto o usufrutuário não detêm direitos irrestritos e ilimitados para poder usar e fruir das ações em posse e de seus frutos. Tais limites, no entanto, geram diversas discussões doutrinárias e legais que serão aprofundadas adiante.

2.3. Quem tem Direito aos Dividendos?

O primeiro ponto importante sobre o usufruto de ações a ser apresentado e discutido é quem teria o direito de receber os dividendos dessas ações gravadas.

Conforme disposto pelo art. 1.390 do Código Civil e já discorrido acima, o usufrutuário tem o direito aos **frutos** da coisa alheia gravado com o usufruto. Nos termos do Item 1.4 deste trabalho, já identificamos que os dividendos decorrentes das ações nada mais são do que frutos civis, assim como a participação nos lucros, a distribuição de juros sobre capital e a participação no acervo da companhia.

Dessa forma, o usufrutuário, em posse de ações de uma companhia, teria o direito de receber eventuais dividendos, lucros, distribuições sobre capital e de participar no acervo da companhia.

Tal entendimento é corroborado por grandes doutrinadores brasileiros que, ao interpretarem o art. 205 da Lei das S.A., entendem que o titular da ação (seja ele o proprietário ou o usufrutuário, ou seja, aquele com a posse direta do bem) no ato de declaração dos dividendos é quem detém o direito ao seu recebimento[39].

A constituição desse direito ocorre na assembleia geral ordinária que aprova o balanço do exercício fiscal anterior e a distribuição dos dividendos, conforme art. 132, inciso II, da Lei das S.A. Os acionistas têm direito, na verdade, à quota parte do lucro líquido da companhia, depois de deduzidos o imposto de renda, participações no lucro detidos por debenturistas, empregados, administradores, e, ainda, após as deduções das reservas legais e estatutárias, nos termos do art. 195, da Lei das S.A. e do estatuto social da companhia.

O Tribunal de Justiça de São Paulo, ao analisar um caso de ações gravadas com usufruto vidual detidas por uma viúva em decorrência do falecimento de seu marido, também já corroborou com o entendimento da doutrina:

> Ocorre que, como o usufruto é direito real sobre coisa alheia, que compreende os acessórios e acrescidos à coisa, a autora tem

[39] Eizirik, Nelson. **A Lei das S/A Comentada**, Volume 3. São Paulo: Quartier Latin, 2015, p. 578. Carvalhosa, Modesto. **Comentários à Lei de Sociedades Anônimas**, 3º Volume. São Paulo: Saraiva, 2014, p.1.136. BRASIL. Superior Tribunal de Justiça. Decisão de Provimento A Recurso Especial nº 64.403. Dje. Brasília. Disponível em: < https://ww2.stj.jus.br/processo/ita/documento/mediado/?num_registro=199500200872&dt_publicacao=19-04-1999&cod_tipo_documento=3>. Acesso em: 08 dez. 2017.

> direito de usufruir os frutos que decorrem das ações que pertenciam ao seu falecido marido, consubstanciados no direito, notadamente aos dividendos, participação nos lucros, distribuição de juros sobre capital e a participação no acervo da companhia, inclusive em caso de liquidação, tudo à luz do art. 1.392 do Código Civil.[40]

Portanto, ao outorgar uma ação em usufruto, o direito do nu-proprietário aos frutos e, consequentemente, de seus direitos econômicos, é temporariamente deslocado para o usufrutuário. Assim, caso o usufrutuário comprove que detinha a posse imediata das ações em decorrência de um usufruto legítimo na data da assembleia geral ordinária que, nos termos da lei, aprova as demonstrações financeiras da companhia e aprova a distribuição de dividendos para os seus acionistas, tais valores deveriam ser diretamente pagos ao usufrutuário.

Ainda, importante destacar que, nos termos do art. 1.390 do Código Civil, o nu-proprietário não precisa transferir para o usufrutuário a totalidade dos frutos da ação. Vejamos esse artigo destacado:

> "O usufruto pode recair em um ou mais bens, móveis ou imóveis, em um patrimônio **inteiro, ou parte deste**, abrangendo-lhe, no todo ou em parte, os frutos e utilidades."

Dessa forma, o nu-proprietário pode conferir ao usufrutuário somente o direito de receber parte dos frutos das ações, reservando para si a parte remanescente, de acordo com a pro-

[40] BRASIL. Tribunal de Justiça de São Paulo. Acórdão nº 0008988-85.2008.8.26.0533. São Paulo, SP, 13 de setembro de 2011. Diário Oficial do Estado de São Paulo. São Paulo. Disponível em: < http://esaj.tjsp.jus.br/cjsg/getArquivo.do?conversationId=&cdAcordao=5392236&cdForo=0&uuidCaptcha=sajcaptcha_fc885dc4a9634fe29d30e55a9ed8535b&vlCaptcha=qpvS&novoVlCaptcha;=>. Acesso em: 08 dez. 2017.

porção claramente definida em instrumento próprio[41]. A prioridade no recebimento de ambas, por sua vez, não gera conflitos nem discussões, tendo em vista que assim que a assembleia geral define os valores a serem distribuídos a título de dividendos, esses devem ser alocados integralmente aos seus acionistas. Assim, nu-proprietário e usufrutuário receberão, em conjunto, o montante que deverá ser entre eles rateado.

Superado a definição dos dividendos como frutos civis, podemos prosseguir com uma breve análise de alguns pontos que geram discussões na doutrina e nos tribunais brasileiros.

O primeiro deles refere-se ao direito do usufrutuário aos frutos civis. De acordo com o art. 1.398 do Código Civil, os frutos vencidos na data inicial do usufruto são de propriedade do nu-proprietário. Analogamente, os vencidos na data de encerramento do usufruto são do usufrutuário.

No entanto, de acordo com os dispositivos da Lei das S.A., os dividendos que são declarados em momento posterior ao vencimento do usufruto pertencem, na verdade, ao nu-proprietário, tendo em vista que, na data de sua declaração, as ações estavam de volta na posse deste, ainda que os dividendos sejam relativos ao exercício fiscal em que o usufrutuário possuía as ações. [42]

Assim, fica claro aqui que, pela Lei das S.A. ser uma legislação de natureza especial, ela deve prevalecer sobre o Código Civil.[43]

[41] EIZIRIK, Nelson. **Direito Societário – Estudos e Pareceres**. São Paulo: Quartier Latin, 2015. p. 202.

[42] EIZIRIK, Nelson. **A Lei das S/A Comentada**, Volume 1. São Paulo: Quartier Latin, 2015, p. 296.

[43] LAMY FILHO, Alfredo. **Titular dos Dividendos em Caso de Extinção do Usufruto de Ações após o Encerramento do Exercício˜**. In: Alfredo Lamy Filho e José Luiz Bulhões Pedreira (Coord.). **A Lei das S.A.: (pressupostos, elaboração, aplicação)**. V. II, 2 edição, Rio de Janeiro: Renovar, 1996. P. 506-510.

2.4. O Direito de Voto – Conflitos entre o Nu-Proprietário e o Usufrutuário

Conforme já foi extensivamente analisado neste trabalho, temos que a propriedade do bem fica dissociada de seus direitos quanto este é dado em usufruto ao usufrutuário. Enquanto o nu-proprietário fica somente com o direito de dispor do bem, o usufrutuário detém o direito de usar e fruir do bem e de seus frutos, sempre dentro de alguns limites estabelecidos pela lei (principalmente o da essência econômica do bem).

Essa questão foi facilmente superada pelo legislador brasileiro em se tratando de quem tem direito aos dividendos de uma companhia e aos demais direitos econômicos, destacado no item anterior.

Mas como fica essa questão quando analisamos os direitos políticos do usufrutuário, levando em consideração que esses consubstanciam-se, basicamente, no direito de voto, fiscalização e participação nas assembleias? Quais são os direitos e os limites de sua fruição pelo usufrutuário e pelo nu-proprietário? Apresentaremos algumas dessas discussões abaixo e como a doutrina e a legislação brasileira e internacional resolveram eventuais disputas.

Seguindo, apesar da extensa gama de direitos políticos previstas no ordenamento mundial, tanto a doutrina quanto os legisladores se preocuparam, principalmente, em analisar e estudar o direito de voto entre o usufrutuário e o nu-proprietário.

Por se tratar de tema tão sensível e complexo, a doutrina e os legisladores internacionais encontraram soluções distintas para o conflito de interesses entre o usufrutuário e o nu-proprietário: direito de voto (i) somente ao usufrutuário; (ii) somente ao nu-proprietário; (iii) ao usufrutuário e ao nu-proprietário; ou (iv) conforme acordo prévio entre as partes.[44]

[44] RIBEIRO, Renato Ventura. **Direito de Voto nas Sociedades Anônimas**. São Paulo: Quartier Latin, 2009. p. 289.

Todas as soluções indicadas acima são passíveis de discussões e conflito de interesse entre o usufrutuário e o nu-proprietário, já que os seus interesses na companhia são distintos. Como esse interesse é demonstrado por meio do voto nas deliberações tomadas em assembleia, as disputas e discussões travadas entre as partes em decorrência da validade ou não de algum voto proferido ou deliberação tomada são inevitáveis e diversas.

Dessa forma, vamos primeiramente analisar os aspectos de cada uma dessas teorias para, depois, verificar as soluções demonstradas pelo legislador brasileiro e como a doutrina e a jurisprudência lidam com as mais diferentes situações.

2.4.1. As Teorias Unitaristas

A Teoria Unitarista determina que somente uma das partes do usufruto, ou seja, ou o usufrutuário ou o nu-proprietário, tem o direito de exercer o voto.

Os defensores do direito de voto somente para o usufrutuário argumentam que, como ocorre uma dissociação entre a titularidade do exercício do direito de voto e a propriedade da ação, o usufrutuário exerce o seu direito de voto como ato de administração necessário para a conservação do bem em sua posse.[45] O Código Civil Italiano é um exemplo de legislação que adotou essa teoria, excetuando os casos em que o usufrutuário e o nu-proprietário acordem de outra forma.[46]

[45] RIBEIRO, Renato Ventura. **Direito de Voto nas Sociedades Anônimas**. São Paulo: Quartier Latin, 2009. p. 290.

[46] ITÁLIA. Art. 2352 do Código Civil italiano de 1942: "*Nel caso di pegno (2086) o di usufrutto (981) sulle azioni (1997 e seguente), il diritto di voto spetta, salvo convenzione contraria, al creditore pignoratizio o all'usufruttuario.*
Se le azioni attribuiscono un diritto di opzione (2441), questo spetta al socio. Qualora il socio non provveda almeno tre giorni (2964) prima della scadenza al versamento delle somme necessarie per l'esercizio del diritto di opzione, questo deve essere alienato per conto del socio medesimo a mezzo di un agente di cambio o di un istituto di credito (att. 251).

Os problemas para o exercício do voto somente pelo usufrutuário são diversos em decorrência das diferentes matérias que podem ser tratadas em assembleias gerais ordinárias e extraordinárias, como ocorre no direito brasileiro.

Para melhor ilustrar os possíveis temas de disputa, o art. 132 da Lei das S.A. discorre sobre as matérias de assembleia geral ordinária:

> I – tomar as contas dos administradores, examinar, discutir e votar as demonstrações financeiras;
>
> II – deliberar sobre a destinação do lucro líquido do exercício e a distribuição de dividendos;
>
> III – eleger os administradores e os membros do conselho fiscal, quando for o caso;
>
> IV – aprovar a correção da expressão monetária do capital social (artigo 167).

Se sono richiesti versamenti sulle azioni, nel caso di pegno, il socio deve provvedere al versamento delle somme necessarie almeno tre giorni prima della scadenza; in mancanza, il creditore pignoratizio può vendere le azioni nel modo stabilito dal comma precedente. Nel caso di usufrutto, l'usufruttuario deve provvedere al versamento, salvo il suo diritto alla restituzione al termine dell'usufrutto.
Se l'usufrutto spetta a più persone, si applica il secondo comma dell'art. 2347." Tradução livre: "*No presente caso (2086) ou usufruto (981) sobre as ações (1997 e seguintes), o direito de voto, salvo acordo em contrário, deve ser feito em favor do credor ou do usufrutuário. Se as ações atribuírem um direito de opção (2441), isso depende do acionista. Se o membro não fornecer pelo menos três dias (2964) antes da data limite para o pagamento dos valores necessários para o exercício do direito de opção, esse deve ser transferido em nome do acionista por um corretor ou instituição de crédito. (Atribuído 251). Se o pagamento das ações for solicitado, no caso de um penhor, o acionista deverá providenciar o pagamento das quantias necessárias pelo menos três dias antes da data de vencimento; na falta disso, o credor pignoratício pode vender as ações na forma estabelecida pelo parágrafo anterior. No caso de usufruto, o usufrutuário deve prever o pagamento, sujeito ao seu direito de regresso no final do usufruto.*
Se o usufruto pertence a mais de uma pessoa, o segundo parágrafo do art. em 2347."

Nos termos do art. 131, todas as demais matérias que não descritas acima são de competência da assembleia geral extraordinária.

Passemos para a análise da teoria unitarista do usufrutuário diante desse contexto. De acordo com os seus doutrinadores, o usufrutuário teria o direito de votar em todas e quaisquer matérias que influenciassem o presente e o futuro da companhia, desde a distribuição de dividendos até a alteração do rumo e de investimentos a serem realizados pela companhia, sempre, claro, de acordo com o interesse social.

No entanto, ao exercer o seu direito em todas e quaisquer matérias da companhia, não poderia o usufrutuário estar agindo em conflito de interesses com o nu-proprietário? Ao votar na distribuição completa dos dividendos, e não na criação de uma reserva especial para investimentos em modernização do pátio industrial da companhia, por exemplo, não estaria o usufrutuário agindo em seu único interesse de angariar a maior quantidade possível de dividendos durante o período de posse das ações?

Assim, diversos são os problemas que são apresentados por essa teoria, conturbando ainda mais a relação usufrutuário, nu-proprietário e companhia do que efetivamente trazendo soluções factíveis e facilmente aplicáveis.

Outra parte da doutrina internacional atribui o direito de voto somente para o nu-proprietário sob o argumento de que este seria um direito inerente à condição de acionista da companhia, não podendo, então, ser dissociado da figura do nu-proprietário em favor do usufrutuário. O exercício do direito de voto pelo usufrutuário extrapolaria o seu dever de administração do bem, apesar de um acionista da companhia deliberar sobre várias decisões administrativas, e, tendo em vista o seu interesse temporário na companhia, o direito de voto deveria ser integralmente exercido pelo nu-proprietário, já que o interesse desse seria de longo prazo.[47] A legislação espanhola, por exemplo, adotou essa corrente ao atribuir ao nu-proprietário o direito de voto, salvo disposição em contrário no estatuto da companhia.[48]

Assim como na teoria unitarista para o usufrutuário, são evidentes as falhas dessa teoria do nu-proprietário. Ao deter o direito irrestrito de voto, o nu-proprietário pode tolher o direito do usufrutuário de usar e fruir do bem (ação) e de seus frutos (dividendos) ao votar, por exemplo, pela não distribuição de dividendos, ou mesmo alterando o rumo da companhia ou o seu plano de investimentos para corroborar com os seus interesses próprios.

2.4.2. As Teorias Dualistas

As teorias dualistas, por outro lado, tentam solucionar alguns dos problemas de interesse de conflitos existentes entre o usufrutuário e o nu-proprietário mediante uma definição prévia de quais situações cada uma dessas partes poderia exercer o direito de voto.

A teoria adotada pela legislação francesa[49] e portuguesa[50] atribui, legalmente, as competências de voto para o usufrutuário

[47] RIBEIRO, Renato Ventura. **Direito de Voto nas Sociedades Anônimas**. São Paulo: Quartier Latin, 2009. p. 294.

[48] ESPANHA. Art. 127 do *Real Decreto Legislativo 1/2010*: "*1. En caso de usufructo de participaciones o de acciones la cualidad de socio reside en el nudo propietario, pero el usufructuario tendrá derecho en todo caso a los dividendos acordados por la sociedad durante el usufructo. Salvo disposición contraria de los estatutos, el ejercicio de los demás derechos del socio corresponde al nudo propietario.*
El usufructuario queda obligado a facilitar al nudo propietario el ejercicio de estos derechos.
2. En las relaciones entre el usufructuario y el nudo propietario regirá lo que determine el título constitutivo del usufructo y, en su defecto, lo previsto en esta ley y, supletoriamente, lo dispuesto en el Código Civil."

[49] FRANÇA. Art. 163 da Lei nº 66-537 de 1966: "*Le droit de vote attaché à l'action appartient à l'usufruitier dans les assemblées générales ordinaires et au nu-propriétaire dans les assemblées générales extraordinaires.*

e o nu-proprietário. Definiu-se então que o usufrutuário teria a competência de exercer o direito de voto nas assembleias ordinárias e o nu-proprietário nas extraordinárias. De acordo com essas legislações, a lógica para tal definição seria por conta das matérias que cada uma dessas assembleias delibera sobre. Assim como na legislação brasileira, as ordinárias lidariam, basicamente, com atos de gestão ordinária da companhia, como eleição de administradores e a distribuição de dividendos, enquanto as extraordinárias deliberariam sobre matérias que tem a capacidade de alterar a essência da companhia e, portanto, do bem dado em usufruto.[51]

Les copropriétaires d'actions indivises sont représentés aux assemblées générales par l'un d'eux ou par un mandataire unique. En cas de désaccord, le mandataire est désigné en justice à la demande du copropriétaire le plus diligent.
Le droit de vote est exercé par le propriétaire des titres remis en gage. A cet effet, le créancier gagiste dépose, à la demande de son débiteur, les actions qu'il détient en gage, dans les conditions et délais fixés par décret." Tradução livre: "*O direito de voto vinculado à ação pertence ao usufrutuário nas Assembleias Gerais Ordinárias e ao nu-proprietário nas Assembleias Gerais Extraordinárias.*
Os coproprietários de ações indivisas são representados nas assembleias gerais por um deles ou por um único procurador. Em caso de desacordo, o advogado é nomeado no tribunal a pedido do coproprietário mais diligente.
O direito de voto é exercido pelo proprietário dos títulos dados em garantia. Para o efeito, o credor, a pedido do seu devedor, depositará as ações que detém em penhor, nas condições e dentro dos prazos fixados por decreto."

[50] PORTUGAL. Art. 1.467 do Decreto Lei 47 344, o Código Civil Português: "*1. O usufrutuário de acções ou de partes sociais tem direito:*
a) Aos lucros distribuídos correspondentes ao tempo de duração do usufruto;
b) A votar nas assembleias gerais, salvo quando se trate de deliberações que importem alteração dos estatutos ou dissolução da sociedade;
c) A usufruir os valores que, no acto de liquidação da sociedade ou da quota, caibam à parte social
sobre que incide o usufruto.
2. Nas deliberações que importem alteração dos estatutos ou dissolução da sociedade, o voto pertence conjuntamente ao usufrutuário e ao titular da raiz."

[51] Ribeiro, Renato Ventura. **Direito de Voto nas Sociedades Anônimas**. São Paulo: Quartier Latin, 2009. pp. 295 e 296.

Apesar de tentar estabelecer um meio termo entre as teorias unitaristas, outorgando a competência para o exercício do direito de voto ora para o usufrutuário ora para o nu-proprietário, os conflitos de interesse não desaparecem completamente, já que tanto um quanto o outro podem ainda se sentir prejudicados pelo voto exercido pela outra parte.

Discorrido sobre algumas das principais teorias sobre o direito de voto de ações gravadas com o usufruto, passando pelos seus argumentos e principais polêmicas, veremos agora qual foi a solução adotada pelo legislador brasileiro.

2.4.3. A Teoria Dualista do Voto Conforme Acordo Prévio entre Usufrutuário e Nu-Proprietário – A Legislação Brasileira e seus Desdobramentos

Para a doutrina majoritária brasileira, a melhor solução para o conflito de interesses no exercício do direito de voto entre o usufrutuário e o nu-proprietário seria justamente o disposto no art. 114, no qual as partes possuem completa e irrestrita liberdade para determinar previamente como o direito de voto será atribuído e exercido, buscando-se evitar, dessa forma, uma possível dualidade de titularidade do direito de voto nas decisões assemblares[52]. Caso as partes não tivessem acordado previamente sobre as matérias de competência de cada uma, o direito de voto ficaria então suspenso, já que nem o usufrutuário nem o nu-proprietário teriam legitimidade para exercer tal direito.

Apesar da legislação brasileira ter adotado uma posição intermediária dentre as teorias unitaristas e dualistas, esta não é isenta de problemas, falhas e discussões.

Modesto Carvalhosa, por exemplo, discorre sobre o cerceamento dos direitos inerentes ao acionista decorrentes deste dis-

[52] Leães, Luiz Gastão Paes de Barros. **O Direito de Voto de Ações Gravadas com Usufruto Vidual**; em **Pareceres**, Volume II. São Paulo: Editora Singular, 2004. p.1363.

positivo, uma vez que, caso não exista um acordo prévio entre as partes, o seu direito de voto em assembleia seria suspenso/impedido[53]. Dessa forma, em situações nas quais o usufrutuário possui uma quantidade de ações com a capacidade para aprovar, sozinho ou em conjunto com um ou mais acionistas, matérias relevantes da companhia, a companhia poderia ficar sem votos substanciais ou enfrentaria uma impossibilidade de deliberar sobre tais matérias.[54]

Sobre a necessidade do acordo prévio entre o nu-proprietário e o usufrutuário, a doutrina recomenda que tal acordo seja devidamente registrado em livro próprio, a exemplo do registro do gravame em si, para a disponibilização dessa informação para terceiros interessados. Dessa forma, tal averbação, apesar de não ser uma obrigação legal nem estarem as partes sujeitas a qualquer tipo de sanção ou cerceamento de direitos, deveria ser feita conforme disposto no art. 40 da Lei das S.A.

Consenso entre a doutrina é o fato de que, estabelecido em documento próprio ou no ato de constituição do gravame quais as matérias são de competência do usufrutuário e do nu-proprietário, esta deve ser formal e prévio à deliberação, podendo ser averbado em livro próprio (recomendação) ou arquivado na sede da companhia. Eventuais acordos verbais e não formalizados, por exemplo, não deveriam ser o suficiente para assegurar a uma das partes o direito de exercer o voto em assembleia. O Superior Tribunal de Justiça já demonstrou também corroborar com esse entendimento.[55]

[53] Tal entendimento sobre o impedimento do acionista nu-proprietário exercer o seu direito de voto é corroborado por Eizirik, Nelson. **A Lei das S/A Comentada**, Volume 2. São Paulo: Quartier Latin, 2011. p. 202.

[54] Modesto Carvalhosa, por sua vez, verifica diversos inconvenientes nessa estrutura criada pelo legislador. Carvalhosa, Modesto. **Comentários à Lei de Sociedades Anônimas**, 2º Volume. São Paulo: Saraiva, 2011. p.486.

[55] Conforme voto proferido pela Relatora do REsp 1.169.202-SP, a Sra. Ministra Nancy Andrighi do STJ: "*O art. 114 da Lei 6.404/76, ao tratar do direito de voto nas*

Portanto, a formalização e a clareza na definição das matérias que serão de competência do usufrutuário e do nu-proprietário são essenciais para a correta compreensão de seus termos por terceiros e, assim, para a validação do exercício de seu direito conforme acordado, já que a lei discorre que ambos não poderão exercer tal direito ao mesmo tempo.

Apesar da necessidade e da orientação geral da doutrina em definir e registrar em livro próprio os direitos de cada uma das partes, uma minoria da doutrina e da jurisprudência acreditam na regulamentação/definição tácita sobre quem poderia exercer o seu direito de voto. Tendo em vista que o art. 114 da Lei das S.A. não proibiu a possibilidade de um acordo posterior entre o usufrutuário e o nu-proprietário para regular o direito de voto, o Tribunal de Justiça vislumbrou a possibilidade desse acordo ser tácito, já que os donatários detentores das ações doadas com cláusula de usufrutuo sempre exerceram os votos nas assembleias com a devida anuência dos doadores[56].

De qualquer forma, eventuais conflitos de interesses entre as partes, como o possível desejo do nu-proprietário em reter eventuais lucros da companhia para realizar novos investimentos contra a vontade do usufrutuário em realizar a maior distribuição de dividendos possível para aumentar os seus recebimentos, podem ser definitivamente afastados mediante o prévio acordo das partes.

ações gravadas com usufruto, menciona que, para que ele possa ser exercido, deverá (i) ter sido regulado no ato da constituição do gravame ou (ii) haver prévio acordo entre o titular das ações e o usufrutuário". BRASIL. Superior Tribunal de Justiça. Decisão de Provimento A Recurso Especial nº 1.169.202. Dje. Brasília. Disponível em: <https://ww2.stj.jus.br/processo/revista/documento/mediado/?componente=ATC&sequencial=17824374&num_registro=200902367423&data=20110927&tipo=51&formato=PDF>. Acesso em: 08 dez. 2017

56 BRASIL. Tribunal de Justiça de São Paulo. Apelação Cível nº 53.836-4/2. São Paulo, SP, 6 de agosto de 1998. Diário Oficial do Estado de São Paulo. São Paulo.

Mesmo com a formalização e identificação clara das matérias de competência de cada uma das partes, é inevitável que abusos sejam cometidos pelo usufrutuário em decorrência de seu voto.

Tal abuso se torna mais claro e factível nos casos em que as partes tenham estabelecido que o usufrutuário detém o direito de votar em todas e quaisquer deliberações. Isso porque o nu-proprietário não pode ser despido de sua característica de acionista, ainda podendo exercer certos direitos. Dessa forma, o nu-proprietário poderia comparecer à Assembleia Geral, manifestar-se nas deliberações e discussões e, ainda, lavrar o seu protesto, caso fosse seu desejo, apesar de o voto caber ao usufrutuário. Certos autores acreditam que essa forma de exercício de fiscalização do nu-proprietário pode evitar o abuso do voto pelo usufrutuário.[57]

Diante desse abuso e eventuais prejuízos ocasionados à companhia, poderíamos falar em exclusão do acionista por conta de um voto proferido pelo usufrutuário?

Em extensa e detalhada tese, Luis Felipe Spinelli analisa a exclusão de sócio por falta grave em sociedades limitadas. Apesar deste trabalho focar no usufruto de ações de sociedades anônimas excluindo, assim, do seu campo de estudo o usufruto de quotas em sociedades limitadas, certos conceitos e ensinamentos apresentados por esse autor podem ser aqui muito bem aproveitados.

Levando em consideração o conceito de que o usufrutuário, ao realizar um voto em assembleia, não está agindo em interesse do nu-proprietário (ao exemplo de um mandato), mas sim em interesse próprio, temos que, em caso de abuso desse direito e verificado o prejuízo para a companhia (ou, no exemplo de Spinelli, a sociedade limitada), teríamos duas possíveis saídas para sanar tal problema: (i) a suspensão do direito de voto do

[57] ASCARELLI, Tullio. **Riflessioni**, clt., p.231, nota 25, *apud* COMPARATO, Fabio Konder, **Ensaios e Pareceres de Direito Empresarial**. Rio de Janeiro: Forense, 1978. p. 88.

usufrutuário; e (ii) a decretação da extinção do usufruto por meio de decisão judicial.[58]

A mera suspensão do direito de voto, no entanto, não é suficiente para sanar o abuso da fruição do usufruto pelo usufrutuário.

De acordo com o item "ii" acima, em caso de abuso e prejuízo, uma ação de exclusão deveria ser instaurada para que o juiz decrete a extinção do usufruto, consolidando a propriedade das ações no nu-proprietário. No entanto, tal solução apresenta alguns empecilhos práticos que acabam tornando-a inviável. O primeiro deles é a exclusão extrajudicial de sócio, que pode ocorrer sem a interferência do juiz, que daria lugar à liquidação das quotas. O segundo ponto é a questão da legitimidade da companhia/sociedade para ingressar com uma ação de exclusão, já que a extinção do usufruto por abuso exige a iniciativa do nu-proprietário.[59]

Assim, diante dos inconvenientes das soluções "i" e "ii" apresentadas acima, Spinelli acredita que caso o nu-proprietário tenha ciência do abuso do usufrutuário e, mesmo assim, não tenha tomado as medidas necessárias para solucionar o problema causado, tal abuso seria causa de exclusão do nu-proprietário (ainda que por culpa *in elegendo*). Logo, como a exclusão do sócio/acionista acarreta na liquidação, ou seja, destruição da quota/ação, o usufruto seria extinto com base nos incisos V e VII do art. 1.410 do Código Civil.[60/61]

[58] SPINELLI, Luis Felipe. **Exclusão de Sócio por Falta Grave na Sociedade Limitada**. São Paulo: Quartier Latin, 2015. p. 96.

[59] SPINELLI, Luis Felipe. **Exclusão de Sócio por Falta Grave na Sociedade Limitada**. São Paulo: Quartier Latin, 2015. p. 96-97.

[60] SPINELLI, Luis Felipe. **Exclusão de Sócio por Falta Grave na Sociedade Limitada**. São Paulo: Quartier Latin, 2015. p. 97.

[61] Brasil. Art. 1.410 do Código Civil: "*O usufruto extingue-se, cancelando-se o registro no Cartório de Registro de Imóveis: V – pela destruição da coisa, guardadas as*

Arnold Wald vai além desse entendimento ao considerar que, pelo fato do nu-proprietário não poder ser considerado como um acionista atual da companhia quando não exerce os seus direitos políticos, esse não deveria ter nenhuma responsabilidade pelos atos praticados pela companhia, seus órgãos de administração e demais acionistas (excluindo também, portanto, os atos praticados pelo usufrutuário).[62]

2.5. O Usufruto de Direitos

O usufruto de direitos, e não de coisas e de bens, é um tema extremamente controverso na doutrina, fato que influencia diretamente a sua aplicação na sociedade. Ao longo deste trabalho, analisou-se, principalmente, as características do instituo do usufruto, o seu objeto (bens corpóreos e incorpóreos, consumíveis e inconsumíveis) e seus desdobramentos no direito societário. Passemos então para a análise da possibilidade de usufruto de direitos.

Em brilhante parecer de 1958, Orlando Gomes discorre brevemente sobre a tese de usufruto de direitos baseando-se, principalmente, na doutrina alemã da época. No parecer, além de aventurar a possibilidade de um direito ser considerado como um bem (ainda que incorpóreo) passível de ser transferido a título de usufruto, apresenta também uma breve lista com os direitos previstos à época pela legislação brasileira (e, claro, com certo interesse comercial dentro da sociedade) que poderiam

disposições dos arts. 1.407, 1.408, 2ª parte, e 1.409; (...) VII – por culpa do usufrutuário, quando aliena, deteriora, ou deixa arruinar os bens, não lhes acudindo com os reparos de conservação, ou quando, no usufruto de títulos de crédito, não dá às importâncias recebidas a aplicação prevista no parágrafo único do art. 1.395"

[62] WALD, Arnold. "Do Regime de Jurídico do Usufruto de Cotas de Sociedade de Responsabilidade Limitada e de Ações de Sociedades Anônimas", **Revista de Direito Mercantil, Industrial, Econômico e Financeiro, v. 77**. São Paulo: Editora Revista dos Tribunais, 1990. p. 14.

ser gravados. Dentre esses direitos, menciona expressamente a possibilidade de concessão de usufruto de direitos societários, entre eles, o direito de voto em assembleias.[63] Dessa forma, de acordo com a construção lógica apresentada por Orlando Gomes, o usufruto única e estritamente do direito de voto de uma ação – por exemplo, para exercê-lo em assembleia – seria possível.

Apesar de apresentar ideias inovadoras para a época, deve-se levar em consideração que este parecer foi escrito antes da promulgação da Lei das S.A. e do Código Civil. Assim, devem ser expostos a seguir os motivos pelos quais grande parte da doutrina acredita que o usufruto somente de direitos políticos não seria, de acordo com a legislação atual, inteiramente aplicável nos termos apresentados por Orlando Gomes.

Pontes de Miranda acredita que o objeto da posse do usufrutuário é a coisa em si, e não o seu direito, ainda que a coisa seja corpórea ou incorpórea. Para o autor:

> "Não há posse de direitos. Possui-se alguma res ou universitas a título de direito. Na espécie, a título de direito de usufruto. Por outro lado, de muitos sistemas jurídicos distanciou-se o sistema jurídico brasileiro, porque abstraiu o animus, e de todos os outros, porque também abstraiu do corpus."

De acordo com as disposições da Lei das S.A., somente o proprietário de uma ação tem o direito de exercer o voto em assembleias. O usufrutuário, conforme já foi analisado, tem um direito restringente de, caso previamente acordado com o nu-proprietário, exercer o voto em nome e interesse próprio, e não como uma forma de representação dos interesses do nu-

[63] GOMES, Orlando. **Usufruto de Direitos**, Vol. 180. Rio de Janeiro: Revista Forense, 1958. p. 37-41.

-proprietário.[64] Claro que os interesses do nu-proprietário e do usufrutuário são distintos, conforme já foi explanado, e, por isso, não se pode dizer que o segundo votaria como representante do primeiro nesses casos. O que ocorre quando há um entendimento prévio entre eles é o fracionamento do domínio, sendo que ambos exercem simultaneamente seus direitos.

Como princípio geral da Lei das S.A., de acordo com Marcelo Lamy, adota-se que o direito de voto é indissociável da ação, ou seja, este somente deve ser exercido pelo proprietário da ação, o acionista[65] (desde que devidamente registrado e comprovada a sua titularidade). Dessa forma, não se pode destacar esse direito da qualidade de acionista, não sendo possível transferir em usufruto a qualidade de sócio. O que se tem no usufruto, nos termos da legislação brasileira, é um acordo entre o nu-proprietário e o usufrutuário para a definição das matérias em que cada um poderá exercer o seu direito de voto, ou seja, o usufrutuário somente poderá exercê-lo mediante prévia anuência do nu-proprietário.

Poderia, então, o direito de voto ser considerado como um fruto da ação?

Conforme já definido e explicado neste trabalho, temos que os frutos de uma coisa podem ser naturais ou civis. Os frutos naturais são aqueles que derivam materialmente do bem, enquanto que os civis são resultados produzidos pelo bem, ainda que não materiais. Os dividendos, por exemplo, são considerados frutos civis por serem resultados positivos das ações. Nos termos da Lei das S.A., como o proprietário ou o usufrutuário

[64] REGO, Marcelo Lamy. "Direito dos Acionistas". In: **Direito das Companhias**, coord. Alfredo Lamy Filho; José Luiz Bulhões Pedreira. Rio de Janeiro: Forense, 2009. pp. 389-391.

[65] REGO, Marcelo Lamy. "Direito dos Acionistas". In: **Direito das Companhias**, coord. Alfredo Lamy Filho; José Luiz Bulhões Pedreira. Rio de Janeiro: Forense, 2009. p. 391.

da ação tem o direito de receber esses dividendos em moeda corrente, concluímos que os frutos civis também podem ser bens materiais, ainda que não sejam direitos adquiridos.

Por não derivar materialmente da ação, podemos descartar logo de início o voto como um fruto material. No entanto, seria ele um fruto civil? Definiu-se fruto civil como rendimentos decorrentes da utilização do bem por outra pessoa que não o proprietário[66]. Portanto, o voto não seria um rendimento da ação, mas sim somente um direito intrínseco a ela.

José Luiz Bulhões Pedreira, em parecer não publicado, confirma tal entendimento, afirmando que o voto não é fruto da ação, mas sim um exercício do direito nela contido como um meio do acionista contribuir para a formação da vontade social.[67]

Adotando outra lógica, mas concluindo o mesmo que os autores indicados acima, Eizirik parte do conceito de usufruto como o direito à percepção dos frutos, conforme definido no art. 1.390 do Código Civil. Assim, seria "*da essência do instituto de usufruto o direito do usufrutuário ao recebimento da coisa gravada.*"[68]

Para o autor, que também considera que o direito de voto não é um fruto da ação, o usufruto sobre a ação que abrangeria somente o exercício do direito de voto, não conferindo ao usufrutuário o seu direito aos dividendos, não seria válida. Para ser válido, o usufruto deveria englobar, pelo menos, parte dos frutos do bem gravado. Conforme já indicado em item anterior, o usufruto pode recair somente em parte dos frutos gerados pelo bem mediante acordo entre as partes. Não é, portanto, neces-

[66] DINIZ, Maria Helena. **Curso de Direito Civil Brasileiro, Volume I: Teoria Geral do Direito Civil**, 28ª ed. São Paulo: Saraiva, 2011. p. 382.

[67] REGO, Marcelo Lamy. "Direito dos Acionistas". In: **Direito das Companhias**, coord. Alfredo Lamy Filho; José Luiz Bulhões Pedreira. Rio de Janeiro: Forense, 2009. p. 392

[68] EIZIRIK, Nelson. **Direito Societário – Estudos e Pareceres**. São Paulo: Quartier Latin, 2015. p. 200.

sário outorgar integralmente os frutos ao usufrutuário para que o usufruto seja configurado.[69] Assim, desde que os direitos econômicos sejam objeto do usufruto, total ou parcialmente, o direito de voto poderia ser livremente pactuado entre as partes, independentemente da parcela de frutos que cada uma delas faz jus.

Apesar de resolver o problema lógico da questão do usufruto do direito de voto, Eizirik apresenta um raciocínio cuja aplicação na prática do direito pode ser perversa. Ao estabelecer que o usufruto do direito de voto depende, ainda que parcialmente, da transferência dos frutos da ação, o nu-proprietário, seja de má-fé, seja por conta da implementação de uma reestruturação societária, poderia alocar uma parcela mínima dos frutos a título de cumprimento da regra para transferir os direitos políticos ao usufrutuário.

Não se pode dizer, no entanto, que o usufruto de direitos é completamente vedado no ordenamento brasileiro. O legislador nacional, por meio do art. 1.395, do Código Civil, determinou que "*quando o usufruto recai em títulos de crédito, o usufrutuário tem direito a perceber os frutos e a cobrar as respectivas dívidas*". Dessa forma, o nu-proprietário pode conferir ao usufrutuário o direito de receber os frutos civis de títulos de créditos detendo o último o direito de cobrar tais valores (conforme porcentagem estabelecida no instrumento de gravame do direito real), devendo empregá-los em títulos de mesma natureza.[70]

[69] EIZIRIK, Nelson. **Direito Societário – Estudos e Pareceres**. São Paulo: Quartier Latin, 2015. p. 201.

[70] GAGLIANO, Pablo Stolze. **Código Civil Comentado: direito das coisas, superfície, servidões, usufruto, uso, habitação, direito do promitente comprador, artigos 1.369 a 1.418**, vol. XIII, coord. Álvaro Villaça Azevedo, São Paulo: Atlas, 2004. p. 134.

Conclusão

O usufruto de ações, apesar de parecer um assunto à primeira vista simples e com poucas discussões interpretativas, demonstrou ser complexo e com diversos entraves criados em razão de lacunas legislativas, que deram causa a embates doutrinários e jurisprudenciais na tentativa de aplicar a melhor interpretação ao caso concreto.

Por meio deste trabalho, foi possível analisar desde conceitos básicos de usufruto até as principais discussões que englobam esse tema.

Analisando as características dos bens objeto do usufruto e deste instituto em si, verificamos que, apesar de existir a possibilidade de ações serem objeto de usufruto, algumas medidas e cuidados devem ser tomadas quando da definição do detentor de seus direitos políticos e econômicos, principal ponto de discussão sobre o tema.

Sendo assim, conforme explanado, os direitos econômicos possuem uma relevância financeira para o seu portador. Os dividendos, um dos diversos direitos econômicos detidos pelo proprietário de uma ação, são como os frutos dessa ação, podendo ser alienados ao usufrutuário total ou de forma parcial.

Sobre os direitos políticos, esses devem ser definidos pelas partes de forma clara e específica sobre quais matérias o usufrutuário e o nu-proprietário poderão exercer o seu direito de voto, sendo previstas no instrumento de constituição de usufruto ou em instrumento celebrado posteriormente. A definição tácita entre as partes, apesar de ser possível para parte da jurisprudência, somente aumenta os riscos de conflito e divergências, contextos que podem prejudicar enormemente o andamento das atividades de uma companhia.

Ainda sobre os direitos políticos e conforme analisado, o ordenamento jurídico brasileiro, além do disposto no art. 1.395, do Código Civil, **não prevê a possibilidade de direitos serem**

alienados em usufruto. Dessa forma, diferentemente do que foi e ainda é abordado por parte dos operadores do direito, não é possível alienar somente o direito de voto das ações para o usufrutuário. O direito de voto é um elemento intrínseco ao possuidor da ação e, portanto, não pode ser dissociado dela.

Levando em consideração os conceitos, ponderações e esclarecimentos apresentados ao longo do trabalho sobre o usufruto de ações e os seus direitos, muitos dos entraves citados ao longo do trabalho poderiam ser evitados pelos operadores do direito.

No entanto, ainda falta um entendimento coerente e altamente vinculante que ponha fim às diversas discussões sobre o assunto, apesar da doutrina brasileira majoritária ter apresentado uma posição sobre o usufruto de ações e sobre o usufruto de direitos, o que ainda pode decorrer em inúmeros debates sobre o tema.

Por conta das diversas incertezas e discussões apresentadas ao longo deste trabalho, recomenda-se adotar a postura mais conservadora possível quando da sua constituição. Para tanto, caso as partes desejem realizar o usufruto de ações, deve-se celebrar um instrumento escrito por meio do qual os direitos econômicos e políticos serão claramente definidos entre as partes. Ainda nesse sentido, o usufruto deve ser devidamente registrado nos livros da companhia, para que terceiros tenham a visibilidade do usufruto e quem é o correto detentor de seus direitos.

Sobre o usufruto de direitos políticos, tema altamente controverso, a postura mais conservadora seria a constituição junto com a outorga parcial dos frutos das ações, conforme entendimento demonstrado por parte da doutrina. Os frutos outorgados, no entanto, não devem consistir em valores ínfimos somente para dar um embasamento jurídico maior para o usufruto, mas sim em valores fundamentados por um racional razoável. De tal forma, considerando que a jurisprudência dos tribunais não é clara nem consolidada sobre esse tema, a constituição de usufrutos sobre direitos políticos fica mais robusta e defensável juridicamente.

Referências

CARVALHOSA, Modesto. *Comentários à Lei de Sociedades Anônimas*, 3º Volume. São Paulo: Saraiva, 2014.

CARVALHOSA, Modesto. *Comentários à Lei de Sociedades Anônimas*, 2º Volume. São Paulo: Saraiva, 2014.

COMPARATO, Fabio Konder. SALOMÃO FILHO, Calixto. *O Poder de Controle na Sociedade Anônima*. 6ª Edição, Rio de Janeiro: Forense, 2014.

DA SILVA PEREIRA, Caio Mário. *Instituições de Direito Civil*. v. IV, 30ª Edição, Rio de Janeiro: Forense, 2017.

EIZIRIK, Nelson. *A Lei das S/A Comentada*, Volume 1. São Paulo: Quartier Latin, 2011.

EIZIRIK, Nelson. *A Lei das S/A Comentada*, Volume 3. São Paulo: Quartier Latin, 2015.

EIZIRIK, Nelson. *Direito Societário – Estudos e Pareceres*. São Paulo: Quartier Latin, 2015.

GAGLIANO, Pablo Stolze. *Código Civil Comentado: direito das coisas, superfície, servidões, usufruto, uso, habitação, direito do promitente, comprador, artigos 1.369 a 1.418*, volume XIII; coordenador Álvaro Villaça Azevedo. São Paulo: Atlas, 2004.

GARBI, Carlos Alberto. *Relação Jurídica de Direito Real e Usufruto*. São Paulo: Método, 2008.

GOMES, Orlando. *Usufruto de Direitos*, Vol. 180. Rio de Janeiro: Revista Forense, 1958. p. 37-41.

LEÃES, Luiz Gastão Paes de Barros. *O Direito de Voto de Ações Gravadas com Usufruto Vidual*; em *Pareceres*, Volume II. São Paulo: Editora Singular, 2004. pp.1357-1398.

REGO, Marcelo Lamy. *Direito das Companhias*, Volume I. Rio de Janeiro: Forense, 2009.

RIBEIRO, Renato Ventura. *Direito de Voto nas Sociedades Anônimas*. São Paulo: Quartier Latin, 2009.

REGO, Marcelo Lamy. "Direito dos Acionistas". In: *Direito das Companhias*, coord. Alfredo Lamy Filho; José Luiz Bulhões Pedreira. Rio de Janeiro: Forense, 2009.

Carvalho de Mendonça, Manoel Ignacio. *Do Usufruto, do Uso e Da Habitação.* Rio de Janeiro: Candido Oliveira, 1922.

Pontes de Miranda. *Tratado de Direito Privado.* t. XIX, 3ª Edição, São Paulo: Revista dos Tribunais, 1983.

Wald, Arnold. "Do Regime de Jurídico do Usufruto de Cotas de Sociedade de Responsabilidade Limitada e de Ações de Sociedades Anônimas", *Revista de Direito Mercantil, Industrial, Econômico e Financeiro,* v. 77.

Marky, Thomas. *Curso Elementar de Direito Romano,* 8 ed. São Paulo: Saraiva, 1995.

Diniz, Maria Helena. *Curso de Direito Civil Brasileiro, Volume I: Teoria Geral do Direito Civil,* 28ª ed. São Paulo: Saraiva, 2011.

Comparato, Fabio Konder, *Ensaios e Pareceres de Direito Empresarial.* Rio de Janeiro: Forense, 1978.

Spinelli, Luis Felipe. *Exclusão de Sócio por Falta Grave na Sociedade Limitada.* São Paulo: Quartier Latin, 2015.

Jurisprudência

BRASIL. Tribunal de Justiça de São Paulo. Apelação Cível nº 53.836-4/2. São Paulo, SP, 6 de agosto de 1998. Diário Oficial do Estado de São Paulo. São Paulo.

BRASIL. Superior Tribunal de Justiça. Reconhecimento de Recurso Especial nº 1.426.617. Relator: Ministra Nancy Andrighi. Dje. Brasília. Disponível em: <https://ww2.stj.jus.br/processo/revista/documento/mediado/?componente=ATC&sequencial=35027397&num_registro=201304066554&data=20140616&tipo=51&formato=PDF>. Acesso em: 08 dez. 2017.

BRASIL. Superior Tribunal de Justiça. Decisão de Provimento A Recurso Especial nº 1.169.202. Dje. Brasília. Disponível em: <https://ww2.stj.jus.br/processo/revista/documento/mediado/?componente=ATC&sequencial=17824374&num_registro=200902367423&data=20110927&tipo=51&formato=PDF>. Acesso em: 08 dez. 2017.

BRASIL. Superior Tribunal de Justiça. Decisão de Provimento A Recurso Especial nº 64.403. Dje. Brasília. Disponível em: < https://ww2.stj.jus.br/processo/ita/documento/mediado/?num_registro=199500200872&dt_publicacao=19-04-1999&cod_tipo_documento=3>. Acesso em: 08 dez. 2017.

BRASIL. Tribunal de Justiça de São Paulo. Acórdão nº 0008988-85.2008.8.26.0533. São Paulo, SP, 13 de setembro de 2011. Diário Oficial do Estado de São Paulo. São Paulo. Disponível em: <http://esaj.tjsp.jus.br/cjsg/getArquivo.do?conversationId=&cdAcordao=5392236&c

dForo=0&uuidCaptcha=sajcaptcha_fc885dc4a9634fe29d30e55a9ed8535b&vlCaptcha=qpvS&novoVlCaptcha;=>. Acesso em: 08 dez. 2017.

Sites Consultados

http://portal.stf.jus.br/
http://www.stj.jus.br/portal/site/STJ
http://www.tjsp.jus.br/

Ativismo Acionário e Voto à Distância no Brasil

Isis Azevedo Diniz

Introdução

O Ativismo Acionário no Brasil e no Mundo

Por ativismo acionário entende-se o exercício proativo de direitos, prerrogativas e mecanismos destinados a proteger acionistas não controladores. Trata-se, pois, de um movimento que visa a incentivar a participação mais proativa desses acionistas na vida da companhia, por meio de práticas que vão desde o efetivo exercício dos direitos a que se refere o artigo 109[1] da Lei das

[1] Art. 109. Nem o estatuto social nem a assembléia-geral poderão privar o acionista dos direitos de:I – participar dos lucros sociais; II – participar do acervo da companhia, em caso de liquidação; III – fiscalizar, na forma prevista nesta Lei, a gestão dos negócios sociais; IV – preferência para a subscrição de ações, partes beneficiárias conversíveis em ações, debêntures conversíveis em ações e bônus de subscrição, observado o disposto nos artigos 171 e 172; V – retirar-se da sociedade nos casos previstos nesta Lei. § 1º As ações de cada classe conferirão iguais direitos aos seus titulares. § 2º Os meios, processos ou ações que a lei confere ao acionista para assegurar os seus direitos não podem ser elididos pelo estatuto ou pela assembléia-geral. § 3º O estatuto da sociedade pode estabelecer que as divergências entre os acionistas e a companhia, ou entre os acionistas controladores e os acionistas minoritários, poderão ser solucionadas mediante arbitragem, nos termos em que especificar. BRASIL. Lei **6.404, de**

Sociedades Anônimas (LSA), até atitudes mais intervencionistas, que se caracterizam pela participação em assembleias, pelo diálogo permanente com administração, pela utilização dos instrumentos legais de proteção às minorias e pela apresentação de reclamações à Comissão de Valores Mobiliários (CVM).[2]

15 de dezembro de 1976. Dispõe sobre as Sociedades por Ações. Disponível em: <http://www.planalto.gov.br/CCIVIL_03/Leis/L6404consol.htm>. Acesso em: 15 ago. 2018.

[2] Conforme Akhigeb et al, "[i]n recent years, some large shareholders (or super-shareholders) have assumed more proactive roles in their capacities as owners. Much of this so-called relationship investing is non-negotiated, whereby the shareholder activists offer unsolicited advice to management. The increase in share- holder activism has placed chief executive officers (CEOs) and boards of directors under more scrutiny. Consequently, board members are encouraged to become fiduciaries for shareholders rather than management. In addition, external board members are replacing some CEOs as chair of the board. In essence, relationship investing may serve as an alternative external disciplinary mechanism to takeover threats. On 15 October 1992 the Securities and Exchange Commission allowed shareholders more flexibility to communicate. They now have access to shareholder lists and can more easily vote for individual board members who are not selected by management. There is substantial evidence that shareholder activism will only increase over time. Financial institutions now hold 53% of equity in US corporations versus about 37% in 1983, and 18% in 1968. Their proportion is expected to increase substantially over time. As institutional ownership increases, various forms of share- holder activism efforts have generally been more effective. For example, shareholder resolutions in 1992 received 40% of the votes cast on average. A recent report developed by the Competitiveness Policy Council's subcommittee on corporate governance states that corporate governance acti- vities are undergoing an evolution, and that activism by informed shareholders is occurring." ("Nos últimos anos, alguns grandes acionistas (ou super acionistas) assumiram papéis mais proativos em suas capacidades como proprietários. Grande parte do chamado "investimento de relacionamento" não é negociado, de forma que os acionistas ativistas oferecem conselhos não solicitados à administração. O aumento do ativismo dos acionistas colocou os diretores executivos (CEOs) e os conselhos de administração sob um maior nível de escrutínio. Consequentemente, os membros do conselho são encorajados a estabelecer relações fiduciárias com acionistas, ao invés da administração. Além disso, os membros externos do conselho estão

O incentivo à adoção de uma postura mais proativa dos acionistas, enquanto proprietários das ações, é um movimento que surge em contrapartida a um fenômeno bastante conhecido entre os acionistas não controladores, tanto no Brasil, como no mundo, que é o absenteísmo acionário.

O absenteísmo acionário, conforme sugerido pelo próprio nome, caracteriza-se pela ausência de participação de acionistas minoritários no processo de formação das decisões das companhias, seja em função dos altos custos envolvidos nesse processo, ou em razão da crença de que sua parcela do capital é insuficiente para influenciar quaisquer dessas decisões, sendo, dessa forma, irrelevante a sua participação na assembleia de acionistas.

A esse respeito dispôs Michael P. Dooley, ao tratar da participação dos acionistas no processo de formação das decisões das companhias nos Estados Unidos:

substituindo alguns CEOs na função de presidentes do conselho. Em essência, o "investimento de relacionamento" pode servir como um mecanismo disciplinar externo alternativo às ameaças de aquisição controle. Em 15 de outubro de 1992, a *Securities and Exchange Commission* permitiu que os acionistas tivessem uma maior flexibilidade de comunicação. Eles agora têm acesso às listas de acionistas e podem votar mais facilmente em membros individuais do conselho que não sejam indicados pela administração. Há evidências substanciais de que o ativismo dos acionistas só aumentará com o tempo. Instituições financeiras agora detêm 53% do capital em corporações dos EUA contra cerca de 37% em 1983 e 18% em 1968. Sua proporção deverá aumentar substancialmente ao longo do tempo. Na medida em que investimentos institucionais aumentam, os esforços de acionistas ativistas se tornam em geral mais eficazes. Por exemplo, em 1992, as resoluções dos acionistas receberam em média 40% dos votos proferidos. Um relatório recente produzido pelo subcomitê do Conselho de Política de Competitividade sobre governança corporativa afirma que as atividades de governança corporativa estão passando por um processo de evolução e que o ativismo está sendo colocado em prática por acionistas informados" – tradução nossa). AKHIGEB, Aigbe; MADURA, Jeef; TUCKER, Alan L. Long-term valuation effects of shareholder activism. **Applied Financial Economics**, 7:5, 567-573, 1997. p. 567

> *To highlight shareholder-creditor conflicts, we have been working with a very simplified model of the firm in which the residual claimants are also the relevant decision makers. Although this model fairly describes the decision-making processes of most of partnerships and closely held corporation, it does not reflect the reality of publicly held corporations. Shareholders in such firm do not actively manage the corporation; nor do they even set broad policy objectives. These prerogatives are reserved for the board of directors and the executive officers appointed by the board. This does not imply that shareholders are irrelevant to the decision making process, however. As a normative proposition, shareholder welfare is the standard against which managerial performance is measured. And state statutes preserve a formal role for shareholder by requiring their vote on a number of corporate decisions.*[3]

Nota-se que a cultura de passividade de grande parte da base acionária das companhias é um fenômeno amplamente conhecido nos principais países do mundo, seja naqueles que possuem uma ampla dispersão acionária ou naqueles que, como o Brasil, possuem um modelo de maior concentração acionária. Em ambos os casos, o absenteísmo causa sérios problemas, notada-

[3] DOOLEY, Michael P. **Fundamentals of Corporation Law.** Ney York: The Foundation Press, Inc., 1995. p. 172. Em português: "Para destacar os conflitos entre acionistas e credores, temos trabalhado com um modelo muito simplificado da empresa, no qual os reclamantes residuais são também os tomadores de decisão relevantes. Embora este modelo descreva de forma justa os processos de tomada de decisão da maioria das parcerias e empresas de capital fechado, isso não reflete a realidade das empresas de capital aberto. Os acionistas dessa empresa não administram ativamente a corporação; nem estabelecem objetivos políticos abrangentes. Essas prerrogativas são reservadas para o conselho de administração e para os diretores indicados pelo conselho. Isso não implica que os acionistas sejam irrelevantes para o processo de tomada de decisão. Como proposta normativa, o bem-estar do acionista é o padrão em relação ao qual o desempenho gerencial é medido. E os estatutos estaduais preservam um papel formal para o acionista exigindo seu voto em várias decisões corporativas" (tradução nossa).

mente o abuso de poder por parte dos acionistas controladores e administradores e os famosos conflitos de agência nas companhias que possuem uma base acionária dispersa.

No Brasil, as causas desse absenteísmo são diversas e podem ser atribuídas a fatores endógenos, tais quais a incapacidade técnica do acionista; a participação social inexpressiva; a aquisição do valor mobiliário para fins meramente de investimento; ou, a fatores exógenos, como o elevado custo envolvido na participação presencial nas assembleias gerais; a baixa influência dos votos no resultado final; às várias exigências documentais impostas pelas companhias no processo de representação ou o curto prazo existente entre a data de convocação e a data de realização das assembleias gerais.

O incentivo ao ativismo acionário, seja por meio de criação de normas que visam a proteger os acionistas minoritário, como feito no Brasil até então, ou por meio de normas que visam a incentivar a atuação mais ativa do acionista, como a regulamentação da participação e votação à distância em assembleias de acionistas, é, portanto, o principal meio de combate ao absenteísmo acionário e, por isso deve ser objeto de regulamentação pelos legisladores e reguladores brasileiros.

A despeito de estar mais presente no mercado de capitais norte-americano, o ativismo acionário e a tutela de minorias vêm vagarosamente evoluindo no Brasil, desde a edição do Decreto nº 434, de 1940, que foi a primeira lei a tratar das sociedades anônimas no país[4]. Em que pese a lenta evolução de tal prática, a proteção às minorias tem sido agenda recorrente no direito pátrio, desde o final do século 19, quando do aparecimento do princípio majoritário – instituído pela regra de um

[4] Sobre a evolução dos Direitos Minoritários dos acionistas no Brasil ver a obra "Direitos dos Acionistas Minoritários: Uma perspectiva à luz da Lei 10.303, de outubro de 2001" de Maria Graziela Malouf Cury Rayes.

voto por ação.[5] Seguidamente, em 2001, editou-se a Lei 10.303, de 2001, que modernizou o regime jurídico das companhias de capital aberto e acolheu, posto que de forma tímida, algumas boas práticas de governança corporativa, ampliando a proteção conferida aos acionistas minoritários.

Sem embargo da evolução dos direitos dos acionistas minoritários brasileiros, especialmente após a edição da Lei 10.303, de 2001, o tratamento dado ao tema pelas leis que regulamentam o mercado de capitais e pela lei das sociedades anônimas no Brasil ainda é parco, cabendo à Comissão de Valores Mobiliários (CVM), enquanto órgão regulador e polícia de mercado, e, por vezes, a um judiciário pouco especializado, a interpretação, fiscalização, aplicação e regulamentação das mesmas.

Nesse sentido se posicionou Érica Gorga, parecerista da ação coletiva que tramita na Corte Federal de Nova York em prol da defesa dos acionistas minoritários americanos lesados pela corrupção na Petrobras, em entrevista concedida à Folha de São Paulo, em 14.08.2015:

[5] "O direito protege os minoritários – assim como os tem protegido desde o final do século 19 com o aparecimento do princípio majoritário – plasmado na regra de um voto por ação. E o faz por uma razão muito simples: o dinheiro do minoritário é essencial à companhia. A tutela das minorias visa à poupança privada, sob a primazia do financiamento da grande companhia. Essa tutela se caracteriza, no Brasil, por dois grupos de normas que se coordenam sob as funções de: 1) prover ampla informação para investir, para desinvestir e, portanto, para formar juízos negociais; e 2) garantir a higidez do investimento, por meio da prevenção e do combate ao tratamento não equitativo. O direito antevê os chamados conflitos de agência e reage. Essa tutela eleva as minorias ao status de "grupos de pressão", que participam direta e indiretamente dos processos de formação das deliberações da companhia. E, em alguns casos, até mesmo de sua administração, especialmente com o emprego do voto múltiplo." Warder Júnior, Walfrido Jorge; Bayeux Neto, José Luiz. **Ativismo acionário.** 2012. Disponível em: <https://capitalaberto.com.br/boletins/ativismo-acionario/#.W5V-nc5KjIW>. Acesso em: 09 set. 2018.

> O caso Petrobras é paradigmático e mostra que o ativismo na defesa dos investidores minoritários no Brasil deve ser intensificado. A melhor solução jurídica é que associações de investidores ingressem com ação civil pública para obter o ressarcimento dos prejuízos dos acionistas minoritários e dos e pensionistas que investiram FGTS e aposentadoria por meio de fundos de pensão na Petrobras. A Associação de Investidores Minoritários está se organizando para entrar com tal ação. Num segundo momento, para que a companhia fosse indenizada, seria preciso que ela ingressasse com ação de responsabilidade civil regressiva contra os administradores responsáveis pelos ilícitos. Uma amarra é que a lei brasileira das sociedades anônimas exige que somente o acionista controlador ou acionistas minoritários com no mínimo 5% do capital total da empresa proponham tal ação em nome da companhia. Na Petrobras, o acionista majoritário é própria União Federal e os principais minoritários são o BNDES e a Previ. Nenhum deles, por evidentes conflitos de interesses, propôs tal ação de responsabilidade em prol da companhia até o momento. É fundamental que a Previ se junte com as associações de investidores na ação civil pública, já que é dever da Previ zelar pelo interesse de seus próprios pensionistas e depois ingresse com ação regressiva contra os administradores culpados [6]

O caso da Petrobras é emblemático porque expõe a fragilidade do regime jurídico brasileiro em comparação ao norte-americano, no que diz respeito às proteções conferidas aos acionistas minoritários por ilegalidades praticadas pela administração ou pelos controladores.

[6] Gorga, Érica. Considerar Petrobras vítima de corrupção é rasgar leis. Folha de São Paulo, São Paulo, 14 agost. 2015. Mercado. Disponível em: <http://www1.folha.uol.com.br/mercado/2015/08/1668646-considerar-petrobras-vitima-da-corrupcao-e-rasgar-leis-diz-advogada.shtml>. Acesso em: 4 set. 2018

O fato é que a questão acerca dos danos sofridos pelos acionistas minoritários da Petrobrás poderá ser tratada por duas cortes de países distintos, que se encontram em diferentes patamares de evolução e regulamentação em se tratando de ativismo acionário. Isto porque a Corte Federal de Nova York, onde são negociados títulos lastreado em ações da Petrobras, e que dispõe de uma sofisticada regulamentação do mercado de capitais, excluiu da sua alçada e alcance os acionistas minoritários brasileiros, que terão que se mobilizar para defender seus interesses no âmbito nacional. Do contrário, os acionistas brasileiros correm o risco de perder duas vezes, isto é, com os prejuízos advindos da fraude envolvendo a companhia, como também com os custos das indenizações que foram concedidas aos acionistas minoritários americanos e que serão suportados pelo caixa da companhia.[7]

Como se pode notar, a atuação dos acionistas minoritários no Brasil ainda é tímida, sobretudo quando comparada com a atuação dos minoritários de outros países, especialmente os Estados Unidos. Contudo, essa é uma realidade em constante mutação, já que os reguladores brasileiros, tendo identificado o problema, passaram a propor soluções pontuais, com o condão de aprimorar o ambiente regulatório no país. Em particular, em 2015 a Comissão de Valores Mobiliário (CVM) passou a regular o exercício do voto à distância por parte dos acionistas brasileiros, permitindo que estes, pela primeira vez, mesmo se ausentes ao conclave, pudessem proferir seus votos.

O Voto à Distância e o Incremento do Ativismo Acionário no Brasil

Com base no sistema de *proxy voting* americano[8], a CVM, fazendo uso da prerrogativa contida nos artigos 121 e 127 da

[7] Ibidem.

[8] A doutrina americana assim o define: "Proxy voting: As we shall see, shareholder meetings are not deliberative bodies. Except for close corporations, neither are they collegial bodies because most shareholders will not actually attend the

Lei nº 6.404, de 1976 (LSA), regulamentou, por meio da Instrução da Comissão de Valores Mobiliários (ICVM) nº 481, a participação e votação à distância de acionistas em assembleias gerais de companhias abertas, bem como o registro de sua presença em tais conclaves.[9]

meeting. Instead, most shareholders in publicly held firms will exercise their franchise by proxy – an authorization given to another to vote in accordance with the directions of shareholder as indicated on the proxy card. The proxy card, the proxy agents and the agenda for meeting, including the candidates for the board of directors, are furnished by the board of directors, except in the rare instance where an insurgent group is conducting a proxy contest. A proxy is revocable at any time, and the shareholder may revoke by simple voting his shares personally or by giving a subsequently executed proxy to another. The proxy agents are obligated to vote shares in the manner indicated by shareholders, but management typically reserves the right to vote the absentee shareholders" shares as it sees fit on any matter brought up at the meeting of which management had no foreknowledge. Nominations or proposals from the floor are thus foredoomed. There are no surprises." DOOLEY, Michael P. **Fundamentals of Corporation Law.** Ney York: The Foundation Press, Inc., 1995. p. 173. Em português: "Votação por procuração: Como veremos, as assembleias de acionistas não são órgãos deliberativos. Exceto em companhias fechadas, as assembleias de acionista sequer são órgãos colegiados porque a maioria dos acionistas não participará da reunião. Em vez disso, a maioria dos acionistas em companhias de capital aberto exercerá seu direito de voto por procuração – uma autorização dada para outro para votar de acordo com as instruções do acionista, conforme indicado no "proxy card". O proxy card, os procuradores e a agenda da reunião, incluindo os candidatos ao conselho de administração, são fornecidos pelo conselho de administração, exceto nos casos raros em que um grupo insurgente está realizando uma disputa por procuração. Uma procuração é revogável a qualquer momento, e o acionista pode revogá-la comparecendo pessoalmente para votar com suas ações ou por meio da emissão de uma nova procuração. Os procuradores são obrigados a votar conforme orientado pelos acionistas, mas a administração geralmente se reserva o direito de votar com as ações dos acionistas ausentes, conforme julgar apropriado, em qualquer assunto levantado na reunião sobre o qual a administração não tivesse conhecimento prévio. Nomeações ou propostas do plenário são assim previsíveis. Não há surpresas." (tradução nossa).

[9] A esse respeito, merecem registro as considerações iniciais da CVM no Edital da Audiência Pública SDM nº 9/2014, para regulamentação do voto à distância:

"A Lei nº 12.431, de 24 de junho de 2011, incluiu um parágrafo único nos arts. 121 e 127 da Lei nº 6.404, de 1976, atribuindo à CVM competência para regulamentar a participação e votação a distância de acionistas em assembleias gerais de companhias abertas, bem como o registro de sua presença em tais conclaves. Desde então, a CVM vem se reunindo e consultando participantes do mercado sobre as diversas possibilidades regulatórias e mesmo tecnológicas de cumprimento do preceito legal. Nos encontros realizados, foram relatados múltiplos problemas atualmente existentes no exercício do direito de voto por acionistas de companhias abertas brasileiras, notadamente por investidores não residentes (nos termos da regulamentação específica do Conselho Monetário Nacional, por fundos de investimento e por pessoas naturais e jurídicas. Também foram relatados problemas com o exercício do direito de voto por detentores de depositary receipts ("DR") com lastro em ações de emissão de companhias abertas brasileiras, embora os titulares desses certificados não sejam propriamente acionistas dessas companhias. De um modo geral, as dificuldades de acionistas estrangeiros se devem (i) ao curto prazo existente entre a convocação e a realização das assembleias gerais, que, de acordo com a Lei nº 6.404, de 1976, deve ser de no mínimo 15 (quinze) dias; (ii) à necessidade de outorga de uma procuração anual para representação nos referidos conclaves, por força do art. 126, § 1º, dessa mesma lei; e (iii) às diversas exigências documentais formuladas por companhias no processo de representação, que podem envolver a notarização, consularização, tradução e registro das respectivas procurações. A conjunção desses fatores tem contribuído para uma presença bastante reduzida, custosa e burocrática desses investidores nas assembleias gerais. As exigências documentais são um problema também para pessoas naturais e jurídicas residentes ou constituídas no Brasil, conforme o caso, e para fundos de investimento, sobretudo aqueles em que a atividade de gestão tenha sido contratada pelo administrador do fundo junto a outra instituição, autorizada pela CVM a administrar carteira de valores mobiliários. Tais dificuldades costumam se relacionar com a comprovação dos poderes de representação, legal ou convencional. No estudo da regulamentação da participação e votação a distância, a CVM considerou tais relatos, bem como as diversas ferramentas tecnológicas atualmente existentes no mercado, seus custos e riscos. Também se considerou a experiência de companhias que oferecem, de forma voluntária, sistemas eletrônicos de transmissão de assembleias ou de pedidos públicos de procuração. A modificação introduzida nos arts. 121 e 127 da Lei nº 6.404, de 1976, costuma ser associada à disponibilização de sistemas que possibilitariam a participação e votação remota e em tempo real dos acionistas. No entanto, a CVM considera que essas tecnologias ainda não foram suficientemente testadas para que se tornem mandatórias para todas as

Nos termos da ICVM 481, o voto à distância será exercido por meio do boletim de voto, que será, obrigatoriamente divulgado pelas companhia abertas registradas na categoria A, que tenham ações em circulação, (i) por ocasião das Assembleias Gerais Ordinárias (AGO); (ii) das Assembleias Gerais Extraordinária, quando as mesmas forem convocadas para eleger membros do conselho fiscal; ou do conselho de administração, quando a eleição se fizer necessária por vacância da maioria dos cargos do conselho, por vacância em conselho que tiver sido eleito por voto múltiplo ou para preenchimento das vagas dedicadas à eleição em separado de que tratam os arts. 141, § 4º, e 239 da LSA; e, (iii) na ocasião em que a AGE for convocada para o mesmo dia da AGO.

A adoção do voto à distância surge como importante instrumento para incremento do ativismo societário no Brasil, na medida em que oferece aos acionistas minoritários mecanismos que simplificam o processo de manifestação do voto, aumen-

companhias e assembleias. Corroborando esse entendimento, é importante mencionar que nenhum país tornou obrigatória a realização de assembleias virtuais. A CVM optou por adotar uma forma para a votação e participação a distância que enfrentasse os problemas relatados acima por meio de tecnologias e estruturas cujo uso fosse mais consolidado no mercado de valores mobiliários. Assim, a Minuta busca utilizar os mecanismos hoje existentes para o exercício de outros direitos dos acionistas, tais como o direito de preferência na subscrição de novas ações ou o recebimento de dividendos, para o processo de exercício de direito de voto. Assim, uma das principais propostas da Minuta é que acionistas possam utilizar a cadeia de prestadores de serviços da qual já se utilizam para o exercício de outros direitos no processo de votação a distância. Nesse contexto, o depositário central, os escrituradores e os custodiantes são chamados a prestar serviços relacionados à coleta e transmissão dos votos proferidos pelos acionistas por meio de um documento padronizado de votação chamado, pela Minuta, de boletim de voto a distância."BRASIL. COMISSÃO DE VALORES MOBILIÁRIOS. **Edital de Audiência Pública SDM Nº9/2014**. 2014. Disponível em: <http://www.cvm.gov.br/audiencias_publicas/ap_sdm/2014/sdm0914.html>. Acesso em: 05 ago. 2018.

tado, portanto, a sua participação no processo de tomada de decisão das companhias.

Neste sentido são os números divulgados pela B3 em levantamento realizado após as duas primeiras rodadas de assembleias gerais em que a utilização do voto à distância foi obrigatória, nos anos de 2017 e 2018.[10]

De acordo com a B3, em 2018, 93% (noventa e três por cento) das companhias obrigadas a utilizar o voto à distância viabilizaram a inclusão dos boletins de voto ao mercado e 64% (sessenta e quatro por cento) delas receberam votos. O quórum médio de instalação das companhias aumentou de uma média de 71% (setenta e um por cento) em 2016 (quando não havia voto à distância) para (78%) setenta e oito por cento em 2018 (quando o voto a distância já havia sido implementado). Em 2017, primeiro ano da utilização do voto à distância, foram recebidas mais de 13.000 (treze mil) instruções de voto. No ano seguinte, foram recebidas mais de 27.000 (vinte e sete mil) instruções de voto, demonstrando um crescimento de mais de 100% (cem por cento).[11]

Sobre a recepção de votos à distância, a B3 constatou que as companhias que mais receberam votos são as que possuem maior quantidade de investidores e maior percentual de *free float*, sendo contabilizado(s) ausência de votos para as companhias que tenham um *free float* médio de 25% (vinte e cinco por cento); de 1 a 300 votos para as companhias que tenham um *free float* médio entre 47% (quarenta e sete por cento) e 48% (quarenta e oito por cento); e acima de 300 (trezentos) votos para as companhias que tenham um *free float* médio de 58% (cinquenta e oito por cento).[12]

[10] BALCÃO, B3 Brasil Bolsa. Balanço das Assembleias em 2018. In: Workshop de Resultados do Voto a Distância, 2018, São Paulo. Disponível em: <http://www.b3.com.br/pt_br/>.

[11] Ibidem

[12] Ibidem

Refletindo sobre os expressivos quóruns gerados pelo voto à distância, a B3 contabilizou que as 30 (trinta) companhias que mais receberam votos à distância têm *free float* médio de 52,3% (cinquenta e dois inteiros e três décimos por cento); que o percentual médio de voto à distância em relação ao *free float* é 50% (cinquenta por cento); e, que a quantidade média de boletins recebidos por essas companhias, via central depositária, foi de 258 (duzentos e cinquenta e oito).[13]

Dentre essas companhias, encontram-se a WEG com 83,98% (oitenta e três inteiros e noventa e oito centésimos por cento) das ações em *free float* votando; a MARFRIG com 81,67% (oitenta e um inteiros e sessenta e sete centésimos por cento) das ações em *free float* votando; a MULTIPLAN com 80,87% (oitenta inteiros e oitenta e sete centésimos por cento) das ações em *free float* votando; a ANIMA com 73,49% (setenta e três inteiros e quarenta e nove centésimos por cento) das ações em *free float* votando; a TOTVS com 59,83% (cinquenta e nove inteiros e oitenta e três centésimos por cento) das ações em *free float* votando; a MARCOPOLO com 58,26% (cinquenta e oito inteiros e vinte e seis centésimos por cento) das ações em *free float* votando; METAL IGUAÇU com 53,28% (cinquenta e três inteiros e vinte e oito centésimos por cento) das ações em *free float* votando; a PORTO SEGURO com 49,20% (quarenta e nove inteiros e vinte centésimos por cento) das ações em *free float* votando; e, a NATURA com 48,21% (quarenta e oito inteiros e vinte e um centésimos por cento) das ações em *free float* votando.[14]

Sobre o voto de investidores, a B3 verificou, ainda, que, de um total de 2.786 (dois mil, setecentos e oitenta e seis) investidores, 747 (setecentos e quarenta e sete) investidores votaram em apenas 1 (uma) Assembleia Geral Ordinária (AGO);

[13] Ibidem

[14] Ibidem

952 (novecentos e cinquenta e dois) investidores votaram em 2 (duas) a 5 (cinco) AGOs; 434 (quatrocentos e trinta e quatro) investidores votaram em 6 (seis) a 10 (dez) AGOs; 271 (duzentos e setenta e um) investidores votaram em 11 (onze) a 20 (vinte) AGOs; 294 (duzentos e noventa e quatro) investidores votaram em 21 (vinte e uma) a 50 (cinquenta) AGOs; e, 88 (oitenta e oito) investidores votaram em mais de 51 (cinquenta e uma) AGOs; perfazendo um número de quase 80% (oitenta por cento) dos investidores votando à distância em até 10 (dez) AGOs.[15]

Acerca do perfil do investidor que votou à distância nas primeiras temporadas, verificou-se que 98,87% (noventa e oito inteiros e oitenta e sete centésimos por cento) deles são estrangeiros; 1,09% (um inteiro e nove centésimos por cento) investidores institucionais; e, 0,003% (três milésimos por cento) Pessoas Físicas. Ademais, 36 (trinta e seis) países enviaram votos à distância, sendo os Estados Unidos o país que teve a participação mais ativa, totalizando o envio de 16.439 (dezesseis mil, quatrocentos e trinta e nove) votos à distância.[16]

Quanto a forma de manifestação dos acionistas minoritários; a representatividade do voto à distância aumentou consideravelmente, isto é, 51% (cinquenta e um por cento) do total de votos exercidos por minoritários se deram por meio do boletim de voto à distância, enquanto que em 2017, 40% (quarenta por cento) dos minoritários que votaram utilizaram o voto à distância.[17]

A B3 verificou, ademais, o impacto do voto à distância em matérias relevantes das companhias, constatando que, em 58 (cinquenta e oito) companhias, o voto à distância revelou contrariedade dos minoritários quanto às remunerações dos administradores propostas, sem, contudo, influenciar no resultado final; que 82% (oitenta e dois por cento) das companhias, que

[15] Ibidem

[16] Ibidem

[17] Ibidem

não possuíam o Conselho Fiscal instalado e questionaram sobre a sua instalação, alcançaram o quórum para a sua instalação; que em relação a 2017, o pedido de voto múltiplo também ganhou maior relevância, sendo recebidas cento e quatro requisições para a adoção do processo de voto múltiplos por meio do voto à distância e 6 (seis) processos instalados.[18]

Como se pode observar dos dados acima, é indiscutível que a implementação do voto à distância no Brasil contribuiu para o incremento da participação dos acionistas minoritários na nas deliberações assembleares. Resta avaliar, portanto, quais são os direitos conferidos aos acionistas minoritários, que podem ser exercidos por meio desse novo mecanismo de votação, bem como avaliar se a regulamentação proposta pela CVM possibilita que esses acionistas exerçam, de forma satisfatória e eficiente, as faculdades que lhes são outorgadas pelo direito societário brasileiro.

1. Direitos dos Minoritários em Assembleia Geral

1.1. Direitos Exercíveis por Meio do Voto à Distância

Com a edição das Instruções normativas nº 561/2015 e 594/2017, ambas alteradores da ICVM nº481, a CVM deu um importante passo em direção à proteção, instrumentalização e implementação de alguns dos principais direitos à disposição dos acionistas minoritários, a saber: o voto múltiplo, o direito de requerer eleição em separado para eleição de membros dos conselhos de administração e fiscais, e outros exercíveis no âmbito das Assembleias Ordinárias das companhias.

Em que pese a previsão legal assegurando o exercício de tais direitos por parte de acionistas não controladores, o seu efetivo exercício, até então possível por meio da presença física ou representação nas assembleias, sempre foi marginalizado no Brasil, especialmente em função dos altos custos envolvidos

[18] Ibidem

na participação em tais assembleias. Nesse sentido se manifestou a B3, quando da sua participação na Audiência Pública SDM (Superintendência de Desenvolvimento de Mercado) nº 09/2014, que teve por objeto justamente a regulamentação do voto à distância:

> Conforme sabido, o alto grau de abstenção dos acionistas nos conclaves de companhias abertas é uma realidade recorrente ao redor do mundo, fruto, em grande medida, da ausência de incentivos fortes o suficiente para fazer com que incorram nos custos necessários à viabilização da sua participação nas assembleias, quer seja presencialmente, quer seja por meio de um mandatário. Esse cenário se agrava com relação aos investidores, que estão sujeitos a um processo consideravelmente mais formal e burocrático para formalizar suas intenções de voto e viabilizar sua participação na assembleia.[19]

A despeito da notável contribuição dada pelo voto à distância para o incremento do ativismo acionário no Brasil, a CVM restringiu, neste momento inicial de aplicação da regra, a obrigatoriedade de disponibilização do boletim de voto à distância a determinadas assembleias, limitando, portando, o rol de aplicação dessa norma. Conforme determina o art. 21-A, da ICVM nº481, todas as companhias abertas registradas na categoria A e autorizadas por entidade administradora de mercado à negociação de ações em bolsa de valores ficam obrigadas a disponibilizar boletim de voto à distância por ocasião i) da assembleia geral ordinária; e ii) sempre que a assembleia geral for convocada para deliberar sobre a eleição de membros: a) do conselho fiscal; ou b) do conselho de administração, quando a eleição se

[19] B3 BOLSA BRASIL BALCÃO. Manifestação ao Edital de Audiência Púlica Sdm Nº 9/2014. **Manifestação ao Edital de Audiência Púlica SDM Nº 9/2014.** 2014. Disponível em: <http://www.cvm.gov.br/audiencias_publicas/ap_sdm/2014/sdm0914.html>. Acesso em: 26 ago. 2018.

fizer necessária por vacância da maioria dos cargos do conselho, por vacância em conselho que tiver sido eleito por voto múltiplo ou para preenchimento das vagas dedicadas à eleição em separado de que tratam os arts. 141, § 4º, e 239 da LSA; e, iii) sempre que a assembleia geral extraordinária for convocada para acontecer na mesma ocasião em que a assembleia geral ordinária.[20]

[20] Art. 21-A, ICVM nº 481. O acionista pode exercer o voto em assembleias gerais por meio do preenchimento e entrega do boletim de voto a distância. § 1º Até 1 (um) mês antes da data marcada para a realização da assembleia, a companhia deve disponibilizar o boletim de voto a distância: I – por ocasião da assembleia geral ordinária; II – sempre que a assembleia geral for convocada para deliberar sobre a eleição de membros: a) do conselho fiscal; ou b) do conselho de administração, quando a eleição se fizer necessária por vacância da maioria dos cargos do conselho, por vacância em conselho que tiver sido eleito por voto múltiplo ou para preenchimento das vagas dedicadas à eleição em separado de que tratam os arts. 141, § 4º, e 239 da Lei nº 6.404, de 1976; III – sempre que a assembleia geral extraordinária for convocada para ocorrer na mesma data marcada para a assembleia geral ordinária. § 2º Sem prejuízo do disposto no inciso II do § 1º, a companhia pode disponibilizar o boletim de voto a distância por ocasião de qualquer assembleia geral extraordinária, observados os prazos e condições estabelecidos neste Capítulo III-A, exceto pela Seção IV. § 3º O boletim de voto a distância pode ser reapresentado pela companhia: I – até 20 (vinte) dias antes da data marcada para realização da assembleia para a inclusão de candidatos indicados ao conselho de administração e ao conselho fiscal na forma do art. 21-L; ou II – em situações excepcionais, para correção de erro relevante que prejudique a compreensão da matéria a ser deliberada pelo acionista, ou para adequação da proposta ao disposto na regulação ou no estatuto social. § 4º Na hipótese do inciso I do § 3º, exceto se o acionista encaminhar nova instrução de voto, os votos por ele já conferidos a candidatos incluídos no boletim anteriormente divulgado devem ser considerados válidos. § 5º Na hipótese do inciso II do § 3º, os votos já conferidos pelo acionista à proposta afetada devem ser considerados inválidos. § 6º A reapresentação do boletim de voto a distância deve ser imediatamente divulgada ao mercado pela companhia, informando: I – o motivo da reapresentação e as propostas do boletim que foram alteradas; II – que os votos já conferidos à deliberação alterada serão considerados inválidos, caso a reapresentação se realize na hipótese do inciso II do § 3º; III – a data limite para que o acionista, caso queira, encaminhe nova instrução de voto; e IV – que, para evitar que sua instrução de voto possa ser considerada conflitante, é recomendável que o acio-

Ao restringir a obrigatoriedade de voto à distância às hipóteses mencionadas, a CVM privilegiou as matérias que julgou ser mais sensíveis e importantes ao acionista, nomeadamente a aprovação das contas da administração e a eleição dos respectivos membros dos conselhos de administração e fiscal. Ficaram de fora, por conseguinte, outras pautas importantes, a exemplo da decisão sobre o ajuizamento de ação de responsabilidade civil contra os administradores (art. 159 da LSA); a alteração do estatuto social (art. 122, I, da LSA); o aumento do capital da companhia (art. 170, LSA); bem como as hipóteses de reorganização societária, quando a lei exije aprovação assemblear. É de se observar, assim, que outras matérias igualmente importantes não mereceram a mesma atenção do regulador, possivelmente por receios quanto aos custos para as companhias, ou talvez pelo fato de esse instrumento ser novo no país, merecendo, assim, uma "fase de testes" antes que sua aplicação possa ser ampliada para incluir as hipóteses mencionadas.

Em suma, ao incluir o Capítulo III-A na ICVM 481 a CVM regulou o direito de voto à distância por ocasião das Assembleias Gerais Ordinárias e Extraordinárias, sendo, neste último caso, regulado apenas quando o conclave se destinar à eleição de membros dos Conselhos de Administração e Fiscal.

1.2. Assembleia Geral Ordinária

A Assembleia Geral é, por força de lei, a instância decisória máxima das Companhias, possuindo poderes para deliberar sobre todos os negócios relativos ao seu objeto. É o órgão formado pela reunião de acionistas que possuem direito a voto, independentemente da classe de ação que estes possuam.

nista encaminhe sua eventual nova instrução para o mesmo prestador de serviço anteriormente utilizado. BRASIL. **Instrução CVM 481, de 17 de dezembro de 2009**. Dispõe sobre informações, pedidos públicos de procuração, participação e votação a distância em assembleias de acionistas. Disponível em: <http://www.cvm.gov.br/legislacao/instrucoes/inst481.html>. Acesso em: 16 ago. 2018.

Neste sentido, dispõe Eizirik que a assembleia constitui o meio próprio para aferir-se a vontade da maioria dos acionistas que deve, por definição, prevalecer. Isso, porque os administradores têm o dever legal de lealdade à companhia e, portanto, devem obediência às normas estatutárias e às diretrizes emanadas da assembleia geral ordinária, que exprimem a vontade social.[21]

Em razão da sua relevância e obrigatoriedade, é na ocasião da assembleia geral ordinária que os acionistas se reúnem para tratar de temas extremante relevantes para companhias, como a verificação de resultados e tomada de contas dos administradores, a discussão e votação das demonstrações financeiras, a destinação dos lucros e distribuição de dividendos, bem como a eleição de novos membros dos conselhos de administração e fiscal.

É, também, por meio da participação em assembleias gerais ordinárias e do recebimento das informações financeiras das companhias – colocadas à disposição do acionista em função dessas assembleias – que os acionistas podem exercer o direito fundamental, assegurado por lei, de fiscalizar a gestão dos negócios sociais[22]-[23] (art. 109, III, da LSA)[24]. Como ensina Alfredo Lamy Filho:

[21] Eizirik, Nelson. **A Lei das S/A Comentada:** Artigos 80 ao 137. 2. ed. São Paulo: Quartier Latin, 2015. 2 v. p 428-429

[22] "O direito de fiscalizar é um direito essencial do acionista, garantido por norma legal imperativa, por conseguinte inderrogável pelo estatuto social ou pela assembleia geral (LSA, art. 109, caput e III), e que pressupõe o conhecimento exato dos negócios da sociedade. Embora essencial e inderrogável, o direito de fiscalizar não é absoluto, só podendo ser exercido na forma e nas hipóteses previstas em lei". LOBO, Jorge Joaquim. **Direitos dos acionistas.** Rio de Janeiro: Elsevier, 2011. p. 156

[23] "Constitui também um direito inarredável do acionista, como de resto ocorre em qualquer sociedade comercial e para qualquer tipo de sócio, o de fiscalizar a gestão dos negócios sociais, na forma prevista em lei. Muito mais imperioso é que esse direito seja especialmente assegurado e regulado nas sociedades anônimas em virtude de sua peculiar estrutura jurídica. Vimos que a dissociação do direito patrimonial, que as sociedades anônimas e mais peculiarmente as suas

A LSA incluiu entre os direitos essenciais do acionista o de "fiscalizar, na forma prevista nesta lei, a gestão dos negócios sociais" (art. 109, III). Direito de fiscalizar existe em todos os tipos de sociedades, mas nas companhias é exercido durante as Assembleias Gerais ou mediante exibição por inteiro dos livros da companhia ordenada judicialmente.[25]

Sendo assim, incentivar a participação dos acionistas nesse conclave, sobretudo dos minoritários, é indispensável para a for-

ações provocam, faz com que o acionista perca o controle de sua propriedade investida no capital social e que passa a ser representada pelas referidas ações. Perde ele a gestão, para reter apenas a fruição de seus bens investidos. Ele não mais usa da propriedade que transfere à sociedade anônima; apenas goza dos frutos que essa propriedade vai gerar. Natural, portanto, que lhe fique assegurado plenamente o direito de fiscalizar o modo pelo qual é gerido o patrimônio social e administrada a sociedade anônima. A fim de impedir que, por capricho ou por interesses mesquinhos, esse direito se torne um empecilho à boa marcha da administração, que poderia ser perturbada por continua e impertinente fiscalização, a lei regulamenta esse direito fundamental do acionista. Daí a ressalva da lei de que o direito de fiscalizar está contido nos limites estabelecidos pela lei – "na forma prevista nesta lei" – como textualmente insere na regra em estudo. O acionista tem, desta forma, o direito de fiscalizar a gestão social subordinado a estas regras principais: 1) Analisar o relatório, cópia do balanço, parecer do conselho fiscal, lista dos acionistas que ainda não integralizaram as ações, dentro do prazo de trinta dias antes da assembleia geral ordinária, conforme aviso publicado na Imprensa. 2) Analisar e discutir os mesmos documentos durante o transcurso da assembleia geral reunida. 3) Pedir judicialmente a exibição integral dos livros da sociedade, desde que organizado em 5% do capital social, e que sejam apontados atos violadores da lei ou dos estatutos (art. 105)". Requião, Rubens. **Curso de Direito Comercial.** 29. ed. São Paulo: Saraiva, 2012. 2 v. p 194-195

[24] Art. 109, III, da LSA: Nem o estatuto social nem a assembleia geral poderão privar o acionista dos direitos de: I- [...]; II- [...]; III- fiscalizar, na forma prevista nessa lei, a gestão dos negócios sociais; IV- [...]; V – [...].

[25] Lamy Filho, Alfredo. Conselho Fiscal. In: Lamy Filho, Alfredo; Pedreira, José Luiz Bulhões (Org.). **Direito das Companhias.** 2. ed. Rio de Janeiro: Forense, 2017. p. 915.

mação das deliberações da companhia, e altamente relevante para o incremento do ativismo acionário no Brasil, já que é nesta oportunidade que os juízos negociais são formados.

Dito isso, passa-se à análise dos dispositivos de lei que regulam essa espécie de assembleia.

Dispõe o artigo 132, da LSA, que, anualmente, nos quatro primeiros meses seguintes ao termino do exercício social, a companhia deverá convocar uma assembleia geral para: I – tomar as contas dos administradores, examinar, discutir e votar as demonstrações financeiras; II – deliberar sobre a destinação do lucro líquido do exercício e a distribuição de dividendos; III – eleger os administradores e os membros do Conselho Fiscal, quando for o caso; IV – aprovar a correção da expressão monetária do capital social[26].

Observa-se, pelo teor da norma, que a assembleia geral ordinária é um conclave de realização obrigatória pelas companhias aberta, tendo, inclusive, prazo de realização e matérias de competência expressamente definidas por Lei[27].

[26] Sobre a aprovação da correção da expressão monetária do capital social, registra-se que a mesma foi extinta pela Lei nº 9.249/1995, restando tal inciso revogado.

[27] "2. Reunião Anual Obrigatória e Época – Das disposições do *caput* do artigo 132 deflui que a reunião da AGO é obrigatória, de sorte que nem o estatuto ou a deliberação dos acionistas, ainda que unânime, podem dispensar a sua realização anual, e nem mesmo a circunstância de não haver administradores a eleger ou lucros a destinar servem de justificativa para que ela não se reúna. Como visto no comentário ao aludido artigo 132 que acima se fez, a AGO deverá ocorrer "nos 4 (quatro) primeiros meses seguintes ao termino do exercício social", prazo que, acaso ultrapassado, não transformará em extraordinária a assembleia, mas sujeitará os administradores ao ressarcimento dos prejuízos porventura advindos desse atraso (cf. VALVERDE, ob. Cit., n. 464; CARVALHOSA, 2003, v.2, p. 781; HALPERIN, 1988, p.668), na forma do art. 158 da LSA. Isso sem falar nas sanções administrativas aplicáveis pela CVM se aberta a companhia, pois que se considera infração grave a "inobservância do prazo fixado no artigo 132 da Lei nº 6.404, de 1976, para a realização da assembleia geral ordinária" (art. 60, III,

A convocação da AGO compete inicialmente ao Conselho de Administração, se houver, ou aos diretores, devendo, para tanto, ser observado o quanto disposto nos estatutos sociais das companhias para esse fim.

Caso os administradores retardem a convocação em mais de 01 (um) mês, competirá ao Conselho Fiscal convocar a AGO. A LSA determina, ainda, que, na ausência de convocação por parte dos administradores, e desde de que passados sessenta dias do prazo legal para convocação, qualquer acionista poderá convocá-la.

Além das hipóteses mencionadas acima, a LSA, no artigo 123, confere direito institucional aos acionistas minoritários, desde que titulares de no mínimo cinco por cento do capital social, de convocar assembleias gerais, quando os administradores da companhia não atenderem, no prazo de oito dias, o pedido de convocação, devidamente fundamentado, com indicação das matérias a serem tratadas.

da Instrução CVM nº480/2009). A mora da administração em convocar a AGO permite ao Conselho Fiscal ou a qualquer acionista, dentro de 30 ou 60 dias após o esgotamento do prazo legal, respectivamente, chamar sua reunião (Cf. item 4, § 250) 3. Competência da AGO – Conforme deflui com muita nitidez do texto da lei, e é assente em toda a doutrina (a opinião aparentemente contrária de Rubens Requião nesse ponto – 2003, p. 181-182 – na verdade apenas considera como uma só reunião conjunta da Assembleia Geral Ordinária e Extraordinária, admitida pelo parágrafo único do art. 131), a competência da Assembleia Geral Ordinária é taxativa e exaustivamente definida pela lei – ela só cuida das matérias arroladas pelo artigo 132 da LSA, e só ela pode cuidar dessas matérias, com exceção do que diz a à eleição dos administradores e membros do Conselho Fiscal, que, conforme melhor se verá ainda neste tópico, pode eventualmente ser feita pela Assembleia Geral Extraordinária (AGE). A competência da AGE, portanto é residual: cabem nela todos os temas que escapam ao rol do citado dispositivo". Pedreira, José Luiz Bulhões; Lamy Filho, Alfredo. Órgãos Sociais. In: Lamy Filho, Alfredo; Pedreira, José Luiz Bulhões (Org.). **Direito das Companhias.** 2. ed. Rio de Janeiro: Forense, 2017. p. 720

Também a teor do artigo 123, alínea D da LSA, é conferido aos titulares de no mínimo cinco por cento das ações preferenciais sem direito a voto, o direito de convocar a assembleia quando os administradores não atenderem, no prazo de oito dias, o pedido de convocação para instalação do conselho fiscal. Com a edição da ICVM nº 324, as porcentagens mínimas de participação acionária necessárias ao pedido de instalação de Conselho Fiscal de companhia aberta foram reduzidas, passando a variar de acordo com valor do capital social da companhia aberta.

A primeira convocação da assembleia geral deverá ser feita, na companhia aberta, com 15 (quinze) dias de antecedência, no mínimo, contado o prazo da publicação do primeiro anúncio; não se realizando a assembleia, será publicado novo anúncio de segunda convocação, com antecedência mínima de 08 (oito) dias.[28]

Em termos de objeto, compete à AGO tomar as contas dos administradores, examinar, discutir e votar as demonstrações financeiras; deliberar sobre a destinação do lucro líquido do exercício e distribuição de dividendos; bem como, eleger os administradores e os membros do Conselho Fiscal, quando for o caso.

Em havendo a necessidade de se deliberar sobre outros assuntos que não sejam de competência da Assembleia Geral Ordinária, a LSA permite a cumulação dessa assembleia com uma Assembleia Geral Extraordinária, quando, então, deve ser divulgado boletim de voto à distância, abarcando todo os assuntos que serão discutidos em sede de Assembleia Geral Ordinária e Extraordinária (AGOE).

[28] Ressalta-se, contudo, que Lei 10.303/01 alterou a dinâmica de convocação da assembleia, nas sociedades anônimas abertas, com a introdução do § 5º do art. 124, dando à Comissão de Valores Mobiliários competência para, a seu exclusivo critério e a pedido de qualquer acionista, aumentar o prazo de antecedência da primeira publicação do edital de convocação da assembleia geral ou, até mesmo, interromper o curso desse prazo.

Quanto a tomada de contas dos administradores, dispõe a LSA, no seu artigo 133, que devem ser colocadas à disposição dos acionistas, até 01 (um) mês antes da data designada para a realização da assembleia geral ordinária, (i) o relatório da administração sobre os negócios sociais e os principais fatos administrativos do exercício findo; (ii) a cópia das demonstrações financeiras; (iii) o parecer dos auditores independentes, se houver; (iv) o parecer do conselho fiscal, inclusive votos dissidentes, se houver; e (v) demais documentos pertinentes a assuntos incluídos na ordem do dia.[29]

Tais documentos (relatório da administração, demonstrações financeiras e parecer dos auditores), à exceção dos itens (iv) e (v), deverão ser publicados até 5 (cinco) dias, pelo menos, antes da data designada para realização da Assembleia Geral, conforme disposto no § 3º do art. 133 da LSA.

Por meio da análise desses documentos, os acionistas podem ter acesso aos principais fatos administrativos, à situação do patrimônio da companhia e às mutações patrimoniais ocorridas no período do exercício findo, podendo, assim, decidir de maneira informada sobre a aprovação das contas da administração, bem como influenciar nas deliberações da companhia.

[29] "O acionista não tem liberdade para escolher o meio mediante o qual exercerá a fiscalização. Assim, constitui elemento essencial a deliberação sobre a tomada de contas dos administradores, à discussão e votação das demonstrações financeiras, à deliberação sobre a destinação do lucro líquido do exercício e à distribuição de dividendos, o exame dos documentos que devem ser colocadas à disposição dos acionistas, nos *termos do caput:* (i) relatório da administração sobre os negócios sociais e os principais fatos administrativos do exercício findo; (ii) cópia das demonstrações financeiras; (iii) parecer dos auditores independentes, se houver; (iv) parecer do conselho fiscal, inclusive votos dissidentes; e demais documentos pertinentes a assuntos incluídos na ordem do dia". Eizirik, Nelson. **A Lei das S/A Comentada:** Artigos 80 ao 137. 2. ed. São Paulo: Quartier Latin, 2015. 2 v. p 442

Ademais, a LSA, por meio do artigo 132, dá às contas elaboradas pela administração caráter de mera proposta, competindo privativamente à assembleia geral ordinária, através do exame, discussão e votação das demonstrações financeiras, aprová-las, quando, então, passam a produzir efeitos jurídicos.[30] Por este motivo, a disponibilização de tais documentos é essencial à deliberação sobre a tomada de contas dos administradores, tendo como propósito maior fornecer informações acuradas sobre o resultado do exercício, a fim de permitir que o acionista tome uma decisão consciente sobre o tema.[31]

Para além de um mero formalismo legal, a aprovação das contas da administração constitui uma manifestação de vontade por parte da assembleia geral ordinária, uma vez que o acionista tem um poder discricionário em relação à sua apreciação e aprovação.[32] "A aprovação do balanço jurídico pela assembleia geral ordinária tem a natureza de um ato jurídico negocial de eficácia declaratória, cujos efeitos operam-se retroativamente, a partir do momento e que foram levantadas as demonstrações financeiras no encerramento do exercício social".[33]

Caso sejam aprovadas sem reservas pela assembleia geral ordinária, a LSA dispõe, expressamente, que esta deliberação exonera de responsabilidade os administradores e fiscais, salvo erro, dolo fraude ou simulação (art. 134, § 4, da LSA).[34]

[30] Ibid. p 434.

[31] Ibid. p 434.

[32] Ibid., p.432.

[33] Ibid., p.432.

[34] "Caso a assembleia aprove as demonstrações financeiras com modificação no montante do lucro do exercício ou no valor das obrigações da companhia, os administradores promoverão, dentro de trinta dias, a republicação das demonstrações, com as retificações deliberadas pela assembleia. No caso de não serem aprovadas as demonstrações financeiras, sendo rechaçadas pela assembleia ordinária, a gravidade do fato poderá levar a administração a renunciar, ou, se a desaprovação for causada por atos irregulares, destitui-la. Em crise, a companhia

É também matéria de competência da assembleia geral ordinária a deliberação sobre a destinação do lucro líquido do exercício e a distribuição de dividendos.

Dispõe o art. 192, da LSA, que juntamente com as demonstrações financeiras do exercício, serão, também, apresentadas à assembleia geral ordinária a proposta sobre a destinação a ser dada ao lucro líquido do exercício (art. 192), que poderá (i) ser distribuído a título de dividendo; e, (ii) encaminhados às reservas. Por se tratar de uma proposta, mais uma vez, fica facultado à assembleia geral alterar tal proposta, podendo destinar os lucros de forma diversa ao proposto pela administração, desde que observado o quanto disposto nos artigos 193 a 202 da LSA.

Nos termos do art. 109, I, da LSA o direito de participar dos lucros sociais é um direito essencial assegurado aos acionistas, não podendo os mesmos serem privados desse direito pelo estatuo ou pela assembleia geral. Contudo, como o exercício desse direito pressupõe a existência de lucros, é possível existir exercícios em que os acionistas não consigam exercê-lo, em face da situação financeira da Companhia e a consequente ausência de lucro líquido a ser distribuído. Isto, no entanto, não significa a decadência do direito, que será exigível quando for verificado lucro.

Por fim, mas não menos importante, é também matéria de competência das assembleias gerais ordinárias a eleição dos administradores e membros do conselho fiscal, quando for o caso.

deve providenciar, pelo conselho fiscal, a convocação de outra assembleia geral para a eleição de nova administração, caso não tenha destituído, desde logo, ocasião em que elegerá novos administradores. À nova diretoria recém-eleita cabe providenciar a elaboração de novas e corretas demonstrações financeiras e demais documentos". REQUIÃO, Rubens. **Curso de Direito Comercial.** 29. ed. São Paulo: Saraiva, 2012. 2 v. p 235

A despeito de se tratar de matéria de competência das assembleias gerais ordinárias, nada impede que a eleição desses membros seja deliberada no âmbito de assembleias gerais extraordinárias. Atenta a esta possibilidade, a CVM tornou obrigatória a apresentação do boletim de voto à distância sempre que a assembleia geral for convocada para deliberar sobre a eleição de membros: (a) do conselho fiscal; ou (b) do conselho de administração, quando a eleição se fizer necessária por vacância da maioria dos cargos do conselho, por vacância em conselho que tiver sido eleito por voto múltiplo ou para preenchimento das vagas dedicadas à eleição em separado de que tratam os arts. 141, § 4º, e 239 da LSA.

A eleição dos membros do conselho de administração e fiscal tem caráter eventual, em razão de a sua realização ocorrer de modo a obedecer aos prazos de gestão dos membros desses conselhos, que são definidos pelo estatuto social das Companhias. Sendo assim, tal eleição ocorre ao findar-se os mandatos ou nas hipóteses de renúncia, destituição ou vacância do cargo.

Segundo Luciano de Souza, "a administração da companhia significa, no sentido de modo de ação, dirigir ou governar a organização social pelo contrato da Companhia. A palavra é empregada também para representar a parte da estrutura da companhia com essa função, que compreende, internamente, direção das atividades da empresa e exercício do poder hierárquico sobre os empregados e, externamente, representação da companhia perante terceiros."[35]

Ainda nesse sentido, traz-se à colação trecho da obra Governança Corporativa no Brasil e no Mundo de Alexandre di Miceli, veja-se:

[35] Leão, Luciano de Souza Jr. Conselho de Administração e Diretoria . In: Lamy Filho, Alfredo; Pedreira, José Luiz Bulhões (Org.). **Direito das Companhias.** 2. ed. Rio de Janeiro: Forense, 2017. p. 745

> O conselho de administração é o órgão central da governança corporativa. Enquanto cabe aos executivos se concentrar nas decisões diárias e no curto prazo, cabe ao conselho fazer uma leitura correta do ambiente externo e pensar no longo prazo da organização. O conselho deve também atuar como um contrapeso da gestão, de maneira a assegurara que as "perguntas difíceis" sejam feitas de modo independente e qualificado, algo particularmente importante nas empresas com uma liderança forte e inquestionável – como as dirigidas por empreendedores ou executivos poderosos. Um bom conselho deve verificar, por exemplo, se a gestão atua dentro de todos os regramentos exigidos, sem gerar passivos futuros ocultos para a organização. A relação com a gestão é uma tarefa delicada que deve ser trabalhada continuamente. Além de supervisionar ativamente a direção, cabe também ao conselho manter um relacionamento franco e cordial com os executivos, inclusive para fins de aconselhamento e recebimento de informações de qualidade sobre o negócio. Nas empresas com base acionária mais ampla e acionistas distantes do dia a dia, o conselho desempenha importância adicional ao monitorar a gestão e mitigar a inevitáveis situações envolvendo conflitos de interesses. Por sua vez, nas empresas com elevada concentração acionária, o conselho deve fazer prevalecer o interesse da companhia e de todos os acionistas, e não apenas aquele de seu acionista majoritário ou bloco de controle.[36]

Em linhas gerais, o conselho de Administração nada mais é do que um órgão de deliberação colegiada, voltado a governar as atividades da empresa, sendo a sua instalação obrigatória para as companhias abertas e as de capital autorizado. A teor do disposto no artigo 140, da LSA, o Conselho de Admi-

[36] SILVEIRA, Alexandre di Miceli da. **Governança Corporativa:** No Brasil e no Mundo. 2. ed. Rio de Janeiro: Elsevier, 2015. p. 147

nistração deverá ser composto, por no mínimo, três membros, eleitos pela assembleia geral e por ela destituíveis a qualquer tempo, devendo o estatuto estabelecer, sendo permitida a reeleição.

Como se pode notar, a lei dá à assembleia, como órgão supremo da companhia, o poder discricionário de eleger e destituir os membros do conselho, sem exigir, para tanto, qualquer justificava ou motivação, ressalvadas algumas situações excepcionais envolvendo a eleição em separado pelos acionistas minoritários.[37]

Em havendo vacância do cargo de conselheiro, salvo disposição em contrário do estatuto, o substituto será nomeado pelos conselheiros remanescentes e servirá até a primeira assembleia geral. Em caso vacância da maioria dos cargos, nova eleição deverá ser convocada para realizar nova eleição (artigo 150, LSA)

[37] A propósito, discorre Rubens Requião: "A lei manteve a assembleia geral como órgão supremo da companhia, muito embora a doutrina moderna reconheça a sua decadência. Não se encontrou, todavia, melhor solução do que a de conferir à assembleia geral, constituída pelos acionistas que potencialmente mantêm o controle social pela detenção das ações com voto, o poder de eleger o conselho de administração. O Conselho é, pois, eleito pela assembleia geral, que possui também o poder de destituí-lo. A assembleia geral, que possui a faculdade de destituir o conselho, pode, entretanto, destituir apenas um ou alguns dos seus componentes. Não é imperativo que todo o conselho seja destituído, pois pode ocorrer que apenas um ou alguns membros decaia da confiança da assembleia geral. Ocorre, entretanto, que se a destituição atingir apenas um dos administradores, o conselho prosseguirá no período de tempo para o qual foi eleito; ao passo que, ocorrendo a destituição de todo o conselho de administração, inicia-se, com a eleição, novo período de gestão. A assembleia geral, como é de tradição da doutrina brasileira, tem poder discricionário para a destituição dos administradores, não estando obrigada a declarar os motivos de decisão: esta é ad nutum." REQUIÃO, Rubens. **Curso de Direito Comercial.** 29. ed. São Paulo: Saraiva, 2012. 2 v. p 245

Compete ao conselho de administração, dentre outras matérias estabelecidas pelos estatutos sociais, (i) fixar a orientação geral dos negócios da companhia; (ii) eleger e destituir os diretores da companhia e fixar-lhes as atribuições, observado o que a respeito dispuser o estatuto; (iii) fiscalizar a gestão dos diretores, examinar, a qualquer tempo, os livros e papéis da companhia, solicitar informações sobre contratos celebrados ou em via de celebração, e quaisquer outros atos; (iv) convocar a assembleia geral quando julgar conveniente, ou no caso do artigo 132; (v) manifestar-se sobre o relatório da administração e as contas da diretoria; (vi) manifestar-se previamente sobre atos ou contratos, quando o estatuto assim o exigir; (vii) deliberar, quando autorizado pelo estatuto, sobre a emissão de ações ou de bônus de subscrição; (viii) autorizar, se o estatuto não dispuser em contrário, a alienação de bens do ativo não circulante, a constituição de ônus reais e a prestação de garantias a obrigações de terceiros; (ix) escolher e destituir os auditores independentes, se houver.[38]

Semelhantemente ao que acontece com o conselho de administração, compete à assembleia geral não só a instalação do Conselho Fiscal, como também a eleição dos seus membros, quando for o caso.

[38] Sobre esse assunto e o absenteísmo brasileiro, vale, mais uma vez, recorrer às lições de Rubens Requião: "O conselho de administração, órgão de deliberação, na verdade é intermediário entre a assembleia geral e a diretoria. Muitas das funções da antiga concepção de poderes da assembleia geral, dado ao absenteísmo dos acionistas e seu desinteresse pelas reuniões de assembleia, foram pela teoria moderna transferidos para o conselho de administração, pois ele, na teoria e na prática, efetivamente acolhe os acionistas controladores. Daí a competência ampla do conselho de administração que, como componente do órgão de execução, estabelece a política econômica, social e financeira a ser seguida pela sociedade, e exerce permanentemente vigilância sobre os executivos. " Ibid. p 250

O Conselho fiscal é um órgão previsto na legislação brasileira, que desempenha função fiscalizadora. O seu funcionamento pode ser temporário ou permanente, sendo instalado a pedido de acionistas que representem um percentual mínimo de ações. Seus membros, que devem ser, no mínimo, 03 (três) e, no máximo, 05 (cinco), são eleitos em assembleia geral. Nos termos do §2º do art. 162 da LSA, não podem ser eleitos para o conselho fiscal membros de órgãos de administração e empregados da companhia ou de sociedade controlada ou do mesmo grupo, e o cônjuge ou parente, até terceiro grau, de administrador da companhia.

Os membros do Conselho Fiscal e seus suplentes exercerão os seus mandatos até a primeira Assembleia Geral Ordinária que se realizar após a sua eleição, sendo permitida a reeleição.

Quando o funcionamento não for permanente, o Conselho Fiscal será instalado a pedido de acionistas que representem, no mínimo, 0,1 (um décimo) das ações com direito a voto, ou 5% (cinco por cento) das ações sem direito a voto, e cada período de seu funcionamento terminará na primeira assembleia geral ordinária após a sua instalação.

Como já dito anteriormente, a CVM, buscando garantir a efetividade da proteção à minoria acionária, inclusive no tocante às companhias com capital social de valor elevado, reduziu os percentuais mínimos de participação acionária necessários ao pedido de instalação de Conselho Fiscal de companhia aberta. Deste modo, para as companhias abertas, o Conselho Fiscal será instalado a pedido de acionistas que representem, no mínimo, os percentuais de ações constantes da seguinte escala[39]:

[39] ICVM nº 324.

Tabela 1 – Pedido de instalação do conselho fiscal

Capital Social da companhia aberta	% Ações com direito a voto	% Ações sem direito a voto
Até R$ 50.000.000,00	8%	4%
Entre R$ 50.000.000,00 e R$ 100.000.000,00	6%	3%
Entre R$ 100.000.000,00 e R$ 150.000.000,00	4%	2%
R$ 150.000.000,00 Acima de R$ 150.000.000,00	2%	1%

Fonte: CVM (2000)

Quanto ao Conselho Fiscal, compete-lhe, como textualiza o art. 163 da LSA, (i) fiscalizar, por qualquer de seus membros, os atos dos administradores e verificar o cumprimento dos seus deveres legais e estatutários; (ii) opinar sobre o relatório anual da administração, fazendo constar do seu parecer as informações complementares que julgar necessárias ou úteis à deliberação da assembleia geral; (iii) opinar sobre as propostas dos órgãos da administração, a serem submetidas à assembleia geral, relativas a modificação do capital social, emissão de debêntures ou bônus de subscrição, planos de investimento ou orçamentos de capital, distribuição de dividendos, transformação, incorporação, fusão ou cisão; (iv) denunciar, por qualquer de seus membros, aos órgãos de administração e, se estes não tomarem as providências necessárias para a proteção dos interesses da companhia, à assembleia geral, os erros, fraudes ou crimes que descobrirem, e sugerir providências úteis à companhia; (v) convocar a assembleia geral ordinária, se os órgãos da administração retardarem por mais de 1 (um) mês essa convocação, e a extraordinária, sempre que ocorrerem motivos graves ou urgentes, incluindo na agenda das assembleias as matérias que considerarem necessárias; (vi) analisar, ao menos trimestralmente, o balancete e demais demonstrações financeiras elaboradas periodicamente pela companhia; (vii) examinar as demonstrações financeiras do exercício social e sobre elas opinar; (viii) exercer essas atribuições, durante a liquidação, tendo em vista as disposições especiais que a regulam.

Em síntese, o Conselho Fiscal desempenha a função de fiscalizar os atos da administração sob a ótica da conformidade com a lei e o estatuto, sem, contudo, interferir na gestão da Companhia. Para tanto, "cabe ao conselho fiscal dar o seu parecer sobre os números gerados pela administração da companhia e opinar sobre as propostas a serem encaminhadas à assembleia dos acionistas, além de fiscalizar os administradores em relação ao cumprimento de seus deveres para com a companhia."[40]

A fim de que o Conselho Fiscal possa desempenhar bem a sua função, a LSA dá a esse órgão uma série de poderes e instrumentos, como, por exemplo, acesso a todas as atas das reuniões do Conselho de Administração, aos balancetes e demais demonstrações financeiras e, quando houver, relatórios de execução de orçamento. Além disso, o Conselho Fiscal pode, ainda, solicitar esclarecimentos e informações ao Conselho de Administração, desde que relativas à sua função fiscalizadora ou à elaboração de demonstrações financeiras e contábeis, bem como solicitar informações, esclarecimentos e apuração de fatos específicos com auditores independentes.

Ademais, o Conselho Fiscal pode fazer pedido de perícia para apurar fatos de sua competência, assistir as Reuniões do Conselho de Administração, onde assuntos da sua competência estejam sendo deliberados, como também participar das Assem-

[40] SILVEIRA, Alexandre di Miceli da. **Governança Corporativa:** no Brasil e no Mundo. 2. ed. Rio de Janeiro: Elsevier, 2015. p. 156

bleias Gerais da Companhia para apresentar os seus pareceres e esclarecer dúvidas dos acionistas (artigo 163, LSA).

Por fim, mas não menos relevante, nos termos da lei, o Conselho Fiscal tem a obrigação de fornecer informações sobre matérias da sua competência ao acionista ou grupo de acionistas que representem, no mínimo, 5% (cinco por cento) do capital social, sempre que tais informações forem solicitadas. Sendo assim, diante da relevância dos Conselhos de Administração e Fiscal para o funcionamento Companhia, a LSA não poderia deixar garantir aos acionistas minoritários o direito institucional de participar de tais órgãos, nos quais poderão, certamente, melhor defender os seus interesses, bem como atuar efetiva na vida da sociedade. São eles: o voto múltiplo e a eleição em separado.[41]

1.3. Voto Múltiplo

Dispõe o artigo 141, da LSA, que, na eleição dos conselheiros, é facultado aos acionistas que representem, no mínimo, 0,1 (um décimo) do capital social com direito a voto, esteja ou não previsto no estatuto, requerer a adoção do processo de voto múltiplo, atribuindo-se a cada ação tantos votos quantos sejam os

[41] Sobre direitos institucionais na LSA, aduz Jorge Lobo: "Inúmeros artigos da LSA garantem a um ou mais acionistas, titulares de ações ordinárias ou preferenciais, que detenham determinada porcentagem do capital social (v.g., art. 105 da LSA) ou do capital votante (v.g., art. 123, parágrafo único, d, da LSA), o direito de limitar ou contrastar o poder de controle ou de comando. Os Direitos institucionais têm por fundamento "o princípio da igualdade dos indivíduos perante a lei, o princípio da responsabilidade por atos danosos ao patrimônio social e aos direitos de minoritários, preferencialistas e terceiros e o exercício de sua função fiscalizadora frente a possíveis abusos de poder ou arbitrariedade ou extralimitações da vontade majoritária". Os direitos institucionais têm por finalidades "intervir na vida da sociedade e controlar a vontade majoritária", "permitir um funcionamento melhor da companhia" e proteger, " com um mínimo de eficácia, os direitos essenciais de pequenos acionistas, preservando-os do normal funcionamento das regras da maioria." Lobo, Jorge Joaquim. **Direitos dos acionistas.** Rio de Janeiro: Elsevier, 2011. p. 306

membros do conselho, sendo dado ao acionista o direito de cumular os votos num só candidato ou distribuí-los entre vários.

O sistema de voto de múltiplo foi introduzido no Brasil pela LSA, com o objetivo de incrementar a participação de acionistas minoritários no conselho de administração das companhias[42]. Sua origem remonta ao direito norte americano, mais precisamente à *Delaware General Coporation Law*[43], que institui o sistema de voto cumulativo (*cumulative voting*).

[42] A propósito, ensina Eizirk: "Caso a nomeação dos integrantes do conselho de administração fosse realizada pelo processo ordinário de votação por chapa, a totalidade dos seus membros poderia ser sempre eleita pelo acionista controlador. Já no processo de voto múltiplo cumulativo, como os acionistas minoritários podem concentrar todos os seus votos em um candidato, enquanto o controlador tem que dividir os seus votos em vários nomes, a fim de eleger a maioria dos conselheiros, assegura-se o caráter proporcional do preenchimento dos cargos no conselho". EIZIRIK, Nelson. **A Lei das S/A Comentada:** Artigos 138 ao 205. 2. ed. São Paulo: Quartier Latin, 2015. 2 v. p 43

[43] Delaware General Corporation Law, § 214. Cumulative voting – "The certificate of any corporation may provide that at all elections of directors of the corporation, or at elections held under specified circumstances, each holder of stock or of any class or classes or of a series or series thereof shall be entitled to as many votes as shall equal the number of votes which (except for such provisions as to cumulative voting), such holder would be entitled to cast for the election of directors with respect to such holder's shares of stock multiplied by the number of directors to be elected by such holder, and that such holder may cast all of such votes for a single director or may distribute them among the number to be voted for, or any 2 or more of them as such holder may see fit". Em português: "Lei, § 214. Votação cumulativa – O certificado de qualquer corporação pode prever que, em todas as eleições de conselheiros da corporação, ou em eleições realizadas sob circunstâncias específicas, cada detentor de ações de qualquer classe ou classes ou de uma série ou séries delas terá direito a tantos votos quanto o número de votos que (com exceção das disposições relativas ao voto cumulativo) tal titular teria direito a proferir para a eleição dos conselheiros em relação às ações desse acionista multiplicado pelo número de conselheiros a serem eleitos por tal portador, e que tal portador pode proferir todos esses votos em um único conselheiro ou pode distribuí-los entre o número a ser votado, ou quaisquer 2 ou mais deles, conforme o titular julgar conveniente" (tradução nossa). KLEIN, William A.; RAMSEYER, J. Mark; BAINBRIDGE, Stephen

No Brasil, o sistema de voto múltiplo se destina exclusivamente aos acionistas, que embora minoritários, detenham participação significativa na Companhia, ou seja, acionistas que representem pelo menos 10% das ações com direito a voto da companhia podem requerer a adoção do sistema de voto múltiplo para eleição dos membros do Conselho de Administração.

Sem embargos do quórum estabelecido por lei, a CVM, no exercício de suas prerrogativas, editou a ICVM nº 165, reduzindo, mais uma vez, em função do capital social, o percentual mínimo de participação acionária necessário ao requerimento do processo de voto múltiplo para eleição dos membros do conselho de administração da companhia aberta, que passa a observar a tabela a seguir:

Tabela 1 – Pedido de instalação do conselho Administração

Intervalo do Capital Social (R$1)	Percentual Mínimo do Capital Votante para Solicitação de Voto Múltiplo %
0 a 10.000.000	10
10.000.001 a 25.000.000	9
25.000.001 a 50.000.000	8
50.000.001 a 75.000.000	7
75.000.001 a 100.000.000	6

Fonte: CVM (1991)

Registre-se, por oportuno, que é expediente comum da lei societária a imposição de percentuais mínimos para exercício direitos por parte dos minoritários. Tal dispositivo, também conhecido como "direitos de minorias qualificada", tem por

M.. **Business Associations:** Agency, Partnerships, LLCs, and Corporations 2016 statutes and rules. New York: Foundation Press, 2016. p. 179.

objetivo evitar situações de abuso, que poderiam acontecer caso fosse permitido que qualquer acionista, individualmente, exercesse determinadas prerrogativas. [44]

Assim, no caso do dispositivo em analise, "a exigência de percentual mínimo de participação acionário decorre do fato de condicionar-se a presença no conselho a minoritários que detenham uma posição acionária significativa, da qual resulta um interesse real em influir no processo decisório"[45]

Em resumo, pelo sistema de voto múltiplo, para cada ação serão atribuídos tantos votos quantos sejam os cargos do Conselho de Administração a preencher, podendo cada acionista concentrar todos os seus votos em um único membro ou distribui-los em vários. De tal modo, em uma situação em que, pela votação em chapa, o acionista controlador elegeria a totalidade dos membros e os demais acionistas nenhum membro, o sistema de voto múltiplo dá aos acionistas minoritários a oportunidade de eleger um dos membros do conselho de Administração, o que não se torna difícil quando o número de conselheiros é elevado. [46]

Ademais, determina a lei que o requerimento de voto múltiplo deve ser feito por escrito e com pelo menos 48 (quarenta e oito) horas de antecedência da assembleia geral. Tal prazo deve-se à complexidade do procedimento, que, a depender da base acionária da companhia, pode envolver cálculos trabalhosos, bem como à necessidade de dar ao controlador e aos minoritários o tempo necessário para traçar as suas estratégias.

Como se pode observar, o sistema de voto múltiplo é aplicável a qualquer sociedade anônima, independentemente de

[44] EIZIRIK, Nelson. **Direito Societário:** Estudos e Pareceres. São Paulo: Quartier Latin, 2015. p. 66.

[45] EIZIRIK, Nelson. **A Lei das S/A Comentada:** Artigos 138 ao 205. 2. ed. São Paulo: Quartier Latin, 2015. 2 v. p 45.

[46] MARTINS, Fran. **Comentários à Lei das Sociedades Anônimas:** Artigo por Artigo. 4. ed. Rio de Janeiro: Forense, 2010.p. 528.

possuir acionista controlador. Uma vez solicitado, o processo é de adoção mandatória, inclusive para o preenchimento de cargos não ocupados em virtude de empate, quando nova eleição deverá ser realizada pelo mesmo processo.

Por fim, a LSA regula o procedimento a ser seguido no caso de destituição ou vacância dos cargos do conselheiro que foram eleitos pelo voto múltiplo. Nesta circunstância, em caso de vacância, assume o suplente; em não havendo, a próxima assembleia deverá eleger todos os membros do CA novamente. Em caso de destituição de qualquer membro eleito pelo processo do voto múltiplo, ocorrerá a destituição integral do Conselho de administração, procedendo-se nova eleição.

Para Eizirik, essa regra tem por objetivo assegurar a representação proporcional no conselho, evitando, assim, que o controlador, por meio da destituição de conselheiros eleito pelo minoritário, possa tornar ineficaz a proteção conferida a esse grupo de acionistas pelo sistema do voto múltiplo. [47]

1.4. Eleição em Separado para Membros do Conselho de Administração e Fiscal

A Eleição em separado para membros do Conselho de Administração foi introduzida no ordenamento brasileiro pela Lei nº10.303, de 2001, reformadora da LSA, com o intuito de incorporar à legislação societária brasileira melhores práticas de governança corporativa.

Nesse contexto, foram inseridas as regras contidas no § 4º e seguintes, do artigo 141, da LSA, que asseguram aos acionistas minoritários o direito de eleger, em colégio eleitoral apartado, membros para representá-los no Conselho de Administração das companhias.

[47] Eizirik, Nelson. **A Lei das S/A Comentada:** Artigos 138 ao 205. 2. ed. São Paulo: Quartier Latin, 2015. 2 v. p 46

Em que pese ter surgido com intuito de servir ao desenvolvimento do mercado brasileiro, que, à época, passava por um período de profundo recrudescimento, há os que defendem que as novas regras comprometeram a sistematicidade da norma contida no at. 141 da LSA, causando confusão com os demais dispositivos constantes desse artigo.

Não obstante os pequenos inconvenientes trazidos pela regra, é indiscutível que os benefícios foram maiores. Ao garantir a maior representatividade dos minoritários no Conselho de administração, a LSA deu a esse grupo a possibilidade de influenciar com maior efetividade nas decisões estratégicas das companhias, pareando a legislação societária do Brasil com a de países que possuem mercados de capitais mais líquidos e desenvolvidos.

Por se tratar de um direito de minoria qualificada, a lei societária impõe, para o seu exercício, a titularidade de determinado percentual do capital social, isto é, aos acionistas minoritários titulares de ação com direito de voto é dado o direito de eleger, em votação em separado, excluído o acionista controlador, um conselheiro de administração e seu respectivo suplente, desde que representem no mínimo 15% da totalidade de tais ações. Igual direito é assegurado aos acionistas titulares de ações sem direito de voto ou com voto restrito de companhia aberta que representem, no mínimo, 10% (dez por cento) do capital social, desde que não tenham exercido o direito previsto no estatuto, em conformidade com o artigo 18 da LSA.

Muitas dúvidas interpretativas ainda pairam sobre os quóruns estabelecidos pela LSA, especialmente no que se refere à forma de cálculo do percentual exigido para que os minoritários possam exercer esse direito. Aplicando analogamente a decisão proferida pela CVM no processo nº RJ2007/11086[48], mui-

[48] Trata-se, pois, de processo administrativo, onde a Villares Investimentos e Participações Ltda. ("Investidor"), titular de 3,12% das ações ordinárias da Aços

tos acionistas minoritários, mesmo sem deter os percentuais exigidos por lei, requerem a instalação do colégio eleitoral em separado, simplesmente por entender que o fato de as companhias terem 10% ou mais de ações em circulação no mercado já seria suficiente para que qualquer acionista, individualmente, exerça o direito.

Sem embargos da decisão proferida pela CVM no processo nº RJ2007/11086, que se aplica exclusivamente para a eleição em separado dos membros do Conselhos Fiscal, tal entendimento não tem amparo legal, sendo, ademais, incompatível com a dinâmica legal estabelecida no § 4º e seguintes, do artigo 141, da LSA. Nesse sentido, ensina Nelson Eizirik:

> A ilegalidade de tal entendimento sugerido é confirmada pela redação dos §§ 4º a 6º do artigo 141 da Lei nº 6404/1976, bem como pela análise da sistemática de outros dispositivos da Lei societária. De acordo com o § 4º do artigo 141 da Lei das S.A"Terão direito de eleger e destituir um membro e seu suplente do conselho de administração, em votação em separado na assembléia-geral, excluído o acionista controlador, a maioria dos titulares (...) de ações de emissão de companhia aberta com direito a voto, que representem, pelo menos, [10% (dez por cento)] do total das ações com direito a voto." Como se verifica, o dispositivo legal em tela,

Villares S.A. ("Villares"), consulta a CVM sobre os requisitos para eleição de membro do conselho fiscal pelos acionistas minoritários, conforme prevê o art. 161, §4º, "a", da Lei nº 6.404, de 15 de dezembro de 1976. Na ocasião, a CVM entendeu que o requisito de 10% previsto nesse dispositivo legal diz respeito ao número de ações com direito a voto detidas por todos os acionistas minoritários da companhia e não somente àqueles que compareceram à assembleia. Contudo, para preservar a segurança jurídica, mencionada autarquia limitou a aplicação da interpretação somente às eleições para o conselho fiscal que ocorrerem a partir da data da publicação dessa decisão. PINTO, Marcos Barbosa. **Processo Administrativo nº RJ-2007-11086.** 2008. Disponível em: <http://www.cvm.gov.br/export/sites/cvm/decisoes/anexos/0004/5633-0.pdf>. Acesso em: 20 ago. 2018.

ao estabelecer que o direito de eleger um membro em separado do Conselho de Administração pertence aos acionistas que perfaçam a "maioria dos titulares" das ações representativas de 10% (dez por cento) do capital social, expressamente confirma que, para que tal direito seja exercido, não basta que a totalidade de acionista minoritários da companhia detenham, em conjunto, o referido percentual, sendo necessária a sua efetiva presença, na Assembleia Geral. Tal interpretação é ainda corroborada pelo disposto no § 5º do artigo 1414 da Lei S.A., segundo o qual "verificando-se que nem os titulares de ações com direito a voto e nem os titulares de ações preferenciais (...) perfizeram, respectivamente, o quórum exigido nos incisos I e II do § 4o, ser-lhes-á facultado agregar suas ações para elegerem em conjunto um membro e seu suplente para o conselho de administração" (grifamos). Com efeito, o simples fato de o § 5º expressamente referir-se aos percentuais de participação indicados no §4º como quórum já evidencia tais percentuais devem ser verificados levando-se em consideração a presença dos acionistas na assembleia geral. Conforme anteriormente mencionado, os percentuais indicados nos §§ 4º e 5º do artigo 141 da Lei das S.A. referem-se ao quórum de instalação do colégio eleitoral formado pelos ordinaristas ou preferencialistas minoritários, de modo que, sem a presença de acionistas que detenham a quantidade de ações necessárias para formar o referido quórum, a eleição em separado do membro do Conselho de Administração não pode ser realizada [...][49]

Em síntese, haverá a instalação de dois colégios eleitorais apartados, isto é, um na hipótese do inciso I do §4º, da LSA, instalado pelos titulares que representem, pelo menos, 15% (quinze por cento) do total das ações com direito a voto, e outro na hipó-

[49] EIZIRIK, Nelson. **Direito Societário:** Estudos e Pareceres. São Paulo: Quartier Latin, 2015. p. 66

tese do inciso I do §4, da LSA, instalado pelos titulares de ações preferenciais sem direito a voto ou com voto restrito de emissão de companhia aberta, que representem, no mínimo, 10% (dez por cento) do capital social. Em ambos os casos, os titulares dessas ações, poderão eleger, por maioria dos presentes, 01(um) membro e o seu suplente para os minoritários com direito de voto e outro dos preferencialistas com ações sem direito de voto ou com voto restrito. Em não havendo atingimento dos quóruns estabelecidos, a LSA faculta, ainda, que os titulares de ações ordinárias e preferenciais agreguem suas ações para eleger, em conjunto, um membro e seu suplente para o conselho de administração, observando-se, nessa hipótese, o quórum 10% (dez por cento) do capital social.

Por se tratar de um quórum de instalação, incidente sobre a titularidade das ações, a LSA exige que para o exercício desse direito os acionistas comprovem a titularidade interrupta da participação acionária durante período mínimo de três meses anterior à assembleia. Tal dispositivo, visa a inibir que minoritários de última hora, a saber, aqueles que acabaram de adquirir as ações da companhia, possam ter acesso à órgãos de tamanha relevância para a Companhia, como o Conselho de administração.

Ademais, em face da vedação do voto plural presente no artigo 110 da LSA[50], fica proibido que os acionistas utilizem as mesmas ações para votar duas vezes, por meio do processo de eleição em separado e do voto múltiplo. Sendo assim, caso um determinado acionista tenha utilizado ações de sua titularidade

[50] Art. 110. A cada ação ordinária corresponde 1 (um) voto nas deliberações da assembléia-geral.§ 1º O estatuto pode estabelecer limitação ao número de votos de cada acionista.§ 2º É vedado atribuir voto plural a qualquer classe de ações. BRASIL. Lei **6.404, de 15 de dezembro de 1976**. Dispõe sobre as Sociedades por Ações. Disponível em: <http://www.planalto.gov.br/CCIVIL_03/Leis/L6404consol.htm>. Acesso em: 15 ago. 2018.

para requerer o processo de voto múltiplo, ele não poderá utilizar essas mesmas ações para requerer a eleição em separado, o que não impede, contudo, que esse mesmo acionista possa participar da eleição em separado utilizando outras ações de sua titularidade que excederem o percentual exigido para requerimento do voto múltiplo.

De forma a garantir que o acionista controlador tenha a maioria no Conselho de Administração e a estabilidade do controle, a LSA, em preservação ao princípio majoritário, deu ao acionista controlador titular de mais de 50% das ações o direito de sempre eleger um membro a mais do que os acionistas minoritários, sempre que a eleição do conselho de administração se der cumulativamente pelo sistema do voto múltiplo e os titulares de ações ordinárias ou preferenciais exercerem a prerrogativa de eleger conselheiro.

Assim como no Conselho de Administração, a LSA, por meio do seu artigo 161, §4º, garante aos acionistas minoritários o direito de eleger um membro no conselho fiscal, de modo a permitir fiscalização mais efetiva dos negócios sociais, sobretudo das decisões tomadas pelo acionista controlador e administradores da companhia.

Nesse sentido, terão direito de eleger, em votação em separado, 1 (um) membro e respectivo suplente: (i) titulares de ações preferenciais sem direito a voto, ou com voto restrito; (ii) acionistas minoritários, desde que representem, em conjunto, 10% (dez por cento) ou mais das ações com direito a voto.

Os quóruns estabelecidos no artigo 161, §4, da LSA suscitaram diversas dúvidas interpretativas ao longo dos anos, especialmente sobre se o quórum de 10% previsto nesse dispositivo legal dizia respeito ao número de ações com direito a voto detidas por todos os acionistas minoritários da companhia ou apenas àqueles que compareceram à assembleia. A CVM pôs a fim a celeuma, por meio do julgamento no processo nº RJ2007/11086, já mencionado anteriormente, firmando entendimento de que "o requisito de 10% do capital votante deve ser averiguado em relação ao número de ações detidas pelos acionistas minoritários da companhia e não ao número de ações detidas pelos acionistas presentes à assembleia" [51]

A redação da norma é complexa e incongruente, sendo compreensível todas as dúvidas suscitadas. Isto porque a lei dá aos acionistas preferencialistas o direito de eleger, sem qualquer requisito, membros para o conselho fiscal, ao passo que impõe, na mesma alínea, um quórum qualificado para o exercício de mesmo direito pelos demais acionistas.

Tal assimetria se deve ao fato de que, até algum tempo atrás, a regra geral era que as companhias abertas brasileiras emitissem ações preferenciais sem direito a voto. Nessas circunstâncias, os acionistas minoritários estavam autorizados a eleger um membro do conselho fiscal por meio do direito assegurado na primeira parte da alínea "a", que beneficia apenas os preferencialistas, que não estão sujeitos a qualquer requisito. Ocorre que, com advento dos segmentos especiais de governança corporativa (notadamente o Novo Mercado), esse tipo de ação vem sendo cada vez menos emitida, tornando-se impossível o exercício desse direito por meio da primeira parte alínea "a".

Por esse motivo, a CVM, atenta à evolução do mercado e visando a proteger os acionistas minoritários, modulou a interpretação e aplicação da regra, devendo, "o requisito de 10% do capital votante ser averiguado em relação ao número de ações detidas pelos acionistas minoritários da companhia e não ao número de ações detidas pelos acionistas presentes à assem-

[51] PINTO, Marcos Barbosa. **Processo Administrativo nº RJ-2007-11086.** 2008. Disponível em: <http://www.cvm.gov.br/export/sites/cvm/decisoes/anexos/0004/5633-0.pdf>. Acesso em: 20 ago. 2018.

bleia. Tal interpretação deverá ser aplicada pela CVM somente às eleições para o conselho fiscal."[52]

Sem embargos da proteção conferida aos acionistas minoritários, a LSA, mais uma vez, concedeu ao controlador o direito de garantir maior representatividade também no Conselho Fiscal. Deste modo, ressalvado o disposto nas alíneas citadas acima, os demais acionistas com direito a voto, leia-se controladores, poderão eleger os membros efetivos e suplentes que, em qualquer caso, serão em número igual ao dos eleitos nos termos da alínea a, mais um.

2. Votação à Distância no Brasil

2.1. Instituição do Voto à Distância no Brasil

O absenteísmo dos acionistas é fenômeno há muito conhecido no mercado de capitais brasileiro. O resultado desse padrão de comportamento é logico: as decisões passam a ser tomadas pelos controladores e administradores à revelia dos interesses dos demais acionistas. As consequências, por sua vez, são um tanto menos lógicas, variando entre o incremento de casos de abuso, tanto dos grupos de controle quanto de administradores, até o recrudescimento do mercado de capitais nacional.[53]

[52] Ibidem

[53] A propósito, registra-se a lição de Renato Ventura Ribeiro ao discorrer sobre a aplicação de novas tecnologias nas assembleias gerais de sociedades anônimas em 2009: "O direito brasileiro apresenta um paradoxo em matéria de direito de voto. No direito eleitoral, tem-se um dos sistemas mais avançados do mundo, com a utilização da urna eletrônica e sistemas informatizados de apuração, despertando interesse de inúmeros países por nosso modelo. Porém, no direito societário ocorre o inverso. Há alguns anos, as assembleias gerais de sociedades em diversos países do mundo são realizadas com recursos tecnológicos, como o voto eletrônico, tudo isto regulado por legislação especifica. Porém no Brasil, somente muito recentemente o assunto começou, bem timidamente, a ser discutido, ainda emperrado por uma legislação ultrapassada. A mesma tecnologia que modificou os negócios em bolsas de valores acabando com a

Ao menos em parte, a culpa por esse absenteísmo pode ser atribuída a uma legislação societária ultrapassada, particularmente no que diz respeito aos mecanismos à disposição do acionista para fazer valer seus direitos.

Comparecer presencialmente à assembleia pode não ser economicamente vantajoso para o acionista minoritário, que acaba sempre ponderando sobre os custos envolvidos no exercício do voto versus a relevância e capacidade de influência do seu voto nas decisões da companhia. Nesse sentido, Marcos Barbosa Pinto, em seu artigo "Assembleias Virtuais?", escrito em 2008 para revista eletrônica Capital Aberto, dispõe:

> É comum ouvirmos reclamações de que os acionistas não comparecem às assembléias-gerais, deixando todas as decisões nas mãos do controlador e dos administradores. Esse absenteísmo é normalmente atribuído a uma apatia dos investidores, que permanecem inertes mesmo diante de abusos do grupo de controle e desmandos da administração. Não é assim que eu vejo a questão. Na minha opinião, a ausência dos acionistas é um problema econômico, e não de natureza ética. As pessoas investem em ações na expectativa de obter retornos financeiros. Logo, eles só comparecerão nas assembleias se o benefício financeiro esperado com seu voto for maior que as despesas para participar das deliberações. É certo que, em muitos casos, os custos não são

tradicional gritaria dos pregões e permitindo a negociação quase que instantânea das mais diversas plagas, permite também uma grande remodelação na forma de realização das assembleias gerais de companhia, com a participação à distância. Em alguns países, como é caso do Brasil, falta disciplina jurídica, Por isto, é chegada a hora de pensar e disciplinar a possibilidade de realização de assembleias por teleconferência e o voto eletrônico em nossos país." RIBEIRO, Renato Ventura. Aplicação de Novas Tecnologias nas Assembléias Gerais de Sociedade Anônimas. In: CASTRO, Rodrigo R. Monteiro de; ARAGÃO, Leandro Santos de (Org.). **Direito Societário:** Desafios Atuais. São Paulo: Quartier Latin, 2009. p. 280

tão grandes assim. Eles se resumem, basicamente, às despesas de deslocamento e ao tempo gasto com a obtenção de informações e o comparecimento à assembleia. Já os benefícios podem ser expressivos, mesmo se repartidos entre o conjunto dos acionistas. Eles incluem não só o aumento nos lucros a partir de uma melhor gestão, como a redução de prejuízos decorrentes de abusos dos majoritários e da administração. Ocorre que o cálculo de custo e benefício não pode ser feito dessa maneira simplificada. Antes de verificar se vale a pena participar da assembleia, o acionista se faz outra pergunta: qual a chance de que o meu voto faça diferença no resultado? Um indivíduo racional só comparecerá à assembleia se o custo incorrido com a presença for menor que o benefício esperado – ou seja, o benefício potencial descontado pela probabilidade de que o voto influa no resultado. Quando aplicamos esse cálculo de custo e benefício às companhias com controlador, percebemos que, na grande maioria das vezes, a probabilidade de que o voto faça alguma diferença tende a zero, já que o controlador tem ações suficientes para fazer prevalecer sua vontade. Portanto, o benefício esperado – após o desconto probabilístico – é necessariamente menor que a despesa para comparecer na assembléia. Nas companhias com capital pulverizado, a situação é um pouco melhor, mas não muito. Quanto mais dispersa for a propriedade acionária, menores as chances de que o voto de um acionista isolado faça diferença no resultado. A partir de um determinado nível de pulverização, o voto deixa de valer a pena para a maioria dos investidores, pois as vantagens passam a ser muito pequenas, enquanto os custos permanecem os mesmos. [...] Chegamos assim a um impasse. Embora o voto seja benéfico para o conjunto dos acionistas, na maioria das vezes nenhum sócio isolado tem incentivos econômicos suficientes para participar de assembléias. Cada um espera que os demais compareçam e, ao final, todos saem prejudicados. Esse é o drama de toda forma de ação coletiva e que explica muito bem o absenteísmo nas assembléias-gerais.[54]

Como se pode notar do trecho transcrito acima, o problema do absenteísmo é algo que vem sendo pensado há anos no Brasil, sobretudo no que tange aos possíveis meios para sua resolução. Por muito tempo, a participação eletrônica em assembleia foi colocada como um meio hábil de endereçar o problema, especialmente por ser expediente já testado e utilizado em países com alto grau de desenvolvimento dos seus mercados de capitais.

No Brasil, ao longo dos anos, tentou-se regular a participação remota dos acionistas, seja por meio da rede mundial de computadores, por meio de videoconferência ou teleconferências, mas vários obstáculos se apresentavam, pois tais meios não garantiam a "presença" em si do acionista na assembleia. Como computar a participação remota de um acionista para o quórum de instalação? Como garantir o voto eletrônico? Como garantir que o voto computado foi realmente no sentido manifestado pelo acionista que participou remotamente? Como assinar a ata?

Essas e outras questões, somadas à incompatibilidade da legislação societária brasileira com a participação eletrônica em assembleias, obstaculizaram a efetiva adoção dos procedimentos acima descritos, até que, em 19 de dezembro de 2014, a CVM, nos termos do art. 8º, § 3º, inciso I da Lei nº 6.385, de 1976, submeteu à audiência pública uma minuta de proposta de alterações da Instrução CVM nº 481, de 17 de dezembro de 2009, para regulamentação da participação e da votação à distância de acionistas em assembleias gerais de companhias abertas.

Após amplo e intenso debate, envolvendo os principais participantes do mercado de capitais nacional e internacional, a

[54] Pinto, Marcos Barbosa. **Assembleias Virtuais?:** Recursos Juridicamente Válidos Viabilizam o Uso de Meios Eletrônicos. 2008. Disponível em: <https://capitalaberto.com.br/temas/assembleias-virtuais/#.W5K0sc5KjIW>. Acesso em: 07 ago. 2018.

Audiência Pública SDM 09/14 culminou na edição da ICVM 561/2015, alteradora da ICVM 481, para inclusão da possibilidade de votação à distância. A utilização do voto à distância foi testada pela primeira vez no Brasil na temporada de assembleia de 2017, o que resultou em novos ajustes da norma, consolidados na Instrução 594 da Comissão de Valores Mobiliários, também alteradora da ICVM 481.

Vale registrar que a participação à distancia, por meio de sistemas eletrônicos, durante a assembleia foi timidamente tratada pela ICVM 481 em seu artigo 21 C, inciso II. Contudo, todo o destaque da norma foi dado para o boletim de voto à distância, analisado a seguir.[55]

2.2. A Instrução CVM 481, Após a Edição das Instruções Alteradoras ICVM 561/2015 e ICVM 594/2017

Verifica-se que o voto à distância é um poderoso instrumento de aprimoramento da governança corporativa. Isto porque, além de reduzir o absenteísmo dos acionistas, permitindo que os mesmos interfiram no processo decisório de temas relevantes para as companhias, como a aprovação das contas dos administradores, a destinação de resultados, a eleição e remuneração dos administradores, ele amplia, também, o poder dos acionis-

[55] Artigo 21 C, II, ICVM 481: "Caso seja disponibilizado sistema eletrônico para participação a distância durante a assembleia, a companhia deve dar ao acionista as seguintes alternativas: i) de simplesmente acompanhar a assembleia, caso já tenha enviado o boletim de voto a distância; ou ii) de acompanhar e votar na assembleia, situação em que todas as instruções de voto recebidas por meio de boletim de voto a distância para aquele acionista, identificado por meio do número de sua inscrição no Cadastro de Pessoas Físicas – CPF ou no Cadastro Nacional de Pessoas Jurídicas – CNPJ, devem ser desconsideradas. BRASIL. **Instrução CVM 481, de 17 de dezembro de 2009.** Dispõe sobre informações, pedidos públicos de procuração, participação e votação a distância em assembleias de acionistas. Disponível em: <http://www.cvm.gov.br/legislacao/instrucoes/inst481.html>. Acesso em: 20 ago. 2018.

tas minoritário ao permitir que os mesmos possam apresentar propostas, requerer a instalação do conselho fiscal, a adoção do voto múltiplo e a eleição em separado, tudo remotamente.

Para tanto, o boletim de voto foi o instrumento adotado pela norma para possibilitar a participação à distância dos acionistas em assembleias gerais. Nesses termos, dispõe o artigo 21-V, da ICVM 481, considera-se presente em assembleia geral, para todos os efeitos da LSA, o acionista: (i) que a ela compareça fisicamente ou que nela se faça representar; (ii) – cujo boletim de voto à distância tenha sido considerado válido pela companhia; ou (iii) – que tenha registrado sua presença no sistema eletrônico de participação à distância disponibilizado pela companhia nos termos do art. 21-C, § 2º, inciso II. Os acionistas que participarem remotamente, além de presentes, deverão ser considerados assinantes da ata da assembleia geral.

Conforme já abordado anteriormente, por ser tratar de uma norma em fase inicial de aplicação, a CVM limitou a obrigatoriedade de divulgação do boletim de voto para certas assembleias, determinado que a sua apresentação deverá acontecer até 30 dias antes das assembleias gerais ordinárias e das assembleias gerais extraordinárias. Neste último caso, o boletim deve ser apresentado quando a AGE for convocada para tratar da eleição dos membros dos conselhos de administração e fiscal ou quando for convocada para a mesma data da AGO. Sem embargos da divulgação obrigatória, nos casos anteriores, a companhia tem a faculdade de disponibilizar o boletim de voto à distância por ocasião de qualquer assembleia geral extraordinária.

Ademais, apenas as companhias abertas registradas na Categoria A e autorizadas por entidade administradora de mercado à negociação de ações em bolsa de valores estão obrigadas a divulgar o boletim de voto à distância.[56]

[56] A obrigatoriedade de divulgação do boletim de voto à distância foi aplicada gradativamente, a partir das seguintes datas: 1º de janeiro de 2017:

O boletim de voto à distância é um documento de conteúdo padronizado, cuja forma deve refletir o Anexo 21-F. § 1º, da ICVM 481. O boletim de voto à distância deve conter todas as matérias constantes da agenda da assembleia geral a que se refere, bem como demais orientações para envio e recebimento do mesmo pela companhia. Deve, ainda, ser elaborado em linguagem clara, objetiva e que não induza o acionista a erro; conter, no máximo, 2.100 (dois mil e cem) caracteres, incluindo espaços, por matéria a ser deliberada; e, deve ser formulado como uma proposta e indicar o seu autor, de modo que o acionista precise somente aprová-la, rejeitá-la ou abster-se.

2.3. Procedimento para Participação e Votação à Distância em Assembleias Gerais

A cadeia de prazos e procedimentos do voto à distância foi cronologicamente organizada no período compreendido entre o início do exercício social e o sétimo dia útil após a realização da assembleia, quando, então, se finda a última obrigação da companhia, conforme previsto na ICVM 481. Nos termos do Art. 21-B, são participantes desse processo a companhia, os escrituradores, depositários centrais e custodiastes:

> O boletim de voto a distância deve ser recebido até 7 (sete) dias antes da data da assembleia e pode ser enviado pelo acionista: I – diretamente à companhia, por correio postal ou eletrônico, conforme orientações contidas no item 12.2 do formulário de referência; ou II – por transmissão de instruções de preenchimento para prestadores de serviço aptos a prestar serviços de coleta e transmissão de instruções de preenchimento do boletim

companhias que, 09 de abril de 2015, possuíam ao menos uma espécie/classe de ações integrantes dos índices IBrX-100 e IBOVESPA; e, 1º de janeiro de 2018: demais companhias abertas registradas na categoria A com ações admitidas à negociação em bolsa de valores.

de voto a distância, a saber: a) o custodiante do acionista, caso as ações estejam depositadas em depositário central; ou b) a instituição financeira contratada pela companhia para prestação dos serviços de escrituração de valores mobiliários, nos termos dos arts. 27 e 34, § 2º, da Lei nº 6.404, de 1976, e da regulamentação específica sobre o assunto, caso as ações não estejam depositadas em depositário central.[57]

Os prazos dessa cadeia iniciam-se com o direito dado aos acionistas de incluir propostas de deliberação no boletim de voto à distância que será disponibilizado por ocasião da assembleia geral ordinária (art. 21-L, ICVM 481), o que deve acontecer entre o primeiro dia útil do exercício social em que se realizará a assembleia geral até 45 dias antes da realização da assembleia, tendo a Companhia três dias úteis para responder ao pedido. A proposta de deliberação de que trata o art. 21-L deve ter como objeto matérias de competência de assembleias gerais ordinárias ou extraordinárias.

Trinta dias antes da realização da assembleia, a companhia deverá divulgar todos os documentos necessários para a realização da assembleia (*i.e.*, proposta da administração, demonstrações financeiras, dentre outros documentos já mencionados anteriormente), bem como o boletim de voto à distância, já contendo as propostas de deliberação que foram enviadas pelos acionistas e aceitas pela companhia.

Os acionistas podem, ainda, solicitar a inclusão de candidatos ao conselho de administração e ao conselho fiscal da companhia no boletim de voto à distância, observados os percentuais de determinada espécie de ações previstos no Anexo 21-L-I,

[57] Instrução CVM 481, de 17 de dezembro de 2009. **Dispõe sobre informações, pedidos públicos de procuração, participação e votação a distância em assembleias de acionistas.** Disponível em: <http://www.cvm.gov.br/legislacao/instrucoes/inst481.html>. Acesso em: 20 ago. 2018.

entre o primeiro dia útil do exercício social em que se realizará a assembleia geral e até 25 (vinte e cinco) dias antes da data de sua realização, no caso de assembleia geral ordinária; ou o primeiro dia útil após a ocorrência de evento que justifique a convocação de assembleia geral para eleição de membros do conselho de administração e do conselho fiscal e até 25 (vinte e cinco) dias antes da data de realização da assembleia, no caso de assembleia geral extraordinária convocada para esse fim.

Concomitantemente à solicitação de inclusões acima, o acionista solicitante deverá encaminhar para a companhia: a) as informações e documentos previstos nos artigos. 8 a 21 da ICVM 481, a depender da matéria; b) a indicação das vagas a que os candidatos propostos concorrerão; c) os documentos que comprovem a qualidade de acionista e a participação acionária a que se refere o art. 21-L, observado o disposto nos §§ 2º e 3º do art. 30, no que couber; e d) as informações constantes do Anexo 21-M-II-d, em caso de inclusão de proposta.

Após o recebimento das solicitações de inclusões e demais documentos, a companhia tem o prazo de três dias para comunicar o recebimento e suficiência do documento; ou a necessidade de retificação, que deverá ser atendida pelo acionista até 25 dias antes da data para realização da assembleia, sob pena de não inclusão da sua solicitação.

O boletim de voto à distância pode ser reapresentado pela companhia até 20 (vinte) dias antes da data marcada para realização da assembleia para a inclusão de candidatos indicados ao conselho de administração e ao conselho fiscal e propostas feitas por acionistas não controladores; ou, em situações excepcionais, para correção de erro relevante que prejudique a compreensão da matéria a ser deliberada pelo acionista, ou para adequação da proposta ao disposto na regulação ou no estatuto social.

Na hipótese de reapresentação para inclusão de candidatos ou propostas, exceto se o acionista encaminhar nova instrução de voto, os votos por ele já conferidos a candidatos incluídos no boletim anteriormente divulgado devem ser considerados válidos. Em caso de reapresentação para correção de erro, exceto se o acionista encaminhar nova instrução de voto, os votos por ele já conferidos a candidatos incluídos no boletim anteriormente divulgado devem ser considerados válidos.

Após o termino dos prazos para divulgação e reapresentação do boletim de voto, passa-se a fase de recebimento dos mesmos, seja por meio de envio direto para a companhia; ou, por meio do envio para os prestadores de serviços. A norma deixa à critério do acionista a escolha do meio pelo qual fará o envio, desde que a companhia ofereça todas as opções de envio. Sendo assim, são possibilidade de envio: por correio ou e-mail diretamente para a companhia; ou, por meio de transmissão de instrução de preenchimento para o custodiante ou escriturador. Caso a companhia não possua o serviço de escrituração e custodia de ações, ela mesma deverá receber e processar todos os boletins de voto.

O prazo final para que a companhia receba o boletim de voto, em todas as possibilidades de envio citadas acima, é de 07 (sete) dias antes da data designada para a realização da assembleia. Caso seja possível para a companhia, escriturador e custodiante, tal prazo pode ser reduzido, desde que sejam respeitadas as divulgações obrigatórias da ICVM 481.

Até 06 (seis) dias antes da data de realização da assembleia, o custodiante deve encaminhar ao depositário central, em que as ações da companhia estejam depositadas para negociação, mapa de votação com as instruções de voto dos acionistas, identificados por meio do número de sua inscrição no Cadastro de Pessoas Físicas – CPF ou no Cadastro Nacional de Pessoas Jurídicas – CNPJ.

O depositário central, por sua vez, compilará as instruções de voto recebidas dos custodiantes, fazendo as conciliações necessárias e rejeitando as instruções de voto conflitantes. Após essa triagem, o depositário central encaminhará, em até cinco dias antes da data da realização da assembleias, ao escriturador o mapa analítico das instruções de voto compiladas, identificadas por meio do número da inscrição do acionista no Cadastro de Pessoas Físicas – CPF ou no Cadastro Nacional de Pessoas Jurídicas – CNPJ, junto com o extrato de posição acionária; e ao custodiante a lista de instruções de voto rejeitadas, identificadas por meio do número da inscrição do acionista no Cadastro de Pessoas Físicas – CPF ou no Cadastro Nacional de Pessoas Jurídicas – CNPJ. O custodiante deverá informar imediatamente ao acionista sobre a rejeição do seu voto.

Ao escriturador caberá compilar todas as instruções de voto recebidas dos acionistas com aquelas recebidas do depositário central, fazendo as conciliações necessárias e rejeitando as instruções de voto que estiverem em conflito. Ao fim desse processo, o mesmo encaminhará à companhia, em até 48 horas antes da realização da assembleia, (a) o mapa analítico das instruções de voto dos acionistas, identificados por meio do número de sua inscrição no Cadastro de Pessoas Físicas – CPF ou no Cadastro Nacional de Pessoas Jurídicas – CNPJ, junto com o extrato de posição acionária; e (b) o mapa sintético das instruções de voto dos acionistas, identificando quantas aprovações, rejeições ou abstenções recebeu cada matéria deliberada e quantos votos recebeu cada candidato ou chapa.

No dia designado para realização da assembleia, a companhia deverá divulgar, por meio de sistema eletrônico na página da CVM e na página da própria companhia na rede mundial de computadores, o mapa sintético de votação, consolidando os votos proferidos à distância e os votos proferidos presencialmente, conforme computados na assembleia, identificando quantas aprovações, rejeições ou abstenções recebeu cada matéria e quantos votos recebeu cada candidato ou chapa.

Por fim, a companhia deverá divulgar o mapa final de votação detalhado, em até 7 dias úteis após a data da realização da assembleia, consolidando os votos proferidos à distância e os votos proferidos presencialmente, conforme computados na assembleia, contendo os 5 primeiros números da inscrição do acionista no Cadastro de Pessoas Físicas – CPF ou no Cadastro Nacional de Pessoas Jurídicas – CNPJ, o voto por ele proferido em relação a cada matéria, e a informação sobre a posição acionária.

O boletim de voto à distância pode ser revogado a qualquer momento, podendo o acionista revoga-lo por meio de simples comparecimento presencial à assembleia, onde poderá votar conforme melhor entender.

2.4. Críticas

Em que pese o nobre propósito da norma, que indiscutivelmente contribui para o incremente do ativismo acionário, posicionando o mercado de capitais brasileiro na dianteira das boas práticas em assembleias gerais, muitos foram os questionamentos levantados na primeira temporada de assembleias em 2017; instigando ajustes na norma, e, posteriormente em 2018, mesmo após os primeiros ajustes da norma terem sido feitos.

De acordo com os dados levantados e divulgados pela B3 sobre a "Avaliação das Assembleias gerais Ordinárias de 2017 com uso da ICVM 561", 54% (cinquenta e quatro por cento) das companhias que utilizaram o boletim de voto à distância enfrentaram problemas com o sistema e cadastros desse boletim e levantaram questões acerca da obtenção e gestão de senhas de acesso; adequação de deliberações no menu de opções do sistema; e, não geração do boletim em inglês. Ademais, 20% (vinte por cento) dos acionistas tiveram problemas com a divulgação de informações e levantaram questões em relação a como registrar a presença de votos à distância e horário de divulgação de mapas sintéticos. Outros 10% (dez por cento) dos acionistas encontraram dificuldades com questões relacionadas a eleição de conselho, como a ausência de nome de candidatos 30 (trinta) dias antes da assembleia e como conciliar a eleição de chapa do controlador com a indicação dos minoritários, enquanto 14% (quatorze por cento) deles enfrentaram outras questões, que envolviam, entre outros assuntos, dúvidas acerca do voto múltiplo e formulário de referência. [58]

Ao total foram 168 (cento e sessenta e oito) diferentes tipos de questionamento que culminaram na revisão da norma, após a primeira rodada de assembleias em 2017. Em dezembro de 2017, a CVM editou a ICVM 594/17, contendo alteração específicas na regulamentação do voto à distância. São elas: limitação da aplicação da ICVM 481 apenas para as companhias abertas registadas na categoria A e autorizadas por entidade administradora de mercado à negociação de ações em bolsa de valores; divulgação obrigatória do boletim de voto à distância para as AGE convocada para mesma data da AGO; aumento do prazo para inclusão de candidatos no boletim; regulação da hipóteses de reapresentação do boletim pelas companhias; divulgação do mapa final de votação detalhado em até 07 (sete) dias úteis da realização da assembleia; e, outras modificações pontuais no conteúdo do boletim.

As mudanças buscaram endereçar as principais queixas dos acionistas na temporada de 2017. Contudo, outros problemas surgiram na rodada de 2018, como, por exemplo, a necessidade de aumento do prazo para inclusão de candidatos no boletim de voto à distância.

[58] BALCÃO, B3 Brasil Bolsa. **Avaliação das Assembleias gerais Ordinárias de 2017 com uso da ICVM 561**. In: Voto a Distância – Simulação de boletim de voto com a B3, 2018, São Paulo. Disponível em: <http://www.b3.com.br/pt_br/>. Acesso em: 09 set. 2018.

Na norma anterior, o prazo para o acionista solicitar a inclusão de um candidato no boletim era de até 35 dias antes da realização das assembleias, enquanto que o prazo das companhias para reapresentação era de 30 dias. Com a alteração, os acionistas minoritários passaram a dispor de 10 dias a mais para se organizar e obter os quóruns mínimos necessários para incluir os nomes. Ocorre que tal extensão acabou por comprometer a cadeia de prazos de disponibilização do boletim, uma vez que reduziu o tempo que os acionistas dispunham apara analisar os nomes incluídos na reta final.

Outro ponto sensível é a possibilidade de reapresentação reiterada do boletim até 20 dias antes da assembleia, o que pode comprometer os votos já emitidos pelos acionistas, ensejando necessidade de novos preenchimentos e envios, bem como o reenvio de voto de acionistas estrangeiros, titulares de *Depositary Receipt* (DR), tendo em vista o pouco tempo que os mesmos irão dispor para revisar seus votos e submeter novas instruções para seu custodiastes internacionais.[59]

[59] Nesse sentido, manifestou-se a consultora Glass Lewis na Audiencia Pública SDM nº 04/17: "The effective functioning of proxy voting is contingent on the accurate reflection of the deliberations to be carried out at the general meeting on the proxy card. During the most recent proxy season, the CVM had refused the resubmission of proxy cards upon the presentation of new candidates to the board or the supervisory council by minority shareholders. Rather, companies only had the option to submit new management circulars with this information. This procedure effectively prevented the possibility to vote on said candidates and caused extra difficulties for agents involved in the voting chain for foreign investors. The CVM, therefore, suggests that the proxy card be updated to include candidates nominated by non-controlling shareholders, or if determined by the Superintendência de Relações com Empresas ("SEP"). In this sense, the regulations propose that new proxy cards may be submitted: (i) up to 15 days before the meeting date, or (ii) any time, if required by the SEP. Finally, if a new proxy card is submitted, the votes already cast towards candidates included in the previous card will be considered valid unless new voting instructions are issued. In this regard, although we welcome the inclusion of all relevant

information in newly submitted proxy cards, we feel that republishing proxy cards up to 15 days before the meeting leaves shareholders very little time to review the candidates and submit votes on time, while going through the lengthy procedure that proxy voting requires. We do welcome the suggested deadline for shareholder submission of new candidates to be included on the proxy form, as discussed below. Recognising that shareholders may need time to evaluate the need to propose new candidates once the candidates proposed by the board have been determined, we understand that setting a final deadline for publication of the proxy card at 21 days–the international standard–may not be practicable in Brazil. As such, we would emphasise that setting a deadline for publishing new materials less than 18 days prior to the meeting would, in our experience, potentially jeopardise shareholders' ability to cast votes on time to meet voting deadlines." Em português: "O funcionamento efetivo do voto por procuração depende da correspondência exata das deliberações a serem tomadas na assembleia geral no "proxy card". Durante a temporada de procurações mais recente, a CVM havia recusado uma nova submissão do proxy card quando da apresentação de novos candidatos ao conselho de administração ou fiscal por acionistas minoritários. Sendo assim, as companhias só tinham a opção de divulgar essas informações por meio de aviso aos acionistas. Este procedimento impedia efetivamente a possibilidade de votar nos referidos candidatos e causava dificuldades adicionais aos agentes envolvidos na cadeia de votação dos investidores estrangeiros. A CVM, portanto, sugere que o proxy card seja reapresentado para incluir candidatos indicados por acionistas não controladores, ou se assim determinado pela Superintendência de Relações com Empresas ("SEP"). Nesse sentido, a nova regulamentação propõe que os novos *proxy cards* possam ser apresentados: (i) até 15 dias antes da data da reunião, ou (ii) a qualquer momento, se exigido pela SEP. Finalmente, se um novo cartão proxy for enviado, os votos já proferidos para os candidatos incluídos no cartão anterior serão considerados válidos, a menos que novas instruções de voto sejam emitidas. A este respeito, embora essa inclusão de todas as informações relevantes em nos proxy card recém-enviados seja bem vinda, achamos que a republicação dos mesmos até 15 dias antes da reunião deixa aos acionistas muito pouco tempo para revisar os candidatos e enviar votos a tempo, diante do procedimento demorado processo que a votação por procuração exige. Damos boas-vindas ao prazo sugerido para a apresentação de novos candidatos a serem incluído no *proxy card*, conforme discutido abaixo. Reconhecendo que os acionistas podem precisar de tempo para avaliar a necessidade de propor novos candidatos uma vez que os candidatos propostos pela diretoria tenham sido determinados, entendemos que definir um prazo final para a publicação do

Do ponto de vista dos titulares de recibos de depósito de ação, os DRs, a questão é ainda mais complexa, especialmente se não houver total sincronia entre a cadeia de procedimentos e prazos do boletim de voto à distância e do *proxy card* (formulário de votação utilizado pelos titulares de DR), o que pode resultar na desconsideração dos votos emitidos; ou, até mesmo, na impossibilidade de voto por esses titulares de DRs.

Isto porque, os titulares de DRs, que possuem o direito à voto, o exercem por intermédio da instituição custodiante nacional, que é a proprietária dos ativos que lastreiam os DRs. Desse modo, por meio da utilização dos *proxy cards*, a orientação de voto do titular de um DR é encaminhada à depositária, que reencaminha para a custodiante, que, na qualidade de acionista da companhia, comparecerá à assembleia geral e votará conforme a orientação dada.

Sucede que a sucessiva reapresentação do boletim, para inclusão de propostas, candidatos ou correção de erros, pode não ser compatível com o cronograma de envio e recebimento dos *proxy cards*, que, em regra, é circulado tão logo seja disponibilizado o edital de convocação da assembleia. Qualquer descasamento entre os dois instrumentos pode resultar na desconsideração de votos já enviados por esses investidores; ou, até mesmo, na impossibilidade de voto desse investidor, que, diga-se,

cartão proxy em 21 dias – o padrão internacional – pode não ser viável no Brasil. Contudo, gostaríamos de enfatizar que estabelecer um prazo para a publicação de novos materiais com menos de 18 dias antes da reunião poderia, em nossa experiência, potencialmente colocar em risco a capacidade de os acionistas proferirem seus votos a tempo para cumprir os prazos de votação." (tradução nossa)." GLASS LEWIS. Manifestação ao Edital de Audiência Púlica Sdm Nº 4/2017. **Manifestação ao Edital de Audiência PúblicaSDMNº4/2017. 2017.** Disponívelem:<http://www.cvm.gov.br/audiencias_publicas/ap_sdm/2017/sdm0417.html08/09/2018>. Acesso em: 26 ago. 2018.

por oportuno, costuma ser o tipo mais ativo de acionistas das companhias.

A exigência de divulgação de um mapa final após assembleias é outro ponto controverso da norma. Em tais mapas serão tornadas públicas informações como votos proferidos à distância, votos proferidos presencialmente, números da inscrição do acionista no Cadastro de Pessoas Físicas – CPF ou no Cadastro Nacional de Pessoas Jurídicas – CNPJ, o voto por ele proferido em relação a cada matéria e informações sobre a posição acionária. Comemorada por alguns acionistas, em razão da transparência dada à votação e por permitir a conferência dos votos proferidos à distância, a nova regra não foi bem recepcionada pelas companhias, especialmente em razão do dever fiduciário que as mesmas têm de guardar sigilo acerca das informações dos acionistas.

A esse respeito, manifestou-se a Associação Brasileira das Companhias Abertas (ABRASCA) na Audiência Pública SDM nº 04/17, para alteração da ICVM nº 481, no capítulo que regulamenta a participação e votação à distância em assembleia de acionistas:

> O Edital propõe a divulgação e a disponibilização do mapa de votação em formato analítico para o público em geral por entender que seria a maneira menos custosa de permitir ao acionista que confirmasse que o seu voto foi computado na assembleia da forma como por ele instruído. Com efeito, tendo a legislação societária atribuído à administração das companhias o dever de bem guardar os assentamentos dos livros sociais e a guarda dos dados de seus acionistas – notadamente com fundamento nos direitos constitucionais à privacidade e intimidade (CF, art. 5, X) – devem elas resguardar essas informações, fornecendo-as somente em casos excepcionais, quando o requerente demonstrar estarem presentes os requisitos previstos em lei, já que se trata de dados de cunho patrimonial e extremamente sensíveis, cuja divulgação deve ser

sempre a menor possível, desde que não prejudique a efetividade da solicitação. O voto a distância foi instituído para elevar a participação dos acionistas nas assembleias gerais. Contudo, a alteração proposta traz o risco de reduzir a efetividade da norma na ampliação do quórum – a distância e presencial – nas assembleias. Há claro risco de gerar esvaziamento dos conclaves. Um sem número de investidores individuais e institucionais que não desejam – por questões comerciais legítimas, como a proteção da sua estratégia de investimento, ou preservação do sigilo da sua posição patrimonial – a publicidade de sua participação acionária na companhia (muitos até mesmo adquirindo adrede participação inferior ao patamar de relevância de 5%) provavelmente deixarão de participar nas assembleias gerais para preservar essa informação sensível. Há, portanto, neste caso, risco de um efeito inverso da norma: esvaziamento das assembleias gerais e maior custo de coordenação dos acionistas. Ademais, se revela desproporcional que reclamações pontuais de alguns acionistas justifiquem a exposição de toda a posição acionária da base votante de forma pública. Afinal, a presunção de cômputo de um voto regularmente manifestado é a regra geral e, em havendo desvios da regra, a legislação societária já propicia aos interessados caminhos jurídicos para apuração de eventuais irregularidades. Portanto, existem meios previstos na própria legislação para que o acionista obtenha tais informações. Desta maneira, nos parece que a divulgação de mapa de votação no formato analítico, incluindo a quantidade de ações de titularidade de todos os acionistas presentes à assembleia, franqueia dados sensíveis de terceiros aos acionistas e ao mercado em geral, o que pode ser evitado sem prejuízo do atendimento a preocupação externada por esta CVM conforme sugerido abaixo.[60]

[60] ABRASCA. Manifestação ao Edital de Audiência Pública Sdm Nº 4/2017. **Manifestação ao Edital de Audiência PúblicaSDMNº4/2017**. 2017. Disponívelem:<http://www.cvm.gov.br/audiencias_publicas/ap_sdm/2017/sdm0417.html >. Acesso em: 26 ago. 2018.

Com a difícil missão de compatibilizar, por um lado, a necessidade de privacidade e, por outro, a de auditoria, a CVM incluiu na norma que o mapa detalhado deverá conter apenas os cinco primeiros dígitos do CPF ou do CNPJ do acionista. A solução, no entanto, ainda não foi suficiente para todos os acionistas, pois alguns, ainda, acreditam ser possível a sua identificação por meio das informações divulgadas.

Um outro ponto crítico da norma diz respeito a inclusão de propostas de matérias adicionais e novos candidatos no boletim de voto à distância. A ICVM 481, em seu anexo 21-L-I-II, determina que os acionistas poderão incluir no boletim: (i) candidatos ao Conselho de Administração e ao Conselho fiscal, em caso de eleição, desde que detenham participação mínima entre 0,5% e 2,5% de determinada classe de ações; e (ii) propostas de matérias adicionais para deliberação na AGO, desde que detenham a participação mínima entre 1% e 5% do capital social da companhia.

Ao instituir esse "quórum mínimo para inclusão de matérias e candidatos", a CVM criou uma nova regra, que não tem previsão legal no ordenamento jurídico brasileiro, já que, em momento algum, a LSA fixa percentuais mínimos para essas indicações, e a imposição dessa exigência pela CVM, pode dificultar a inclusão de candidatos pelos acionistas minoritários.

Essa inclusão foi fortemente combatida pela Associação de Investidores no Mercado de Capitais (AMEC) e pelo Escritório Mesquita Pereira, quando da Audiência Pública SDM nº 04/17. A AMEC argumentou que, "embora o número pareça nominalmente pequeno, ele na prática inviabiliza a apresentação de propostas e candidaturas. No caso das maiores empresas, este número representa um valor financeiro muito elevado. E, em muitos casos, dada a prevalência de investidores estrangeiros (que normalmente não tomam a iniciativa de apresentar a candidaturas), pode nem haver investidores locais com este percentual."[61]

Em que pesem todas as manifestações contrárias, a CVM entendeu que a fixação desses quóruns mínimos para inclusão de propostas de acionistas não é contraria a Lei, optando por mantê-los na ICVM 481. Acrescentou, ademais, "que a eventual revisão dos quóruns de participação exigidos na norma para a inclusão de candidatos e propostas no boletim somente deve ser realizada após a aplicação do voto à distância por um conjunto mais amplo de companhias abertas. "[62]

Também foram apontados, por alguns participantes da audiência pública SDM04/2107, problemas na ordem de disposição dos itens no boletim de voto à distância, especialmente nos itens relacionados à eleição em separado dos membros do conselho de administração e fiscal. Para AMEC, a disposição dos itens no boletim deveria seguir a ordem estabelecida no artigo 141 da LSA, isto é, primeiro a realização a realização em separado do inciso I do § 4º do art. 141; segundo a votação em separado do inciso II do § 4 do art. 141; terceiro a votação em separado conjunta do § 5º; quarto a eleição das demais cadeiras, por meio de voto majoritário e múltiplo; e; quinto, e último; o ajuste, caso aplicável, nos termos do §7 do art. 141.[63]

Para a AMEC, o boletim de voto à distância dispõe os itens em ordem inversa, onde primeiro o acionista decide sobre a eleição principal, para, então, caso não tenha se tenha se manifestado na eleição principal, possa se manifestar acerca da eleição

[61] AMEC. **Manifestação ao Edital de Audiência Pública SDM nº4/2017.** Disponível em:<http://www.cvm.gov.br/audiencias_publicas/ap_sdm/2017/sdm0417.html >. Acesso em: 30 ago. 2018.

[62] CVM. **Relatório de Audiência Pública SDM nº 4/2017.** Disponível em:<http://www.cvm.gov.br/audiencias_publicas/ap_sdm/2017/sdm0417.html>. Acesso em: 30 ago. 2018.

[63] Op. cit.

em separado. Desse modo, a atual disposição dos itens no boletim impossibilita a utilização das ações em votação em separado e, caso o quórum não seja alcançado, a utilização dessas mesmas ações na eleição principal. [64]

No mesmo sentido dispôs outro participante, o Mesquita Pereira Advogados, ao solicitar a inversão dos itens no boletim de voto à distância, para que todos os votos pudessem ser aproveitados mediante a aplicação da sequência lógica de votação. Para esse participante, a "realização de eleição em separado antes da eleição majoritária garantiria aos minoritários a chance de aplicar seus respectivos votos em ambos os processos, caso a eleição em separado não venha a ocorrer"[65]

Na oportunidade, a CVM entendeu que tal sugestão fugia ao escopo da audiência pública, e reservou-se o direito de apreciá-la em futuros projetos de alteração da regulamentação do voto à distância.

Nota-se, assim, que o voto à distância é um instrumento em construção no Brasil. As experiências futuras, certamente, irão direcionar os reguladores para as futuras alterações da norma até que ela esteja totalmente apta a servir ao seu fim precípuo, que é a proteção do acionista minoritário e incremento do ativismo acionário.

Conclusão

O boletim de voto à distância foi o instrumento escolhido pela CVM para viabilizar a participação de acionistas minoritários à distância. Ele deve ser obrigatoriamente divulgado, pelas companhias abertas registradas na categoria A e autorizadas por

[64] Ibidem

[65] MESQUITA PEREIRA, ALMEIDA, ESTEVES ADVOGADOS. **Manifestação ao Edital de Audiência Pública SDM nº4/2017.** Disponível em:<http://www.cvm.gov.br/audiencias_publicas/ap_sdm/2017/sdm0417.html >. Acesso em: 30 ago. 2018.

entidade administradora de mercado à negociação de ações em bolsa de valores, por ocasião da Assembleia Geral Ordinária e da Assembleia Geral Extraordinária sempre que (i) esta for convocada para tratar da eleição dos membros dos Conselhos de Administração e fiscal; ou, (ii) sempre que for convocada para ser realizada no mesmo dia que a AGO, situação na qual todas as matérias a serem deliberadas devem constar do Boletim de voto à distância.

Ao tornar obrigatória a disponibilização do boletim de voto à distância nessas ocasiões, a CVM aumentou o poder de influência do acionista minoritário, que poderia deixar de exercer os seus direitos, ao considerar os custos envolvidos no comparecimento em assembleias vis-à-vis a baixa influência dos seus votos nos resultados. Com o advento desse novo mecanismo de votação, os acionistas minoritários passaram a dispor da possibilidade de intervir de forma menos onerosa no processo de formação das deliberações das companhias, manifestando-se à distância sobre matérias que, anteriormente, só podiam opinar mediante comparecimento pessoal ou constituição de procurador.

Os resultados positivos das alterações introduzidas na Instrução CVM nº 481/2009 foram visíveis nos dois primeiros anos de sua aplicação. Em 2018, 93% (noventa e três por cento) das companhias obrigadas a utilizar o voto à distância viabilizaram a disponibilização dos boletins de voto para os acionistas, e 64% (sessenta e quatro por cento) dessas companhias receberam votos à distância. O quórum médio de instalação das companhias aumentou de uma média de 71% (setenta e um por cento) em 2016 (quando não havia voto à distância) para 78% (setenta e oito por cento) em 2018 (quando o voto a distância já havia sido implementado). Em 2017, primeiro ano da utilização do voto à distância, foram recebidas mais de 13.000 (treze mil) instruções de voto. No ano seguinte, houve um crescimento de mais de 100% (cem por cento) de instruções de voto recebidas, correspondendo a mais de 27.000 (vinte e sete mil).

Para além disso, as novas regras implicam, também, um aumento no poder decisório dos acionistas minoritários, que passam a dispor da prerrogativa de incluir propostas para deliberação e candidatos no boletim de voto à distância, bem como a ter maior facilidade para requerer a instalação do conselho fiscal, a eleição em separado e a adoção do voto múltiplo.

Após as duas primeiras temporadas de utilização do voto à distância, percebe-se que ainda há muito o que ser feito para corrigir as incongruências já apontadas e simplificar ainda mais o processo de voto à distância, sobretudo no que diz respeito à reapresentação do boletim de voto à distância e ao percentual mínimo do capital exigido pela CVM para inclusão de candidatos no boletim.

Em particular, viu-se que, além das matérias tipicamente atribuídas à assembleia geral ordinária, outras matérias igualmente importantes não foram enquadradas pelo regulador nas hipóteses de obrigatoriedade do procedimento de voto à distância. Possivelmente, essa omissão justifica-se por receios quanto aos custos incorridos pelas companhias, ou talvez pelo fato de que o mecanismo ser novo no país, merecendo uma "fase de testes" antes que sua aplicação seja ampliada para incluir outras hipóteses. Com a redução de custos oriunda da informatização dos sistemas e procedimentos, e com a crescente experiência que as companhias brasileiras vêm adquirindo no assunto, espera-se que, dentro em breve, a possiblidade de votação à distância seja estendida a outras hipóteses não previstas na regulamentação atual.

Em suma, a implementação do voto à distância nas assembleias de acionistas das companhias abertas foi um importante passo para o desenvolvimento do ativismo acionário no Brasil. Para além do incremento do ativismo acionário, o voto à distância contribui, ainda, para atrair mais investidores para mercado de capitais nacional, bem como para posicionar o país na vanguarda das boas práticas governança corporativa.

Por ora, a mensagem é clara: o voto à distância é uma conquista do acionista minoritário e mostrou-se um poderoso instrumento a serviço da atuação coordenada e ativa de múltiplos investidores, de forma a mitigar os efeitos negativos que advém do absenteísmo nas deliberações assembleares.

Referências

AKHIGEB, Aigbe; MADURA, Jeef; TUCKER, Alan L. Long-term valuation effects of shareholder activism. ***Applied Financial Economics***, 7:5, 567-573, 1997.

ARMOUR, John; CHEFFINS, Brian. The Rise and Fall (?) of Shareholder Activism by Hedge Funds. *ECGI Working Paper Series in Law Working Paper*. Paper Nº.136/2009, Sep. 2009.

ASCARELLI, Tullio. *Problemas das Sociedades Anônimas e Direito Comparado*. São Paulo, Saraiva, 1945.

BLACK, Bernard S. Shareholder Activism and Corporate Governance in the United States. *The New Palgrave Dictionary of Economics and the Law*, vol. 3, pp. 459-465, 1998.

BLACK, Bernard S., CARVALHO, Antonio G. de, e GORGA, Érica. The corporate governance of privately controlled Brazilian firms. *Revista Brasileira de Finanças*. 7/385-428, 2009.

BRAV, Alon; JIANG, Wei; PARTMOY, Frank; THOMAS Randal. Hedge Fund Activism, Corporate Governance, and Firm Performance. *The Journal of Finance*. v. LXII, n.4, aug. 2008.

DOOLEY, Michael P. *Fundamentals of Corporation Law*. Ney York: The Foundation Press, Inc., 1995. p. 172

EIZIRIK, Nelson. *A Lei das S/A Comentada:* Artigos 80 ao 137. 2. ed. São Paulo: Quartier Latin, 2015. 2 v

_______________. *A Lei das S/A Comentada:* Artigos 138 ao 205. 2. ed. São Paulo: Quartier Latin, 2015. 2 v. p 43

_______________. *Direito Societário:* Estudos e Pareceres. São Paulo: Quartier Latin, 2015.

FRANÇA, Erasmo Valladão Azevedo e. Dever de informar dos administradores de companhias abertas. Inexistência de submissão ao acionista controlador. In *Temas de Direito Societário, Falimentar e Teoria da Empresa*. São Paulo, Malheiros Editores, 2009, pp. 365-371.

GARRIGUES, Joaquín. *Problemas Atuais das Sociedades Anônimas*. Trad., prefácio e notas Prof. Norberto da Costa Caruso Mac- Donald. Porto Alegre, Fabris, 1982.

GOERGEN, Mac; RENNEBOOG, Luc; ZHANG, Chendi. Do Uk Institutional Shareholders Monitor Their Investee Firms?. *Journal of Corporate Law Studies*. v. 8, part I, **Apr**. 2008.

GORGA, Érica. "Changing the paradigm of stock ownership from concentrated towards dispersed ownership? Evidence from Brazil and consequences for emerging countries". *Cornell Law Faculty Working Papers*. 42, 2008.

KLEIN, April; ZUR, Emanuel. Entrepreneurial Shareholder Activism: Hedge Funds and Other Private Investors. *The Journal of Finance*. v. LXIV, n.1, fev. 2009.

KLEIN, William A.; RAMSEYER, J. Mark; BAINBRIDGE, Stephen M. *Business Associations: Agency, Partnerships, LLCs, and Corporations 2016 statutes and rules*. New York: Foundation Press, 2016. p. 179.

KRAAKMAN, Reinier et al. *The Anatomy of Corportae Law: A Comparative and Functional Approach*. 2. ed. New York: Oxford University Press, 2009.

LAMY FILHO, Alfredo et al. In: LAMY FILHO, Alfredo; PEDREIRA, José Luiz Bulhões (Org.). *Direito das Companhias*. 2. ed. Rio de Janeiro: Forense, 2017.

LOBO, Jorge. Princípios de governança corporativa. *Revista de direito mercantil*. Atualidades**.** v. 142, pp 141-154, 2007.

LOBO, Jorge Joaquim. *Direitos dos acionistas*. Rio de Janeiro: Elsevier, 2011. p. 156

MARTINS, Fran. *Comentários à Lei das Sociedades Anônimas: Artigo por Artigo*. 4. ed. Rio de Janeiro: Forense, 2010.

MOURA AZEVEDO, Luís André N. de. "Ativismo dos investidores institucionais e poder de controle nas companhias abertas de capital pulverizado brasileiras". In CASTRO, Rodrigo R. Monteiro de, e AZEVEDO, Luís André N. de Moura (coords.). *O Poder de Controle e outros Temas de Direito Societário e Mercado de Capitais*. São Paulo, Quartier Latin, pp. 218-262, 2010.

MUNHOZ, Eduardo Secchi. "Transferência de controle nos sistemas de controle concentrado e de capital disperso: eficiências e ineficiências". In ADAMEK, Marcelo Vieira von (coord.). *Temas de Direito Societário e Empresarial Contemporâneos* – Liber Amicorum Prof. Dr. Erasmo Valladão Azevedo e Novaes França. São Paulo, Malheiros Editores, 2011, pp. 298-315.

O'ROURK, Anastasia. A New Politics of Engagement: Shareholder Activism for Corporate Social Responsibility. *Business Strategy and the Environment*. v. 12, pp. 227–239, 2003.

RAYES, Maria Graziela Malouf Cury. *Direitos dos Acionistas Minoritários: Uma perspectiva à luz da lei 10.303, de 31 de outubro de 2001*. São Paulo: Texto-novo, 2003.

RIBEIRO, Renato Ventura. Aplicação de Novas Tecnologias nas Assembléias Gerais de Sociedade Anônimas. In: CASTRO, Rodrigo R. Monteiro de; ARAGÃO, Leandro Santos de (Org.). *Direito Societário*: Desafios Atuais. São Paulo: Quartier Latin, 2009. p. 280-300.

REQUIÃO, Rubens. *Curso de Direito Comercial*. 29. ed. São Paulo: Saraiva, 2012. 2 v.

SADDI, Jairo. "Qual é o melhor sistema jurídico para o mercado de capitais". In CASTRO, Rodrigo R. M. de, e ARAGÃO, Leandro S. de (coords.). *Direito Societário – Desafios Atuais*. São Paulo, Quartier Latin, 2009, pp. 207-223.

SILVEIRA, Alexandre di Miceli da. *Governança Corporativa*: no Brasil e no Mundo. 2. ed. Rio de Janeiro: Elsevier, 2015

WARDER JÚNIOR, Walfrido Jorge; BAYEUX NETO, José Luiz. *Ativismo acionário*. 2012. Disponível em: <https://capitalaberto.com.br/boletins/ativismo-acionario/#.W5V-nc5KjIW>.

Legislação

BRASIL. *Instrução CVM 481, de 17 de dezembro de 2009*. Dispõe sobre informações, pedidos públicos de procuração, participação e votação a distância em assembleias de acionistas. Disponível em: <http://www.cvm.gov.br/legislacao/instrucoes/inst481.html>.

BRASIL. *Lei 6.404, de 15 de dezembro de 1976*. Dispõe sobre as Sociedades por Ações. Disponível em: <http://www.planalto.gov.br/CCIVIL_03/Leis/L6404consol.htm>.

Obras consultadas

BULGARELLI, Waldirio. *Manual das Sociedades Anônimas:* Com as novas alterações da Lei nº 6.404, de 15-12-1976, pela Lei nº 9.457, de 5-5-1997, e as modificações pela Medida Provisória nº 1.958-35, de 21-9-2000. 13. ed. São Paulo: Atlas, 2001.

_______________. *Regime Jurídico da Proteção às Minorias nas S/A:* De acordo com a reforma da Lei nº 6.404/76. Rio de Janeiro: Renovar, 1998.

CARVALHOSA, Modesto. *Comentários à Lei de Sociedades Anônimas*: 3º Volume – Arts. 138 a 205. 6. ed. São Paulo: Saraiva, 2014.

CLARK, Robert Charles. *Corporate Law*. United States of America: Aspen Law & Business, 1986.

OIOLI, Erik Frederico. *A Superação do Modelo de Concentração Acionária no Brasil:* O regime Jurídico das Companhias de Capital Disperso Na Lei das Sociedades Anônimas. 2013. 415 f. Tese (Doutorado) – Curso de Direito, Faculdade de Direito da Universidade de São Paulo, São Paulo, 2013. Disponível em: <www.teses.usp.br/teses/disponiveis/2/2132/tde.../Tese_Erik_Oioli_versao_integral.pdf>. Acesso em: 06 ago. 2018.

______________. *Regime Jurídico do Capital Disperso na Lei das S.A.* São Paulo: Almedina, 2014.

LIMA, Osmar Brina Corrêa. *O Acionista Minoritário no Direito Brasileiro*. Rio de Janeiro: Forense, 1994.

A Penhorabilidade de Quotas por Dívidas Particulares dos Sócios à Luz do Direito Societário

Juliana Mainardi de Meneses

Introdução

A penhora das quotas ou ações por dívidas particulares dos sócios ou acionistas é um tema que há muito suscita grandes discussões doutrinárias e, antes de o procedimento da penhora de quotas ser positivado pela Lei nº 13.105 de 16 de março de 2015 (o Novo Código de Processo Civil), apesar de ter uma orientação jurisprudencial praticamente consolidada, era fonte de algumas divergências jurisprudenciais e doutrinárias no que tange ao procedimento de execução.

Com o advento do Novo Código de Processo Civil, a orientação legislativa e jurisprudencial passou a ser uniforme, mas as discussões estão longe de serem pacificadas. O diploma em questão aduz em seu artigo 835, inciso IX, que as ações e quotas de sociedades limitadas são passíveis de penhora, e por meio de seu artigo 861, disciplina o procedimento a ser adotado caso o instituto em questão seja utilizado.

Embora o procedimento da penhora tenha sido descrito recentemente, a possibilidade da penhora era prevista desde a promulgação do Código Civil e da Lei nº 11.382 de 6 de dezembro de 2006. Neste sentido, aduz o Art. 1.026 do Código Civil que "O credor particular de sócio pode, na insuficiência de outros bens do devedor, fazer recair a execução sobre o que a este couber nos lucros da sociedade, ou na parte que lhe tocar em liquidação". A Lei nº 11.382, por sua vez, incluiu a penhora de quotas de sociedades empresárias no rol de bens penhoráveis do Art. 655 do antigo CPC.

No entanto, como o dispositivo previa a penhora das quotas apenas em situação de exceção (uma vez que tal penhora deveria obedecer à ordem estabelecida no Código Civil – apenas após esgotadas as outras hipóteses previstas em lei), o impacto de tal discussão era mitigado. A positivação do procedimento a ser observado na penhora de quotas por dívida particular do sócio pelo Novo Código de Processo Civil aboliu o caráter de exceção da norma, além de passar a prever diversas outras situações que não eram verificadas anteriormente.

Tal positivação reacendeu as discussões acerca da possibilidade da penhora das quotas da sociedade em face de dívidas pessoais dos sócios, uma vez que, por um lado, alguns juristas e doutrinadores entendem ser o dispositivo plenamente legal e possível, outra parcela da doutrina entende que o dispositivo é uma aberração jurídica, uma vez que fere determinados princípios norteadores do direito societário, principalmente os concernentes à separação patrimonial e à limitação da responsabilidade, que são intrínsecos ao conceito de personalidade jurídica.

Neste sentido, verifica-se que há uma controvérsia referente à natureza e à própria existência da personalidade jurídica dentro do ordenamento, uma vez que, em determinado momento, entende-se que há separação patrimonial entre os sócios e a sociedade, e, em outro, com a utilização do instituto em estudo, referida separação patrimonial é ignorada. Outros conflitos entre o instituto da penhora de quotas e outros princípios societários também podem ser identificados, como os concernentes à *affectio societatis* e intangibilidade do capital social.

O tema abordado enseja grande insegurança jurídica, uma vez que, da maneira como o instituto está positivado hoje, existe um grande questionamento a respeito da efetividade da personalidade jurídica no ordenamento pátrio. Além disso, é preciso verificar a eficácia do dispositivo em estudo para averiguar se a sua utilização possui aplicabilidade prática.

Este estudo tem o objetivo, portanto, de entender efetivamente qual o papel que a penhora das quotas por dívida pessoal do sócio desempenha atualmente no ordenamento jurídico brasileiro e quais as consequências que as alterações trazidas pelo Novo Código de Processo Civil ocasionaram para o ordenamento pátrio, para que seja possível a orientação correta no que tange ao risco de empreender no país, da eficácia da utilização do instituto para satisfazer os interesses do credor e, se for o caso, contestar a legalidade do dispositivo.

1. Surgimento das Sociedades e Personalidade Jurídica

1.1. Surgimento das Sociedades

Desde os primórdios da civilização a ideia de associação para desenvolvimento de atividades por meio da soma de esforços é verificada: historiadores relatam a existência de normas desta natureza no Código de Manu, na Índia, e o Código de Hamurabi é considerado a primeira codificação de leis comerciais. No direito romano, várias regras jurídicas regulando o direito comercial marítimo já existiam, denominadas *Lex Rhodia de Iactu*, além de outros institutos, como o câmbio marítimo. Roma, porém, prescindiu de regras específicas para regular a atividade comercial, uma vez que sua organização social era estruturada principalmente sobre a propriedade e atividades rurais: os comerciantes, na maioria das vezes estrangeiros, respondiam perante o *praetor peregrinus*, que a eles aplicava o *jus gentium*[1].

[1] REQUIÃO, Rubens. **Curso de Direito Comercial**, Vol. 1, 22. Ed. São Paulo: Saraiva, 1995, p.8.

O modelo de sociedade empresária que existe atualmente surgiu apenas na Idade Média, com a origem da noção de separação entre o patrimônio dos sócios e da sociedade[2] mais precisamente na península itálica, com a prática do mercantilismo: o direito comercial a princípio surgiu como um ramo independente ao direito civil, em resultado da atividade praticada pelos comerciantes, que não se conformavam com as limitações e o formalismo do direito romano e conceberam um sistema que tornava possível o atendimento de suas necessidades[3]. Nesta época, o comércio e as cidades floresciam em contraposição ao sistema feudal, cuja base era o direito civil, de maneira que o processo de ruptura entre o direito civil e o "direito dos mercadores" ocorreu naturalmente, surgindo portanto a dicotomia do direito privado[4]. Na segunda metade do Século XII, com a associação de comerciantes e artesãos em corporações de artes e ofícios, se constituíram jurisdições próprias, onde as decisões eram fundamentadas com base nos usos e costumes praticados por seus membros[5]. Nesta primeira etapa evolutiva surgiu o seguro, a letra de câmbio, a atividade bancária, dentre outros institutos do direito comercial[6].

O segundo período histórico do direito comercial se inicia com o florescimento do mercantilismo e a superação do sistema feudal. Uma vez que os estados se estruturaram, eles se

[2] BORBA, José Edwaldo Tavares. **Direito Societário**. Rio de Janeiro: Renovar, 2003, p. 2.

[3] BORBA, José Edwaldo Tavares. **Temas de Direito Comercial**. Rio de Janeiro: Renovar, 2007, p. 100 e 101. No mesmo sentido, COELHO, Fabio Ulhoa. **Curso de Direito Comercial**, Vol 1, 5. Ed. São Paulo: Saraiva, 2001, p.12.

[4] BORBA, José Edwaldo Tavares. **Temas de Direito Comercial**. Rio de Janeiro: Renovar, 2007, p. 100.

[5] COELHO, Fabio Ulhoa. **Curso de Direito Comercial**, Vol 1, 5. Ed. São Paulo: Saraiva, 2001, p. 13.

[6] COELHO, Fabio Ulhoa. **Curso de Direito Comercial**, Vol 1, 5. Ed. São Paulo: Saraiva, 2001, p. 13.

sub-rogaram na prerrogativa de criarem normas, porém a dicotomia do direito privado já havia sido concebida[7]. No processo de unificação nacional da Inglaterra e França, a uniformização das normas referentes à realização de atividades econômicas teve grande importância: é nesse período que, com a absorção das corporações mercantis pelo *common law* na Grã-Betanha, surge a ideia de *equity*, e, portanto, a sociedade por ações, que se mostrou mais adequada aos empreendimentos relacionados à expansão colonial, que demandavam volumosos aportes de capital e limitação de riscos[8].

Com a codificação napoleônica, que marca o princípio do terceiro período histórico da evolução do direito comercial, se verifica o deslocamento da teoria subjetivista para a teoria objetivista, uma vez que antes a teoria era aplicada levando em consideração o *sujeito* que realizava as práticas mercantis e, com a codificação napoleônica, a teoria dos atos do comércio é adotada, de modo que a teoria passa a se aplicar levando em consideração os *atos* que tal sujeito realiza, ou seja, o direito comercial passou a ser aplicado com base no exercício da atividade comercial, não apenas para uma associação profissional específica (a corporação de ofício dos comerciantes). A teoria, no entanto, careceu de técnica jurídica, uma vez que os atos mercantis por ela abarcados não tinham nenhum elemento interno de ligação[9].

A unificação do Direito Privado, com o fim da autonomia do direito comercial e a adoção da concepção de que o direito comercial é na realidade um microssistema existente dentro do Direito Civil, ocorreu com a promulgação do *Codice Civile* na

[7] BORBA, José Edwaldo Tavares. **Temas de Direito Comercial**. Rio de Janeiro: Renovar, 2007, p. 101.

[8] COELHO, Fabio Ulhoa. **Curso de Direito Comercial**, Vol 1, 5. Ed. São Paulo: Saraiva, 2001, p.14.

[9] COELHO, Fabio Ulhoa. **Curso de Direito Comercial**, Vol 1, 5. Ed. São Paulo: Saraiva, 2001, p.15.

Itália, em 1942, e inaugurou a última etapa evolutiva do direito comercial nos países de tradição romanística[10]. A bipartição da disciplina privada da economia começou a preocupar a doutrina jurídica no final do século XIX, tendo Vivante como seu principal expoente, que considerava o código comercial uma "lei de classe" por ser aplicável apenas a comerciantes[11].

O novo modelo italiano abandonou a teoria dos atos do comércio e consagrou a teoria da empresa, tese da unificação do direito privado, de maneira que o núcleo conceitual do direito comercial passa a ser a empresa, não mais o "ato de comércio"[12], deixando de cuidar de determinadas atividades (as de mercancia) e passando a disciplinar especificamente a produção de bens e serviços, o que passou a ser considerado como atividade empresarial[13]. O ordenamento jurídico brasileiro aderiu a tendência da unificação do direito privado e adotou a teoria da empresa, que, conforme mencionado, se baseia na existência de uma estrutura empresarial para classificar uma sociedade em sociedade empresária ou sociedade simples, afastando a distinção anterior que se fundava no objeto civil ou comercial da sociedade[14].

[10] Ulhoa explica que, embora a uniformização legislativa do Direito Privado já existisse na Suiça desde 1881, o texto italiano foi o que serviu de referência doutrinária, uma vez que apresentou uma teoria substitutiva à Teoria dos Atos do Comércio (in: COELHO, Fabio Ulhoa. **Curso de Direito Comercial**, Vol 1, 5. Ed. São Paulo: Saraiva, 2001, p.17).

[11] COELHO, Fabio Ulhoa. **Curso de Direito Comercial**, Vol 1, 5. Ed. São Paulo: Saraiva, 2001, p.15.

[12] COELHO, Fabio Ulhoa. **Curso de Direito Comercial**, Vol 1, 5. Ed. São Paulo: Saraiva, 2001, p. 18.

[13] COELHO, Fabio Ulhoa. **Manual de Direito Comercial**. 25. ed. 2. tir. São Paulo: Saraiva, 2013. p. 31.

[14] BORBA, José Edwaldo Tavares. **Direito Societário**. 8.ed. Rio de Janeiro: Renovar, 2003, p. 11.

1.2. Personalidade Jurídica: Conceito e Natureza Jurídica

A partir do estudo da evolução do direito comercial, conforme acima brevemente exposto, pode-se dizer, portanto, que

> Formada a sociedade comercial pelo concurso de vontades individuais, que lhe propiciam os bens ou serviços, a consequência mais importante é o desabrochar de sua personalidade jurídica. A sociedade transforma-se em um novo ser, estranho à individualidade das pessoas que participam de sua constituição, dominando um patrimônio próprio, possuidor de órgãos de deliberação e execução que ditam e fazem cumprir a sua vontade[15],[16].

Conforme aponta Ulhoa, é comum a doutrina evitar a discussão sobre o conceito e a natureza da personalidade jurídica. Alguns autores, como Rubens Requião, entendem que o tema

[15] REQUIÃO, Rubens. **Curso de Direito Comercial**, Vol. 1, 22. Ed. São Paulo: Saraiva, 1995, p. 272.

[16] Neste sentido, trabalho elaborado por esta autora, no ano de 2016, chegou-se à seguinte conclusão: "A constituição da empresa se justifica pela vontade de uma ou mais pessoas – empresários e/ou sócios – em realizarem determinada atividade ou prestarem determinado serviço em casos onde contratos de prestação de serviços de curto prazo seriam insatisfatórios. Tais sócios, no entanto, desejam se expor a um risco calculado: o valor de seu investimento. A personalidade jurídica, portanto, tem como principal finalidade delimitar o risco de perda do investidor ao valor investido na sociedade e revestir os bens de tal sociedade de uma personalidade, para que esta seja capaz de realizar negócios jurídicos em nome próprio" (in: MENESES, Juliana Mainardi. **Personalidade Jurídica – Conceito, Limites e Discussões Recentes**. Novembro/2016 (não publicado)). Ainda, Carlos Roberto Gonçalves: "A razão de ser, portanto, da pessoa jurídica está na necessidade ou conveniência de os indivíduos unirem esforços e utilizarem recursos coletivos para a realização de objetivos comuns, que transcendem as possibilidades individuais. Essa constatação motivou a organização de pessoas e bens, com o reconhecimento do direito, que atribui personalidade ao grupo, distinta de cada um de seus membros, passando este a atuar na vida jurídica com personalidade própria" (in: GONÇALVES, Carlos Roberto. **Direito Civil Brasileiro**. 51. ed. São Paulo: Saraiva, 2017. v.1. p. 221.)

não é imprescindível à compreensão do direito societário[17]. Outros, como João Eunápio Borges[18], entendem que tal discussão deve ser apreciada pelos operadores do direito civil ou da filosofia do direito. Apesar de terem certa razão, conforme entende Ulhoa, "parte da crise em que se encontra o princípio da autonomia patrimonial talvez possa ser creditada à desqualificação doutrinária da discussão[19]".

Com relação à natureza, diversas teorias foram concebidas para argumentar a questão ontológica da pessoa jurídica. Embora existam teorias que negam a existência da personalidade jurídica, por não aceitarem que uma associação formada por um grupo de indivíduos possa ter personalidade própria, chamadas "teorias negativistas", a maior parte da doutrina se debruça sobre as "teorias positivistas", que procuram explicar esse fenômeno, divididas fundamentalmente, conforme ensina Ulhoa, em teorias pré-normativistas e teorias normativistas[20].

As teorias pré-normativistas consideram as pessoas jurídicas entidades de existência anterior e independente a ordem jurídica. Seus adeptos entendem que a disciplina da pessoa jurídica é o reconhecimento de algo preexistente, que a ordem positiva não pode ignorar.

Dentro deste grupo, encontra-se a teoria da realidade objetiva ou teoria orgânica, na qual dentre os mais ilustres expoentes se encontram Clovis Bevilacqua, Clèmenz e Karl Larenz. Para os

17 REQUIÃO, Rubens. **Curso de Direito Comercial**, Vol. 1, 22. Ed. São Paulo: Saraiva, 1995, p. 273.

18 BORGES, João Eunápio. **Curso de Direito Comercial Terrestre**. 5. ed. 2. tir. Rio de Janeiro: Forense, 1975, p. 267.

19 COELHO, Fabio Ulhoa. **Curso de Direito Comercial**, Vol 2, 5. Ed. São Paulo: Saraiva, 2001, p. 7.

20 GONÇALVES, Carlos Roberto. **Direito Civil Brasileiro**. 51. ed. São Paulo: Saraiva, 2017. v.1., p.222. e COELHO, Fabio Ulhoa. **Curso de Direito Comercial**, Vol 2, 5. Ed. São Paulo: Saraiva, 2001, p. 7.

expoentes desta teoria, a pessoa jurídica é uma realidade sociológica, que nasce por imposição das forças sociais. Proclamam, ainda, que a vontade é capaz de criar um organismo que possui existência própria. No entanto, essa teoria não esclarece como os grupos sociais podem adquirir a personalidade e se tornarem sujeitos de direito, além de reduzir o papel do Estado a mero conhecedor de uma realidade já existente, sem poder criador[21].

Ainda, dentro da teoria pré-normativista, se encontra a teoria da realidade jurídica ou teoria institucionalista, defendida por Hauriou. Esta doutrina considera que a natureza das pessoas jurídicas é semelhante à dos homens, havendo inclusive discussões acerca desta semelhança, se por analogia proporcional ou atribuição.

Ainda entre as teorias pré-normativistas há a teoria da realidade técnica, na qual os seus adeptos entendem que a personificação dos grupos sociais é um expediente de ordem técnica, uma maneira encontrada pelo direito para os grupos de indivíduos que se reúnem para realizarem determinados fins tenha personalidade jurídica, através do reconhecimento de tal necessidade pelo Estado, que a atribui para que a associação de pessoas possa participar da vida jurídica nas mesmas condições que as pessoas naturais[22].

As teorias normativistas, por sua vez, sustentam o oposto, ou seja, que as pessoas jurídicas são uma criação do direito. Dentro deste grupo, se encontra a "teoria da ficção", cujo criador, Savigny, entende que somente o homem pode ser sujeito de uma relação jurídica, mas para facilitar a realização de fins úteis a este mesmo homem, o direito concebe a pessoa jurídica como uma pessoa diversa da pessoa humana. Esta doutrina se

[21] GONÇALVES, Carlos Roberto. **Direito Civil Brasileiro**. 51. ed. São Paulo: Saraiva, 2017. v.1., p.224.

[22] GONÇALVES, Carlos Roberto. **Direito Civil Brasileiro**. 51. ed. São Paulo: Saraiva, 2017. v.1., p.224.

caracteriza pela contraposição entre a intangibilidade das pessoas jurídicas à realidade dos seres humanos.

Ulhoa chama atenção para as concepções teóricas sobre personalidade jurídica de Kelsen e Ascarelli, ambos inegavelmente normativistas: para o primeiro, ambas as espécies de pessoas, física e jurídica, são conceitos auxiliares do direito, instrumentos para facilitar e descrição das normas jurídicas; e para o segundo, a personalidade jurídica seria uma noção destinada a facilitar a referência a regras jurídicas complexas e esparsas.

No direito pátrio, a questão sobre a ontologia da personalidade jurídica também está longe de ser pacificada. Carlos Roberto Gonçalves aduz que a teoria adotada pelo direito pátrio é a teoria da realidade técnica, uma vez que a personalidade jurídica é um expediente de ordem técnica, sendo o meio jurídico encontrado para validar a existência de grupos de indivíduos, unidos para a consecução de fins determinados[23].

Para ele, esta teoria, apesar da crítica feita atualmente sobre seu caráter positivista, o que a desvincula de pressupostos materiais, é a que oferece melhor explicação sobre o fenômeno no qual um grupo de indivíduos, com os mesmos objetivos, pode adquirir personalidade própria, inconfundível com a de seus membros, sendo dessa maneira a teoria que oferece maior segurança. O autor aponta os artigos 45, 51, 54 inciso VI, 61, 69 e 1.033 do Código Civil como expoentes da adoção desta teoria[24].

Ulhoa, por sua vez, afirma que "a pessoa jurídica não preexiste ao direito; é apenas uma ideia, (...) que auxilia a composição

[23] GONÇALVES, Carlos Roberto. **Direito Civil Brasileiro**. 51. ed. São Paulo: Saraiva, 2017. v.1., p.225.

[24] GONÇALVES, Carlos Roberto. **Direito Civil Brasileiro**. 51. ed. São Paulo: Saraiva, 2017. v.1., p.225.

de interesses ou a solução de conflitos[25]", explicitando, portanto, seu posicionamento favorável à teoria de ficção.

A posição de Tavares Borba, em contrapartida, é a de que a posição realista é hoje dominante e adotada pelo direito brasileiro:

> A posição realista é hoje dominante, uma vez que a existência da sociedade como ente jurídico distinto dos sócios e com vontade própria, às vezes, diversa daqueles isoladamente, afigura-se inquestionável. A sociedade é dotada de personalidade jurídica tal como o homem o é. Uma distinção fundamental deve, porém, estar sempre presente: enquanto o homem é um fim em si (Kant), a sociedade é um instrumento do homem, ao qual deve servir. Embora, segundo o Código Civil, as sociedades só adquiram personalidade com a inscrição no registro próprio (art. 985), na verdade adquirem-na com a sua constituição, tanto que terceiros podem provar a existência da sociedade não escrita (art. 987). Não poderão, todavia, funcionar, isto é, exercer o seu objeto, sem que os atos constitutivos estejam inscritos e, se sociedade anônima, também publicados[26],[27]

[25] COELHO, Fabio Ulhoa. **Curso de Direito Comercial**, Vol 2, 5. Ed. São Paulo: Saraiva, 2001, p. 9.

[26] BORBA, José Edwaldo Tavares. **Direito Societário**. 15. ed. rev. atual. e ampl. São Paulo: Atlas, 2017, p.29

[27] Borba, na obra supracitada, faz diversas observações sobre o posicionamento que possui, indicando que a posição realista (ou pré-normativista, na classificação de Ulhoa) é adotada por Vivante. Cita ainda monografia desenvolvida por Pilar Blanco-Morales, que aduz "El Estado sólo puede limitarse a reconocer lo ya existente. Por ello, se al Estado sólo encumbe uma función 'declarativa' análoga a la que tiene relación con las personas físicas, es concebible que la sociedade, como realided preexistente, y sin perder el substrato de dicha realidade, cambie de estatuto personal lo mismo que las personas físicas cambian de nacionalidad." (apud BORBA, José Edwaldo Tavares. **Direito Societário**. 15. ed. rev. atual. e ampl. São Paulo: Atlas, 2017, p.30)

Ainda que a questão sobre a ontologia da personalidade jurídica não seja pacífica, sua função é clara: a personalidade jurídica tem o objetivo de realizar a separação patrimonial da sociedade e de seus sócios após a sua constituição. Este é o chamado "princípio da autonomia das pessoas jurídicas", que era verificado no Código Civil de 1916 (Lei nº 3.071 de 1º de janeiro de 1916), por meio do Art. 20 de sua parte geral, que aduzia: "As pessoas jurídicas têm existência distinta da dos seus membros".

Apesar de não haver correspondência exata de tal artigo no código vigente, atualmente ele é consagrado por meio de uma interpretação sistemática de diversas normas: o art. 46, V, por exemplo, estabelece que um dos elementos constantes do registro civil da pessoa jurídica é a existência ou não de responsabilidade subsidiária dos seus membros por suas obrigações; o art. 1.052 restringe a responsabilidade de cada sócio da sociedade limitada ao valor de suas quotas; e assim por diante.

No entanto, o dispositivo que ressalta de maneira mais assertiva a existência do princípio da autonomia da personalidade jurídica é o Art. 50 do Código Civil, que dispõe:

> Art. 50. Em caso de abuso da personalidade jurídica, caracterizado pelo desvio de finalidade, ou pela confusão patrimonial, pode o juiz decidir, a requerimento da parte, ou do Ministério Público quando lhe couber intervir no processo, que os efeitos de certas e determinadas relações de obrigações sejam estendidos aos bens particulares dos administradores ou sócios da pessoa jurídica.

O artigo acima mencionado, ao instituir as hipóteses nas quais os bens particulares dos sócios podem ser afetados, acaba por afirmar que os patrimônios dos sócios e das sociedades não se confundem, evidenciando a existência do princípio supramencionado no ordenamento pátrio. Ulhoa, no mesmo sentido, ensina "A teoria maior da desconsideração da personalidade jurídica não é uma teoria contrária à personalização das sociedades empresárias e à sua autonomia em relação aos sócios. Ao contrário, seu objetivo é preservar o instituto[28]". Tavares Borba compartilha da mesma opinião, ao afirmar que "a regra, plenamente vigente, é a da absoluta separação dos patrimônios, somente se admitindo superá-la quando haja ruptura manifesta entre a realidade e a forma jurídica[29]".

Fabio Ulhoa Coelho ensina que o princípio da autonomia da personalidade jurídica é de suma importância para o sistema jurídico brasileiro:

> A mais relevante consequência dessa conceituação das pessoas jurídicas é sintetizada no princípio da autonomia. As pessoas jurídicas não se confundem com as pessoas que a integram – dizia preceito do antigo Código Civil. Em outros termos, a pessoa jurídica e cada um dos seus membros são sujeitos de direito autônomos, distintos, inconfundíveis. [...] Em razão do princípio da autonomia da pessoa jurídica, é ela mesma parte dos negócios jurídicos. Faz-se presente à celebração do ato, evidentemente, por meio de uma pessoa física que por ela assina o instrumento. Mas é a pessoa jurídica que está manifestando a vontade, vinculando-se ao contrato, assumindo direitos e contraindo obrigações em virtude do negócio jurídico[30].

O autor ainda ensina que, conforme já mencionado, a motivação jurídica para que o empresário efetivamente se sujeite a exercer as atividades empresárias é a limitação das perdas, que não devem ultrapassar os recursos já aportados na atividade. A parte excedente ao valor aportado pelos sócios deverá ser

[28] Coelho, Fabio Ulhoa. **Curso de Direito Comercial**, Vol 2, 5. Ed. São Paulo: Saraiva, 2001, p. 37.

[29] Borba, José Edwaldo Tavares. **Direito Societário**. 8. ed. Rio de Janeiro: Renovar, 2003, p. 25.

[30] Coelho, Fábio Ulhoa. **Curso de Direito Civil**. Parte Geral. Volume 1. Editora Saraiva, 5ª Edição, 2012, p.115.

suportada pelos credores, muitos deles também empresários e exercentes de atividades de risco, de maneira que tal risco, qual seja, o da insolvência ou falência do devedor, deve ser levado em consideração pelo credor quando a obrigação for contraída. Neste sentido, considerando a importância da separação patrimonial na economia capitalista (uma vez que tal separação estimula a atividade econômica, conforme acima mencionado), o princípio da autonomia da personalidade jurídica não pode ser desconsiderado na disciplina da atividade econômica[31].

Há, portanto, uma separação necessária entre as pessoas dos sócios e a sociedade, uma vez que a pessoa jurídica é dotada da personalidade que separa seus patrimônios, e é capaz de contrair obrigações e possuir direitos independentemente dos seus administradores e sócios. Neste sentido, Maria Helena Diniz, para quem a pessoa jurídica é "a unidade de pessoas naturais ou de patrimônios, que visa a consecução de certos fins, reconhecida pela ordem jurídica como sujeito de direitos e obrigações[32]"; e Carlos Roberto Gonçalves, que ensina que a pessoa jurídica "consiste num conjunto de pessoas ou de bens, dotado de personalidade jurídica própria e constituído na forma da lei, para a consecução de fins comuns[33]".

Para Fabio Konder Comparato, a personalização é uma técnica de separação patrimonial. Fabio Ulhoa, no entanto, ressalta que essa concepção, no entanto, não presta para a personalização da pessoa física, uma vez que a esta não decorre separação patrimonial[34].

[31] COELHO, Fabio Ulhoa. **Curso de Direito Comercial**, Vol 2, 5. Ed. São Paulo: Saraiva, 2001, p. 39.

[32] DINIZ, Maria Helena. **Código Civil Anotado**, 15. ed. rev. e. atual. São Paulo: Saraiva, 2010. P.40.

[33] GONÇALVES, Carlos Roberto. **Direito Civil Brasileiro**. 51. ed. São Paulo: Saraiva, 2017. v.1., p.221.

[34] COELHO, Fabio Ulhoa. **Pessoa Jurídica: Conceito e Desconsideração**. Revista Justitia, São Paulo, 49(137):63-95. Jan/mar, 1987, p.70.

Ulhoa, por sua vez, vai além ao conceituar o instituto da personalização: para ele, é incorreto afirmar que pessoa e sujeito de direito são sinônimos, uma vez que "Para ser titular de direitos e obrigações, não é necessário ser pessoa (física ou jurídica), eis que o direito contempla muitas hipóteses de sujeito de direito despersonalizado[35]".

Em sua concepção, mais do que simplesmente separar o patrimônio, a personalização consiste na subsunção de um determinado sujeito a um regime jurídico próprio das pessoas, e o que caracteriza este regime jurídico é a atribuição de uma autorização genérica para os atos jurídicos em geral, ou seja, ao passo que as pessoas têm autorização para realizar atos jurídicos em geral, e a exceção a tal regra só pode ocorrer quando o ordenamento jurídico expressamente o fizer. Os entes despersonalizados, por sua vez, não podem realizar atos jurídicos em geral, exceto por meio de autorizações especificas do ordenamento[36].

Essa regra, no entanto, comporta três exceções: os atos típicos da pessoa física (por exemplo, o casamento e a adoção), que não podem ser praticados pela pessoa jurídica mesmo se eventualmente não houver vedação legal para tanto; os atos jurídicos de essência dos sujeitos de direito despersonalizados podem ser por eles praticados, mesmo se eventualmente não houver autorização legal expressa para tanto (por exemplo, celebração de contrato de trabalho por condomínio horizontal); e o Estado, embora seja pessoa jurídica, depende de autorização expressa para a prática de atos jurídicos[37].

[35] COELHO, Fabio Ulhoa. **Pessoa Jurídica: Conceito e Desconsideração**. Revista Justitia, São Paulo, 49(137):63-95. Jan/mar, 1987, p.70.

[36] COELHO, Fabio Ulhoa. **Pessoa Jurídica: Conceito e Desconsideração**. Revista Justitia, São Paulo, 49(137):63-95. Jan/mar, 1987, p.70.

[37] COELHO, Fabio Ulhoa. **Manual de Direito Comercial**. 25. ed. 2. tir. São Paulo: Saraiva, 2013. p. 141.

A personalização, portanto, na concepção de Ulhoa, tem as seguintes consequências: (i) titularidade negocial, uma vez que quando a sociedade realiza os negócios jurídicos em nome próprio assume um dos polos da relação negocial; (ii) titularidade processual, uma vez que a pessoa jurídica tem capacidade para ser parte processual; e (iii) responsabilidade patrimonial, uma vez que a sociedade possui patrimônio próprio e inconfundível com o patrimônio individual de cada sócio[38]. Para Ulhoa, estas consequências "constituem verdadeiros princípios do direito societário[39]".

Portanto, considerando os conceitos desenvolvidos pelos doutrinadores conforme elucidados acima e os conceitos apresentados por Ulhoa, em decorrência do princípio da autonomia da pessoa jurídica, é possível afirmar que é a sociedade (e não os seus sócios ou administradores) que figura como parte dos negócios jurídicos de seu interesse e é titular dos direitos e obrigações deles decorrentes, bem como demanda e é demandada em razão de tais direitos e obrigações. Sendo assim, é apenas o patrimônio da sociedade (e não o de seus sócios ou administradores – a não ser em situações específicas elencadas pela lei) que responde por suas obrigações.

A conclusão lógica depreendida do princípio da autonomia da personalidade jurídica, portanto, é que, da mesma maneira que a personalidade jurídica impede que o patrimônio do sócio seja afetado por dívidas contraídas pela sociedade, o patrimônio da sociedade deve estar protegido de eventuais débitos contraídos por qualquer dos seus sócios, uma vez que a sociedade e os sócios não se confundem e têm patrimônios distintos.

[38] COELHO, Fabio Ulhoa. **Manual de Direito Comercial**. 25. ed. 2. tir. São Paulo: Saraiva, 2013. p. 142.

[39] COELHO, Fabio Ulhoa. **Manual de Direito Comercial**. 25. ed. 2. tir. São Paulo: Saraiva, 2013. p. 143.

2. Sociedade Limitada

2.1. Breve Histórico

As sociedades limitadas foram criadas por iniciativa dos parlamentares para atender ao interesse de pequenos e médios empreendedores que desejavam limitar a sua responsabilidade na exploração de atividades econômicas, sem a necessidade de atender as formalidades para constituição das sociedades anônimas[40],[41],[42], uma vez que a maior parte dos modelos societários existentes à época previam a responsabilidade ilimitada dos sócios, observado que, ainda que a lei anterior afirmasse que a responsabilidade do sócio era limitada ao valor de sua quota no capital social, ela era ilimitada caso suas deliberações ofendessem o contrato social ou a lei[43].

Este tipo societário surgiu primeiramente na Alemanha, em 1892, por meio de iniciativa parlamentar (ao contrário do que ocorre com outros tipos societários, cuja organização de fato ocorre preliminarmente a disciplina normativa)[44], e inspirou

[40] Coelho, Fabio Ulhoa. **Curso de Direito Comercial**, Vol 2, 5. Ed. São Paulo: Saraiva, 2001, p. 358.

[41] Ensina Ulhoa que as primeiras tentativas de endereçar este interesse se manifestam pela simplificação das regras aplicáveis às sociedades por ações, verificadas na Inglaterra por meio da *limited by shares*, referida no *Companies Act* de 1863 e, na França, por meio da *Societé à responsabilité limitée*, de 1863, mas que estas constituíram apenas subtipos da sociedade anônima ajustados a empreendimentos que não reclamam a soma elevada de recursos, não são tipos novos de sociedade. A *Gessellschaft mit beschränkter Haftung* alemã atende de tal forma as solicitações dos pequenos e médios empreendedores que acaba se propagando e inspirando sua adoção em diversos outros países. (Coelho, Fabio Ulhoa. **Curso de Direito Comercial**, Vol 2, 5. Ed. São Paulo: Saraiva, 2001, p. 358).

[42] Lucena, José Waldecy. **Das Sociedades Limitadas.** 6.Ed. Rio de Janeiro: Renovar, 2005, p.4.

[43] Bifano, Palma Elidie, Bento, Sérgio Roberto de Oliveira. **Aspectos Relevantes do Direito de Empresa de Acordo com o Novo Código Civil**. São Paulo: Quartier Latin do Brasil, 2005, p.180.

[44] Sobre o assunto, diverge Lucena, que afirma que a sociedade limitada na Inglaterra surgiu antes da promulgação da primeira lei sobre sociedade limitada

diversos outros ordenamentos jurídicos[45]. Ela foi introduzida no nosso direito no ano de 1919, por meio do Decreto nº 3.708 (a Lei das Limitadas – LL), no entanto, em caso de omissões do Decreto, as disposições do Código Comercial de 1850 deveriam ser aplicadas.

2.2. Considerações Iniciais

A sociedade limitada, atualmente, representa cerca de 27% do número total de agentes econômicos do país, e é o tipo societário mais utilizado pelos empreendedores, representando cerca de 80% das sociedades empresárias registradas nas Juntas Comerciais, segundo dados de 2018 fornecidos pelo Instituto Brasileiro de Planejamento e Tributação[46].

O sucesso deste tipo societário pode ser atribuído a duas características principais, que serão estudadas ao longo deste capítulo: (i) a limitação da responsabilidade dos sócios, por meio da qual os empreendedores e investidores limitam as perdas no caso de insucesso do empreendimento; e (ii) seu caráter contratual, por meio do qual as relações entre os sócios podem obedecer as manifestações de suas vontades, de maneira que a margem para negociação dos sócios é maior[47]. A maior aceitação deste tipo societário também pode ser explicada por outras razões, como a simplicidade de sua constituição, agilidade para efetivar alterações societárias e a desnecessidade de realizar

(Lucena, José Waldecy. **Das Sociedades Limitadas.** 6.Ed. Rio de Janeiro: Renovar, 2005, p.6).

45 Coelho, Fabio Ulhoa. **Curso de Direito Comercial**, Vol 2, 5. Ed. São Paulo: Saraiva, 2001, p. 358.

46 Disponível em <https://www.empresometro.com.br/Home/Estatisticas>. Acesso em 3 de junho de 2018.

47 Coelho, Fabio Ulhoa. **Curso de Direito Comercial**, Vol 2, 5. Ed. São Paulo: Saraiva, 2001, p. 358.

as publicações obrigatórias para as sociedades por ações, por exemplo[48].

Ademais, este tipo societário muitas vezes é utilizado por investidores estrangeiros, motivados por razões tributárias em seus países de origem, uma vez que a sociedade limitada brasileira se enquadra em alguns sistemas jurídicos como uma "sociedade de pessoas" (*partnership*), que permite ao sócio estrangeiro utilizar regras tributárias especiais no reconhecimento dos resultados de seus investimentos[49].

2.3. Natureza Jurídica

Uma das classificações mais antigas para as sociedades mercantis é distingui-las entre sociedades de pessoas e sociedades de capitais. Nas sociedades de pessoas, os atributos pessoais dos sócios são imprescindíveis para que eles sejam aceitos na sociedade. Suas características principais são a confiança recíproca, a solvência, a experiência dos sócios e demais particularidades: são as chamadas *intuito personae*. Nas sociedades de capitais, por sua vez, as particularidades dos sócios não são levadas em consideração: unem-se os capitais, não os indivíduos[50].

Sobre o assunto, no entendimento de Tavares Borba, as sociedades de responsabilidade ilimitada e as sociedades simples são todas "de pessoas", uma vez que as quotas somente podem ser transferidas com o consentimento dos demais sócios, conforme o entendimento depreendido da análise do art. 1.003 cumulado

[48] BIFANO, Palma Elidie, BENTO, Sérgio Roberto de Oliveira. **Aspectos Relevantes do Direito de Empresa de Acordo com o Novo Código Civil**. São Paulo: Quartier Latin do Brasil, 2005, p.199.

[49] BIFANO, Palma Elidie, BENTO, Sérgio Roberto de Oliveira. **Aspectos Relevantes do Direito de Empresa de Acordo com o Novo Código Civil**. São Paulo: Quartier Latin do Brasil, 2005, p.199.

[50] TEIXEIRA, Egberto Lacerda. **Das Sociedades por Quotas de Responsabilidade Limitada**. 2.ed. São Paulo: Quartier Latin, 2006, p.24.

com o art. 999 do Código Civil. A sociedade por ações, por sua vez, é uma sociedade de capitais, pois não são admitidas normas estatutárias que impeçam a negociações das ações, conforme dispõe o art. 36 da Lei das S.A. Para ele, no entanto, a sociedade limitada não se encontra sujeita à uma norma rígida, uma vez que o contrato social pode prever normas sobre a transferibilidade das quotas, caso em que, se o contrato social prever que as quotas são intransferíveis, a sociedade é de pessoas, e se forem transferíveis, a sociedade é de capitais[51].

Ulhoa aponta que a discussão sobre a natureza da sociedade limitada é um dos mais importantes temas do direito societário brasileiro. Para ele, considerando o contexto de seu surgimento, qual seja, a busca de uma alternativa para a exploração de atividades econômicas que assegurasse a limitação da responsabilidade dos sócios, a sociedade limitada acabou assumindo uma natureza híbrida, assumindo ora traços das sociedades de pessoas, ora traços das sociedades de capital. Ensina, ainda, no mesmo diapasão de Tavares Borba, que a sua natureza (de pessoas ou de capital) é definida pelos seus sócios, em seu contrato social[52].

Sobre o assunto, Egberto Lacerda Teixeira ensina que a doutrina, no Brasil e no exterior, é contrária à classificação das sociedades em "de pessoas" e "de capital", uma vez que todas as sociedades são de pessoas e de capital a um só tempo. Para ele, atualmente, tanto nas sociedades de capital são verificados traços personalistas (por exemplo, limitações à circulação de ações considerando a pessoa do sócio – ou seja, cláusulas de *lockup*), quanto nas sociedades de pessoas são introduzidas cláusulas que permitem a continuação da sociedade em caso de

[51] Borba, José Edwaldo Tavares. **Direito Societário.** 15. ed. rev. atual. e ampl. São Paulo: Atlas, 2017, p.80.

[52] Coelho, Fabio Ulhoa. **Curso de Direito Comercial**, Vol 2, 5. Ed. São Paulo: Saraiva, 2001, p. 364.

morte, falência ou incapacidade de um dos sócios, bem como a livre cessão à terceiros, desde que o ingresso deste terceiro estranho seja aceito por sócios que representem mais de 75% do capital social da sociedade[53].

Waldecy Lucena compartilha da mesma opinião. O doutrinador aduz que a doutrina passou a contestar cada vez mais tal classificação das sociedades em "de pessoas" e "de capital". Afirma, ainda, que Carvalho de Mendonça já entendia referida classificação como ilógica, por confundir a sociedade com os sócios e por não considerar o fato de que todas as sociedades possuem capital expresso em dinheiro como garantia aos credores sociais[54]. No entanto, reconhece que a classificação continua tendo certa relevância no território nacional, e no mesmo diapasão de Egberto Teixeira, entende que a sociedade limitada pode estruturar-se tanto como uma sociedade de pessoas, quanto como uma sociedade de capitais[55].

Carlos Henrique Abrão, no mesmo sentido, entende que "a distinção entre sociedades comerciais e capitais e sociedades de pessoas é puramente doutrinária, não merecendo agasalho pelo legislador", e afirma que Vivante pondera na mesma linha de raciocínio, ao considerar a distinção "mais brilhante do que sólida[56]". No entanto, apesar de afirmar que a orientação mais aceita atualmente "caminha no sentido de entender a sociedade por quotas de responsabilidade limitada como um tipo misto, onde coexistem tanto as características de uma organi-

[53] TEIXEIRA, Egberto Lacerda. **Das Sociedades por Quotas de Responsabilidade Limitada**. 2.ed. São Paulo: Quartier Latin, 2006. p.25.

[54] LUCENA, José Waldecy. **Das Sociedades Limitadas.** 6.Ed. Rio de Janeiro: Renovar, 2005, p.54.

[55] LUCENA, José Waldecy. **Das Sociedades Limitadas.** 6.Ed. Rio de Janeiro: Renovar, 2005, p. 63.

[56] ABRÃO, Carlos Henrique. **Penhora de Quotas de Sociedade Limitada**. 4.ed. rev, atual. e ampl. São Paulo: Malheiros, 2013. p. 24.

zação pessoal, como também as diretrizes de um ente baseado no capital", entende que tal caráter misto não pode prevalecer, uma vez que, como na atualidade a tendência é a preservação do organismo social para possibilitar o desenvolvimento da atividade econômica, a conotação de que a sociedade limitada é uma sociedade de capital se sobrepõe ao entendimento de que a sociedade limitada é uma sociedade de pessoas[57].

A principal crítica sobre essa classificação tradicional reside na inaptidão para tratar uma situação muito comum nas relações entre os sócios: em muitas situações, alguns sócios são pessoalmente responsáveis para o sucesso da empresa, enquanto a outra parte tem a colaboração limitada ao aporte de recursos materiais[58].

É importante ressaltar que o Código Civil aduz em seu Art. 1.057 que mesmo se o contrato social da sociedade for silente acerca da anuência dos demais sócios quanto ao ingresso de terceiro na sociedade, somente será admitido o terceiro caso não haja oposição de mais de 25% do capital social, o que reforça o caráter *intuito personae* da sociedade limitada, dando-lhe a conotação, portanto, de sociedade de pessoas.

A classificação sobre a natureza jurídica das sociedades limitadas tem importância uma vez que a maior ou menor dependência da sociedade em relação às qualidades pessoais dos sócios é relevante, principalmente, ao estabelecer os critérios para três temas societários: o das condições para a cessão das quotas sociais, a penhorabilidade destas por dívida do sócio e as implicações do falecimento do sócio, pois, quando o sócio pode interferir na realização do objeto social da sociedade, a cessão da participação societária deve estar sujeita à concor-

[57] Abrão, Carlos Henrique. **Penhora de Quotas de Sociedade Limitada.** 4.ed. rev, atual. e ampl. São Paulo: Malheiros, 2013. p. 25.

[58] Coelho, Fabio Ulhoa. **Curso de Direito Comercial**, Vol 2, 5. Ed. São Paulo: Saraiva, 2001, p. 364.

dância dos demais membros da sociedade, uma vez que nessa situação todos os demais membros tem seus interesses potencialmente lesados com o ingresso de uma pessoa nova no quadro societário[59].

2.4. Principais Características das Sociedades Limitadas Pertinentes ao Estudo do Tema

2.4.1. Legislação Aplicável

A sociedade limitada é disciplinada por um capítulo próprio do Código Civil (Arts. 1.052 a 1.087) e pelo disposto em seu contrato social. Tais normas, no entanto, não são suficientes para disciplinar todas as questões concernentes a este tipo societário. A princípio, nas omissões do Código Civil aplicam-se as regras das sociedades simples, dispostas nos Arts. 997 e seguintes, conforme disposto no Art. 1.053 deste diploma legal. Ainda, o parágrafo único deste mesmo artigo dispõe que as sociedades limitadas podem ter regência supletiva pela Lei das Sociedades por Ações (Lei nº 6.404 de 1976), se o contrato social assim prever.

2.4.2. Constituição

A sociedade empresária, conforme verificado nos capítulos anteriores, surge a partir do encontro de vontades de seus sócios e, no caso da sociedade limitada, suas regras e preceitos se manifestam através do contrato social. Ensina Ulhoa que o contrato social é uma espécie bastante peculiar de contrato, uma vez que as normas gerais de direito civil pertinentes aos contratos não podem, pura e simplesmente, ser aplicadas ao contrato social, em face de suas particularidades. Ainda assim, a doutrina majoritária, seguindo a doutrina italiana[60], aponta o contrato social

[59] COELHO, Fabio Ulhoa. **Curso de Direito Comercial**, Vol 2, 5. Ed. São Paulo: Saraiva, 2001, p. 365.

[60] LUCENA, José Waldecy. **Das Sociedades Limitadas**. 6.Ed. Rio de Janeiro: Renovar, 2005, p. 73.

como uma espécie de contrato plurilateral[61], uma vez que este contrato converge para um mesmo objetivo comum, qual seja, a vontade dos contratantes[62],[63].

A doutrina clássica aponta que um dos pressupostos de existência da sociedade como contrato plurilateral é a *affectio societatis*, uma vez que seus expoentes afirmam que a *affectio societatis* é disposição que os sócios manifestam ao ingressar

[61] Ensina Ulhoa que, como nem todos os preceitos próprios do direito dos contratos são aplicáveis ao contrato social, alguns autores procuraram explorar a tese de que a sociedade limitada não teria, propriamente, natureza contratual. Estas teorias, chamadas teorias anticontratualistas, representam tentativas de redefinição da natureza do ato de constituição das sociedades. Uma das hipóteses levantadas é a de que as manifestações de vontade dos sócios para a formação das sociedades é um *ato complexo*. Outra tese, a *eclética*, aduz que a relação *inter sócios* teria feitio de contrato, mas as relações da sociedade com terceiros teriam a natureza de ato unilateral. Estas teorias, no entanto, não frutificaram, sendo que desde os anos 1960 as concepções contratualistas predominam no exame da natureza do ato constitutivo da sociedade. A teoria do contrato social como contrato plurilateral foi uma contribuição de Tullio Ascarelli, e apontou o rumo para a evolução do tratamento do tema. A doutrina, insatisfeita com a teoria dominante de que o contrato social é uma modalidade singular de contrato plurilateral, concebeu a teoria do contrato-organização, adotada por Salomão Filho, que contrapõe à categoria dos contratos de permuta os chamados *contratos associativos*, de maneira que, enquanto os primeiros criam direitos subjetivos entre as partes, os contratos associativos visam criar uma organização. Ulhoa, no entanto, chama a atenção para o fato de que nenhuma das duas teorias, a ascarelliana ou a do contrato-organização, tratou sobre as obrigações entre os sócios e a sociedade recém-formada, por exemplo, a obrigação de integralizar a quota subscrita (In: COELHO, Fabio Ulhoa. **Curso de Direito Comercial**, Vol 2, 5. Ed. São Paulo: Saraiva, 2001, p. 373).

[62] COELHO, Fabio Ulhoa. **Manual de Direito Comercial**. 25. ed. 2. tir. São Paulo: Saraiva, 2013. p. 159.

[63] Lucena, em sua obra, lamenta que o ordenamento jurídico brasileiro não tenha disciplinado o contrato plurilateral como fez o ordenamento jurídico italiano, mas afirma que ainda que este não esteja positivado, os princípios e soluções jurídicas são aplicáveis aos contratos brasileiros, já que não estão vedados pelo sistema normativo. (LUCENA, José Waldecy. **Das Sociedades Limitadas**. 6.Ed. Rio de Janeiro: Renovar, 2005, p. 73.)

em uma sociedade empresária, de lucrar ou suportar prejuízo em decorrência do negócio. Ensina Ulhoa que "esta disposição, esse ânimo, é condição de fato da existência a sociedade pluripessoal, posto que, sem ela, não haverá a própria conjugação de esforços indispensável à criação e desenvolvimento do ente coletivo[64]."

Rubens Requião, por sua vez, menciona a busca da doutrina pelo real sentido da expressão, mas conclui que, para ele, a *affectio societatis* é um elemento característico do contrato útil na prática da vida comercial, uma vez que distingue a sociedade de outros tipos de contrato. Para ele, "o conceito é subjetivo, o elemento é intencional, e se deve perquirir dos reflexos aparentes e exteriores, se a intenção do agente foi de unir seus esforços para obter resultados comuns, que isoladamente não seriam tão plenamente conseguidos[65]."

Valladão e Adamek, em contraposição, ensinam que a origem da expressão *affectio societatis* encontra-se no direito romano, mas que esta nunca foi um elemento constitutivo do contrato de sociedade, apenas um traço distintivo deste tipo de contrato de outros tipos de comunhão de esforços comuns no direito romano (por exemplo, o *consortio inter frates*): para eles, o conceito a ela atribuído foi ampliado e se tornou equivocado[66].

Aduzem os autores que a expressão, quando traduzida literalmente, é desprovida de alcance, uma vez que o elemento

64 Coelho, Fabio Ulhoa. **Manual de Direito Comercial**. 25. ed. 2. tir. São Paulo: Saraiva, 2013. p. 162.

65 Requião, Rubens. **Curso de Direito Comercial**, Vol. 1, 22. Ed. São Paulo: Saraiva, 1995, p.289.

66 França, Erasmo Valladão Azevedo e Novaes, Adamek, Marcelo Vieira Von. **Affectio Societatis: um conceito jurídico superado no moderno direito societário pelo conceito de fim social**. apud França, Erasmo Valladão Azevedo e Novaes (coord.). **Direito Societário Contemporâneo I**. São Paulo: Quartier Latin, 2009, p. 135-137.

voluntário existe em todos os tipos de contrato. Para eles, "o direito moderno encontra, no fim social, sua estrela polar[67]".

Os ilustres doutrinadores ensinam que a noção de *affectio societatis* é praticamente ignorada nos sistemas jurídicos mais modernos de outras jurisdições e, que em tais jurisdições, evidentemente, as sociedades limitadas continuam a existir – o que revela que a *affectio societatis* não pode ser elemento constitutivo ou característico do contrato de sociedade. Assumem, no entanto, que a noção de *affectio societatis* ainda ecoa na doutrina brasileira[68].

A *affectio societatis*, apesar de toda a discussão envolvida em torno de referido princípio, ainda é considerada pela doutrina majoritária um requisito de *existência* do contrato de sociedade, conforme acima mencionado, em conjunto com a pluralidade de sócios.

Além destes requisitos de existência, o contrato social deve observar outros requisitos para ser válido: os requisitos aplicáveis a todos os negócios jurídicos, elencados pelo Art. 104 do Código Civil e os requisitos específicos dos contratos sociais de sociedade. Os primeiros são: agente capaz, objeto possível e lícito e forma prescrita e não defesa por lei. Os requisitos específicos dos contratos sociais de sociedades limitadas são: contribuição de todos os sócios para formação do capital social e participação de todos os sócios nos resultados[69].

[67] França, Erasmo Valladão Azevedo e Novaes, Adamek, Marcelo Vieira Von. **Affectio Societatis: um conceito jurídico superado no moderno direito societário pelo conceito de fim social**. apud França, Erasmo Valladão Azevedo e Novaes (coord.). **Direito Societário Contemporâneo I**. São Paulo: Quartier Latin, 2009, p. 145.

[68] França, Erasmo Valladão Azevedo e Novaes, Adamek, Marcelo Vieira Von. **Affectio Societatis: um conceito jurídico superado no moderno direito societário pelo conceito de fim social**. apud França, Erasmo Valladão Azevedo e Novaes (coord.). **Direito Societário Contemporâneo I.** São Paulo: Quartier Latin, 2009, p. 136.

[69] Coelho, Fabio Ulhoa. **Manual de Direito Comercial**. 25. ed. 2. tir. São Paulo: Saraiva, 2013, p. 162.

Além disso, o contrato social, conforme mencionado acima, deverá prever as normas disciplinadoras da vida social, devendo observar algumas cláusulas que são indispensáveis por lei, chamadas cláusulas essenciais, que estão elencadas no Art. 997, I a IV e VI do Código Civil, quais sejam: qualificação dos sócios, objeto social, nome empresarial, sede, prazo de duração, capital social e quotas dos sócios e nomeação do administrador.

Importante ressaltar, ainda, que apesar de todas as discussões existentes sobre a natureza da personalidade jurídica[70], o contrato social da sociedade deve ser inscrito no respectivo registro, no caso das sociedades empresárias limitadas, na junta comercial do local de sua sede, conforme Arts. 45 e 998 do Código Civil, para garantir a limitação da responsabilidade dos sócios.

2.4.3. Estrutura do Capital Social e Responsabilidade dos Sócios

Para que as atividades dos indivíduos que desejaram se associar sejam desenvolvidas por meio da sociedade limitada, estes indivíduos precisam investir recursos na sociedade, através da contribuição de bens, dinheiro ou créditos ao patrimônio desta sociedade. Quando estes indivíduos desejam formar a sociedade, o ponto central deste acordo de vontades é a organização conjunta da empresa, e, neste acordo de vontades, cada contratante assume a obrigação de disponibilizar os recursos que entendem necessários para a viabilização do negócio a ser explorado, recursos estes que representam o *capital social* da sociedade.

A quantia que cada sócio se *comprometeu* a aportar é o capital *subscrito* por tal sócio, e o efetivo *aporte* desta quantia no patrimônio da sociedade pelo sócio que a subscreveu é a *integraliza-*

[70] Ver capítulo 2.2.

ção da participação daquele sócio no capital social da sociedade. O capital social da sociedade limitada é dividido em quotas, que podem ser de valor igual ou diferente, de maneira que se afigura óbvio, portanto, que as quotas devem possuir valor nominal.

Importante ressaltar que, conforme ensina Egberto Lacerda Teixeira, o Código Comercial previa outros conceitos aplicáveis aos recursos aportados pela sociedade, quais sejam: fundos líquidos, fundos sociais e capital social. Nas palavras do doutrinador: "O capital social é o fundo originário e essencial da sociedade, fixado pela vontade dos sócios; é o monte constituído para a base das operações"; ao passo que o fundo social "é o patrimônio da sociedade no sentido econômico, a dizer, a soma de todos os bens que podem ser objeto de troca, possuídos pela sociedade; compreende não somente o capital social, como tudo o que a sociedade adquirir e possuir durante a sua existência[71]".

"Fundos líquidos", por sua vez, consistiam no resultado dos aportes patrimoniais feitos pelos sócios na sociedade, subtraídas as perdas e considerando os lucros do exercício da atividade comercial que seriam apurados em eventual liquidação[72].

Com o advento da promulgação do novo Código Civil, o ordenamento não previu expressamente as expressões "fundo social" e "fundo líquido", mas pode-se afirmar que "fundo social" é, atualmente, conceituado como o patrimônio líquido da sociedade e "fundo líquido" é o resultado obtido na apuração de haveres atribuível ao sócio.

[71] Teixeira, Egberto Lacerda. **Das Sociedades por Quotas de Responsabilidade Limitada**. 2.ed. São Paulo: Quartier Latin, 2006, p.84.

[72] Branco, Gerson Luis Carlos. DILL, Amanda Lemos. **Penhora de Quotas de Sociedade Limites e Possibilidades Interpretativas do Art. 1.025 do CC/2002 e Segundo do Novo Código de Processo Civi**l. Revista de Direito Privado. Vol. 64/2015. Out – Dez/2015, p. 4

A natureza da quota é uma questão muito controvertida no direito societário. Ensina Borba que a quota representa uma fração, uma parcela indivisível do capital social e, como consequência, uma posição de direitos e deveres perante a sociedade. Ainda, no entendimento do ilustre doutrinador, ela é um bem classificado como móvel, para os efeitos legais, integrando a categoria dos bens incorpóreos, de maneira que as quotas funcionam como objeto do direito de propriedade, ou seja, os quotistas detêm a propriedade das quotas[73],[74].

Rubens Requião, seguindo a doutrina de Carvalho de Mendonça, considera a quota como um direito de duplo aspecto: direito patrimonial e direito pessoal, sendo o direito patrimonial identificado como o crédito advindo do recebimento de dividendos quando a sociedade obtiver lucros e da apuração dos haveres, e o direito pessoal identificado como os direitos decorrentes do status de sócio[75]. Ainda, em contraposição ao posicionamento de dominante na doutrina, aduz:

> Não nos parece procedente a classificação da cota social como um bem imaterial. Melhor se afigura a posição de Carvalho de Mendonça, que nela viu como já sabemos, um direito de crédito futuro, pois ao contribuir para a formação do capital social o sócio transfere seus cabedais, e passa a gozar apenas dos resultados

[73] Borba, José Edwaldo Tavares. **Direito Societário.** 15. ed. rev. atual. e ampl. São Paulo: Atlas, 2017, p.46.

[74] No mesmo sentido Carlos Henrique Abrão, ao afirmar que "A quota adquire uma peculiar individualidade, afeta ao patrimônio do sócio, consubstanciando um bem incorpóreo (...) ou bem imaterial, como hoje se fala, porém com conteúdo econômico e importância jurídica. Nota-se, sobretudo, pelo desenvolvimento da temática, que a quota estabelece um feixe de relações distintas, não conferindo tão somente uma quantia matemática de participação no capital" (in: Abrão, Carlos Henrique. **Penhora de Quotas de Sociedade Limitada**. 4.ed. rev, atual. e ampl. São Paulo: Malheiros, 2013. p. 31).

[75] Requião, Rubens. **Curso de Direito Comercial**, Vol. 1, 22. Ed. São Paulo: Saraiva, 1995, p.340.

> líquidos desse investimento. Seu direito a tais cabedais, que integram o patrimônio da sociedade e passam a pertencer-lhe, configura uma expectativa de crédito futuro, que se vai consolidar se remanescer algum valor na final liquidação da sociedade[76].

É importante ressaltar ainda que as quotas, diferentemente das ações, não são bens em si mesmas e não são valores mobiliários. Ensina Borba que as quotas correspondem a uma posição de direitos (pessoais e de caráter patrimonial) perante a sociedade, enquanto a ação é propriamente objeto de direito, e dela decorrem os direitos de seu titular em relação à sociedade. Ou seja, quem transfere quotas aliena uma posição social, um direito no qual as quotas correspondem, e quem transfere ações aliena um valor mobiliário que é a própria ação[77]. Ensina Requião, no mesmo sentido, que "a ação constitui um título de crédito, negociável, de valor uniforme, suscetível de fácil alienação, usufruto, penhora, etc., ao passo que a parte social ou cota não constitui título de crédito negociável[78]"

A responsabilidade dos sócios é restrita ao valor de suas quotas, porém todos os sócios respondem solidariamente pela integralização do capital social, conforme disposto no art. 1.052 do Código Civil, e os sócios respondem solidariamente pelos bens aportados ao capital social da sociedade pelo prazo de cinco anos, nos termos do §1º do art. 1.055 do Código Civil.

Sobre o assunto, ensinam Walfrido Jorge Warde Jr. e Rodrigo R. Monteiro de Castro que a "troca econômica essencial", ou seja, a troca entre o valor aportado no capital social por quotas,

[76] REQUIÃO, Rubens. **Curso de Direito Comercial**, Vol. 1, 22. Ed. São Paulo: Saraiva, 1995, p.343.

[77] BORBA, José Edwaldo Tavares. Direito Societário. 15. ed. rev. atual. e ampl. São Paulo: Atlas, 2017, p.46-47.

[78] REQUIÃO, Rubens. **Curso de Direito Comercial**, Vol. 1, 22. Ed. São Paulo: Saraiva, 1995, p.341.

explica a limitação da responsabilidade dos sócios pelas dívidas da sociedade. Com isso, os sócios se tornam *credores* da sociedade, uma vez que "o pagamento das quotas importa em uma efetiva transferência de propriedade" do valor aportado ao capital, e que tal valor transmuda-se em "elementos de produção de *exclusiva propriedade* da sociedade" (grifos nossos). Para os autores, "aos sócios não remanescem quaisquer poderes de usar, de gozar e de dispor desses meios de produção, que se submetem a um poder da sociedade, o poder de controle empresarial"[79].

Neste mesmo sentido entende o professor Gerson Branco, ao expor que o patrimônio que o sócio integralizou e que constitui, portanto, patrimônio da sociedade, passa a ser uma *dívida* da sociedade perante o sócio, que não pode ser cobrada em prejuízo dos credores da própria sociedade, motivo pelo qual tal crédito é subordinado, ou seja, não pode ser exigido exceto caso a sociedade possua recursos para pagar os demais credores. Este constitui o chamado "passivo não exigível" da sociedade[80].

Alexandre Ferreira de Assumpção Alves e Matheus Souza Ramalho, também entendem que o sócio possui com a sociedade um direito de crédito. Afirmam que, ainda que o sócio seja titular de quotas, ele não tem direito de propriedade sobre o patrimônio da sociedade, mas apenas um direito de crédito condicionado ao resultado positivo da liquidação. Explicam, ainda, que após a subscrição das quotas e consequente integralização instrumentalizada por meio da conferência do capital

[79] WARDE JR., Walfrido Jorge. CASTRO, Rodrigo R. Monteiro de. **O Futuro da Limitação de Responsabilidade** apud AZEVEDO, Luiz André N. de Moura. CASTRO, Rodrigo R. Monteiro de. (coord.). Sociedade Limitada Contemporânea. São Paulo: Quartier Latin, 2013. p. 746-747.

[80] BRANCO, Gerson Luiz Carlos. **A Penhora de Quotas de Sociedades Limitadas e a Garantia das Obrigações**. p. 2 In: < https://www.conjur.com.br/2018-fev-12/direito-civil-atual-penhora-quotas-garantia-obrigacoes>, acesso em 3 de junho de 2018.

social, essas se "desintegram" do sócio e passam a fazer parte do patrimônio da sociedade, em corolário do princípio do *universitas distat a singulis*[81].

Ainda que a doutrina majoritária entenda a quota como um bem imaterial, conforme entendimento de Tavares Borba e Abrão, acima mencionados, verifica-se aí um conflito bastante significativo: ao mesmo tempo que afirmam que a quota é um bem e que os quotistas detêm a sua propriedade, ensinam que a quota não tem a mesma natureza da ação, ou seja, não é um valor mobiliário, mas representa um *direito*.

O posicionamento de Requião parece fazer mais sentido, ao afirmar que a natureza patrimonial da quota se traduz no direito de crédito decorrente do recebimento de dividendos quando a sociedade obtiver lucros e da apuração dos haveres, quando houver a sua dissolução, principalmente quando considerado que os sócios possuem, com a sociedade, uma relação de crédito, conforme entendimentos mencionados acima.

3. A Penhora de Quotas

3.1. Breve Conceito de Penhora

A penhora é a primeira fase do procedimento de expropriação, no qual há a retirada de um bem do patrimônio do devedor para que sua obrigação com o credor seja satisfeita. É um instrumento processual pelo qual o órgão judiciário submete a seu poder imediato determinados bens do executado, de maneira a destiná-los à satisfação do direito do exequente, tendo, portanto, natureza de ato executório. A partir da penhora, o bem que responderá pelo débito é escolhido, isolado e destinado para tanto[82].

[81] ALVES, Alexandre Ferreira de Assumpção. RAMALHO, Matheus Souza. **Penhora de Quotas por Dívida Particular de Sócio: Evolução Histórico-Legislativa e Jurisprudencial**. Curitiba: Revista Brasileira de Direito Empresarial, Jul/Dez. 2016. v. 2. n. 2. p. 201.

[82] LIEBMAN, Enrico Tullio. **Processo de Execução**. 4 ed. São Paulo: Saraiva, 1980, p.123

Conforme ensina Barbosa Moreira, a penhora é o ato pelo qual são apreendidos bens para serem empregados, direta ou indiretamente, na satisfação do crédito exequendo[83].

3.2. Histórico do Instituto e Problemática da Penhorabilidade de Quotas Sob a Luz do Direito Societário

A penhorabilidade de quotas de sociedade limitada sempre foi objeto de bastante discussão no direito brasileiro, uma vez que há um conflito bastante evidente entre o interesse individual do credor do sócio e o interesse da sociedade, pessoa jurídica distinta que, muitas vezes, possui sócios que não tem nenhuma relação com a dívida exigida pelo credor e, por conta da constrição judicial, acabam sendo prejudicados.

O ordenamento pátrio introduziu pela primeira vez normas sobre penhora de participações societárias por meio do alvará de 10 de março de 1649, que versava sobre a Companhia das Índias Orientais. Referido alvará continha a previsão de que o dinheiro aportado na Companhia não poderia ser penhorado ou executado por dívida civil antes de o credor ter executado os bens do devedor. Após verificada esta hipótese, o credor poderia executar a participação do devedor e sucedê-lo na Companhia[84].

A matéria apenas voltou a receber tratamento no direito brasileiro com o advento do Código Comercial de 1850, que regulamentou a penhorabilidade de participações societárias em outras espécies de sociedades, principalmente as sociedades em nome coletivo, o tipo societário predominante da época[85].

[83] MOREIRA, José Carlos Barbosa. **O novo processo civil brasileiro**. 25 ed. Rio de Janeiro: Forense, 2007, p. 235.

[84] BRANCO, Gerson Luis Carlos. DILL, Amanda Lemos. **Penhora de Quotas de Sociedade Limites e Possibilidades Interpretativas do Art. 1.025 do CC/2002 e Segundo do Novo Código de Processo Civil**. Revista de Direito Privado. Vol. 64/2015. Out – Dez/2015, p. 3.

[85] BRANCO, Gerson Luis Carlos. DILL, Amanda Lemos. **Penhora de Quotas de Sociedade Limites e Possibilidades Interpretativas do Art. 1.025 do**

O Código Comercial manteve a subsidiariedade, ou seja, a exigência de execução dos demais bens do credor previamente à constrição do patrimônio social, conforme se depreende da leitura do dispositivo legal:

> Art. 292 – O credor particular de um sócio só pode executar os fundos líquidos que o devedor possuir na companhia ou sociedade, não tendo este outros bens desembargados, ou se, depois de executados, os que tiver não forem suficientes para o pagamento.
>
> Quando uma mesma pessoa é membro de diversas companhias ou sociedades com diversos sócios, falindo uma, os credores dela só podem executar a quota líquida que o sócio comum tiver nas companhias ou sociedades solventes depois de pagos os credores destas.
>
> Esta disposição tem lugar se as mesmas pessoas formarem diversas companhias ou sociedades; falindo uma, os credores da massa falida só têm direito sobre as massas solventes depois de pagos os credores destas.

Ensinam Gerson Branco e Amanda Dill que a característica mais importante do dispositivo de 1850 é a instituição de patrimônios autônomos, ou seja, a individualização dos patrimônios das diversas sociedades, ainda que elas tenham o devedor como sócio em comum[86].

Para os autores, o dispositivo tinha como objetivo afastar a disputa entre os credores particulares de um comerciante falido e os credores de uma determinada casa de comércio pelos mesmos bens, formando tantas massas falidas quanto fossem necessárias.

CC/2002 e Segundo do Novo Código de Processo Civil. Revista de Direito Privado. Vol. 64/2015. Out – Dez/2015, p. 4.

86 BRANCO, Gerson Luis Carlos. DILL, Amanda Lemos. **Penhora de Quotas de Sociedade Limites e Possibilidades Interpretativas do Art. 1.025 do CC/2002 e Segundo do Novo Código de Processo Civil**. Revista de Direito Privado. Vol. 64/2015. Out – Dez/2015, p. 4.

Este conceito tinha o objetivo de proteger o comércio, uma vez que os comerciantes, no exercício de sua função, costumam conceder créditos uns aos outros com base no histórico dos negócios realizados por eles, motivo pelo qual os credores que não estão neste meio e disputariam um único patrimônio com os demais comerciantes da praça do falido que não poderiam ser prejudicados[87].

Compreende-se, também, da leitura do artigo, que a penhora de quotas não era permitida, pois apenas os "fundos líquidos" podiam garantir as dívidas particulares do sócio[88], ou seja, o entendimento predominante na época era de que o credor deveria aguardar a liquidação da sociedade para que o crédito fosse satisfeito[89]. A doutrina de Carvalho de Mendonça (1933), influenciada pela doutrina francesa da época, seguia este entendimento, ao afirmar que as quotas só podiam ser penhoradas após a liquidação dos bens sociais[90]. Na época, a penhora dos fundos sociais (ou seja, do patrimônio da sociedade) era impensável para a doutrina[91].

[87] BRANCO, Gerson Luis Carlos. DILL, Amanda Lemos. **Penhora de Quotas de Sociedade Limites e Possibilidades Interpretativas do Art. 1.025 do CC/2002 e Segundo do Novo Código de Processo Civil**. Revista de Direito Privado. Vol. 64/2015. Out – Dez/2015, p. 4.

[88] BRANCO, Gerson Luis Carlos. DILL, Amanda Lemos. **Penhora de Quotas de Sociedade Limites e Possibilidades Interpretativas do Art. 1.025 do CC/2002 e Segundo do Novo Código de Processo Civil.** Revista de Direito Privado. Vol. 64/2015. Out – Dez/2015, p. 4.

[89] BRANCO, Gerson Luis Carlos. DILL, Amanda Lemos. **Penhora de Quotas de Sociedade Limites e Possibilidades Interpretativas do Art. 1.025 do CC/2002 e Segundo do Novo Código de Processo Civil**. Revista de Direito Privado. Vol. 64/2015. Out – Dez/2015, p. 4.

[90] ALVES, Alexandre Ferreira de Assumpção. RAMALHO, Matheus Souza. **Penhora de Quotas por Dívida Particular de Sócio: Evolução Histórico-Legislativa e Jurisprudencial**. Curitiba: Revista Brasileira de Direito Empresarial, Jul/Dez. 2016. v. 2. n. 2. p. 200.

[91] BRANCO, Gerson Luis Carlos. DILL, Amanda Lemos. **Penhora de Quotas de Sociedade Limites e Possibilidades Interpretativas do Art. 1.025 do**

A promulgação do Decreto nº 3.708/1919, que introduziu a disciplina das sociedades limitadas no país, tampouco resolveu o problema, uma vez que seus artigos não afastaram a incidência do Art. 292 do Código Comercial[92]. No contexto histórico verificado à época, no qual, conforme mencionado anteriormente[93], havia um clamor popular pela inserção deste tipo societário no ordenamento jurídico brasileiro, o sucesso da sociedade por quotas de responsabilidade limitada foi instantâneo, de maneira que passou a ser um modelo muito adotado no período[94].

A promulgação do Código de Processo Civil de 1939 contribuiu para a tese vigente à época sobre a impenhorabilidade das quotas de sociedades limitadas, uma vez que, assim como o Art. 292 do Código Comercial, seu Art. 942, inciso XII, aduzia que os fundos sociais eram absolutamente impenhoráveis. No entanto, dizia o artigo seguinte, em seu inciso II, que os fundos líquidos podiam ser penhorados. Sendo assim, o entendimento sobre a impenhorabilidade era obtido através da interpretação conjugada de tais dispositivos[95].

O Art. 292 do Código Comercial, cumulado com os Arts. 942 e 943 do Código de Processo Civil vigente à época, portanto, estabeleciam uma ordem de prioridade na execução

CC/2002 e Segundo do Novo Código de Processo Civil. Revista de Direito Privado. Vol. 64/2015. Out – Dez/2015, p. 4.

92 BRANCO, Gerson Luis Carlos. DILL, Amanda Lemos. **Penhora de Quotas de Sociedade Limites e Possibilidades Interpretativas do Art. 1.025 do CC/2002 e Segundo do Novo Código de Processo Civil**. Revista de Direito Privado. Vol. 64/2015. Out – Dez/2015, p. 4.

93 Vide capítulo 3.1.

94 BRANCO, Gerson Luis Carlos. DILL, Amanda Lemos. **Penhora de Quotas de Sociedade Limites e Possibilidades Interpretativas do Art. 1.025 do CC/2002 e Segundo do Novo Código de Processo Civil**. Revista de Direito Privado. Vol. 64/2015. Out – Dez/2015, p. 5.

95 LUCENA, José Waldecy. **Das Sociedades Limitadas**. 6.Ed. Rio de Janeiro: Renovar, 2005, p. 367.

dos bens particulares do sócio para a satisfação dos créditos de seus credores, pois obrigatoriamente a execução deveria recair a princípio sobre os bens "desembargados" do devedor, para só então, subsidiariamente, recair sobre os "fundos líquidos"[96].

Verificou-se, no entanto, que o entendimento doutrinário vigente, de impenhorabilidade dos fundos sociais, incentivou os comerciantes a contribuírem todo o seu patrimônio pessoal na sociedade, criando, assim, uma esfera de não responsabilidade para esta classe, colocando os credores particulares dos sócios em uma posição de inferioridade ou subserviência aos credores da sociedade[97]. A jurisprudência, ao perceber esta tendência, precisou se posicionar. Foi neste cenário que o Ministro Nelson Hungria, em 8 de outubro de 1953, proferiu a emblemática decisão que alterou o entendimento sobre a possibilidade de penhora das quotas de sociedade limitada[98].

Referida decisão aduziu que, na falta de outros bens, as quotas podiam ser penhoradas, no entanto, a penhorabilidade deveria recair no direito que elas representam ao seu titular, uma vez que a penhora das quotas poderia culminar na redução do capital social da sociedade. O resultado desta penhora seria, portanto, a substituição do quotista vendedor pelo arrematante

[96] ALVES, Alexandre Ferreira de Assumpção. RAMALHO, Matheus Souza. **Penhora de Quotas por Dívida Particular de Sócio: Evolução Histórico-Legislativa e Jurisprudencial**. Curitiba: Revista Brasileira de Direito Empresarial, Jul/Dez. 2016. v. 2. n. 2. p. 201.

[97] ALVES, Alexandre Ferreira de Assumpção. RAMALHO, Matheus Souza. Penhora de Quotas por Dívida Particular de Sócio: Evolução Histórico-Legislativa e Jurisprudencial. Curitiba: Revista Brasileira de Direito Empresarial, Jul/Dez. 2016. v. 2. n. 2. p. 202.

[98] BRANCO, Gerson Luis Carlos. DILL, Amanda Lemos. **Penhora de Quotas de Sociedade Limites e Possibilidades Interpretativas do Art. 1.025 do CC/2002 e Segundo do Novo Código de Processo Civil**. Revista de Direito Privado. Vol. 64/2015. Out – Dez/2015, p. 5.

ou comprador, assumindo todos os seus encargos, vantagens e ônus[99].

A decisão do ministro Hungria ensejou uma grande discussão doutrinária, por permitir a entrada do credor exequente na sociedade. Várias eram as interpretações e os argumentos utilizados pelos operadores do direito no período, e muitos mudaram de posicionamento com o passar do tempo. Evidentemente, a jurisprudência acabou por refletir esse quadro, proferindo decisões em sentidos opostos para casos semelhantes, o que gerou grande insegurança jurídica[100].

Com a promulgação do Código de Processo Civil de 1973, que não recepcionou a regra sobre a impenhorabilidade dos fundos sociais verificada no diploma anterior, os defensores da impenhorabilidade perderam um importante argumento para sustentar seu posicionamento, no entanto continuaram apegados ao artigo 292 do Código Comercial e ao argumento de que seria inconcebível a admissão de um terceiro estranho à sociedade limitada, *intuito personae*[101].

Após a decisão do ministro Hungria, outra decisão muito importante é o acordão proferido no âmbito do Recurso Extraordinário 90910/PR[102], julgado em 1980. Em referido acórdão, os ministros decidiram por maioria pela penhora de quotas de sociedade limitada por dívida particular do sócio. O recorrente sustentou que, visto que as regras referentes à impenhorabili-

[99] STJ, REsp 24.118 TJ/SP, j. 8.10.1953. rel. Min. Nelson Hungria.

[100] Branco, Gerson Luis Carlos. DILL, Amanda Lemos. **Penhora de Quotas de Sociedade Limites e Possibilidades Interpretativas do Art. 1.025 do CC/2002 e Segundo do Novo Código de Processo Civil**. Revista de Direito Privado. Vol. 64/2015. Out – Dez/2015, p. 6.

[101] Lucena, José Waldecy. **Das Sociedades Limitadas**. 6.Ed. Rio de Janeiro: Renovar, 2005, p. 369.

[102] BRASIL. Supremo Tribunal Federal. Primeira Turma. Recurso Extraordinário 90910/PR. Relator Min. Xavier de Albuquerque. Julgamento em 21/10/1980. In DJ de 14/11/1980, p. 9492.

dade foram alteradas, a penhora portanto passou a ser admitida. A tese também encontra respaldo no fato de que o Art. 720 do Código de Processo Civil de 1973 passou a autorizar o usufruto do quinhão do sócio, de maneira que a sua efetivação só poderia ocorrer se a quota fosse penhorada, uma vez que é a quota que se traduz no quinhão do sócio na empresa[103].

Em 1994, a decisão proferida no âmbito do REsp 39.609-3[104] balizou e ainda é referência sobre o tema, sendo mencionada na maioria dos julgados do STJ. Seu relator foi o ministro Sálvio de Figueiredo[105].

Dito julgado reforçou o entendimento acerca da penhorabilidade das quotas e do ingresso do credor no quadro societário da sociedade, embasando sua decisão na natureza contratual da sociedade limitada, ao considerar a possibilidade contratual de restrição à livre alienação das quotas. Expôs o julgado que se o contrato social restringisse a livre alienação das quotas, deveria ser facultado à sociedade, como terceira interessada, remir a execução ou exercer a preferência na aquisição das quotas penhoradas[106].

A promulgação do novo Código Civil em 2002 foi responsável pela unificação do direito privado no Brasil e disciplinou a

[103] ALVES, Alexandre Ferreira de Assumpção. RAMALHO, Matheus Souza. **Penhora de Quotas por Dívida Particular de Sócio: Evolução Histórico-Legislativa e Jurisprudencial**. Curitiba: Revista Brasileira de Direito Empresarial, Jul/Dez. 2016. v. 2. n. 2. p. 209.

[104] STJ, REsp 39.609-3 TJ/SP, j. 14.3.1994. rel. Min. Sálvio de Figueiredo.

[105] BRANCO, Gerson Luis Carlos. DILL, Amanda Lemos. **Penhora de Quotas de Sociedade Limites e Possibilidades Interpretativas do Art. 1.025 do CC/2002 e Segundo do Novo Código de Processo Civil**. Revista de Direito Privado. Vol. 64/2015. Out – Dez/2015, p. 7.

[106] BRANCO, Gerson Luis Carlos. DILL, Amanda Lemos. **Penhora de Quotas de Sociedade Limites e Possibilidades Interpretativas do Art. 1.025 do CC/2002 e Segundo do Novo Código de Processo Civil**. Revista de Direito Privado. Vol. 64/2015. Out – Dez/2015, p. 7.

sociedade limitada atual, sendo um dos diplomas jurídicos em vigor que versam sobre o tema. Seu art. 1.026 aduz:

> Art. 1.026. O credor particular de sócio pode, na insuficiência de outros bens do devedor, fazer recair a execução sobre o que a este couber nos lucros da sociedade, ou na parte que lhe tocar em liquidação.
>
> Parágrafo único. Se a sociedade não estiver dissolvida, pode o credor requerer a liquidação da quota do devedor, cujo valor, apurado na forma do art. 1.031, será depositado em dinheiro, no juízo da execução, até noventa dias após aquela liquidação.

Embora o dispositivo regule as sociedades simples, é aplicável também às sociedades limitadas, visto que, além de o capítulo referente às sociedades limitadas ser omisso sobre o assunto, uma vez admitida a penhora em na sociedade simples, que é sem sombra de dúvidas uma "sociedade de pessoas", não há óbice para sua aplicação sobre a sociedade limitada, considerando as discussões acerca de sua natureza verificada nos capítulos anteriores[107],[108].

O artigo acima mencionado herdou a característica da subsidiariedade, verificada desde a primeira vez que o assunto foi tratado no direito brasileiro, por meio do alvará de 1649, coerente, portanto, com o histórico do instituto, ao instituir que a penhora só poderia recair sobre a quota "na insuficiência de outros bens do devedor".

Importante ressaltar que faltou técnica ao legislador ao permitir a penhora dos "lucros da sociedade": a penhora não

[107] Branco, Gerson Luis Carlos. DILL, Amanda Lemos. **Penhora de Quotas de Sociedade Limites e Possibilidades Interpretativas do Art. 1.025 do CC/2002 e Segundo do Novo Código de Processo Civil**. Revista de Direito Privado. Vol. 64/2015. Out – Dez/2015, p. 6.

[108] Vide capítulo 3.3.

poderia recair sobre todo o lucro da sociedade, mas sim sobre o dividendo atribuível ao sócio devedor, que é a parcela do lucro da sociedade que lhe cabe, após a deliberação de aprovação de distribuição de dividendos.

Ainda, apesar de o entendimento jurisprudencial e doutrinário ser no sentido de que o art. 1.026 do Código Civil permitiu a penhora da *quota* de sociedade limitada, há aqui uma importante questão: conforme mencionado nos capítulos anteriores[109], a natureza da quota contempla um duplo aspecto, sendo um de natureza patrimonial e um de natureza pessoal. O dispositivo do Código Civil menciona claramente que a penhora poderá recair na parcela do devedor sobre os lucros da sociedade e na parte que *lhe couber em liquidação*, de maneira a delimitar que esta penhora recairia apenas na natureza patrimonial da quota, não interferindo nos seus aspectos de natureza pessoal.

Este é o entendimento de Gonçalves Neto:

> Ocorre que a penhora só recai sobre os direitos patrimoniais da quotas e, portanto, se tais quotas forem a leilão, quem as adjudicar não estará adquirindo o direito de ser sócio, mas, tão somente, o direito de receber os valores em dinheiro que elas outorgam a seu titular, o que é alcançado pela redução a dinheiro do que a quota representa em termos patrimoniais – ou seja, pela sua liquidação, mais precisamente, pela conversão da quota em dinheiro mediante apuração dos haveres que representa.[110].

Além disso, o artigo, nos termos ante mencionados[111], é coerente com o entendimento de que a natureza patrimonial da

[109] Vide capítulo 3.4.3.

[110] NETO, Alfredo de Assis Gonçalves. **Direito de Empresa. Comentários aos arts. 966 a 1.195 do Código Civil**. 6 ed. rev, ampl e atual. São Paulo: Editora Revista dos Tribunais, 2016, p. 282.

[111] Vide capítulo 3.4.3.

quota encontra respaldo no *direito de crédito* decorrente do recebimento de dividendos quando a sociedade obtiver lucros e da apuração dos haveres (justamente os direitos de crédito que o artigo permite penhorar), em nenhum momento, portanto, tratando a quota como um bem imaterial pertencente ao patrimônio do devedor.

No entanto, a solução encontrada pelo legislador não foi bem recebida pela doutrina. Para Gonçalves Neto, o legislador de 2002, ao invés de solucionar a controvérsia que já estava praticamente pacificada pela jurisprudência, acabou por tumultuar o entendimento. Para ele, "conferir ao credor a faculdade de penhorar a parte que lhe tocar em liquidação da sociedade de que participa significa admitir penhora sobre uma expectativa de direito ou, se assim se preferir, sobre um direito futuro, eventual e incerto[112]".

O autor explica que se a constrição fosse prevista sobre a quota em si, "ter-se-ia, desde logo, um bem presente e atual do devedor", e complementa que, conforme ensinamentos de Luiz Gastão Paes de Barros Leães, era isso que o código civil desejava reproduzir, uma vez que o parágrafo único do artigo em análise estabelece que o credor pode requerer a liquidação da quota para satisfazer seu crédito[113].

Neste diapasão, em 6 de dezembro de 2006, a lei processualista recebeu uma alteração com este viés, objetivando sanar a interpretação de que a penhora recairia apenas sobre o crédito futuro do quotista: o legislador adicionou à redação do Art. 655, VI do CPC, que as quotas de sociedades *empresárias*

[112] NETO, Alfredo de Assis Gonçalves. **Direito de Empresa. Comentários aos arts. 966 a 1.195 do Código Civil**. 6 ed. rev, ampl e atual. São Paulo: Editora Revista dos Tribunais, 2016, p. 282.

[113] NETO, Alfredo de Assis Gonçalves. **Direito de Empresa. Comentários aos arts. 966 a 1.195 do Código Civil**. 6 ed. rev, ampl e atual. São Paulo: Editora Revista dos Tribunais, 2016, p. 283.

podiam ser objeto de penhora. Esta inserção, por um lado acabou de vez com a discussão sobre a penhorabilidade das quotas em si, no entanto, ensina Eduardo Bastos que a redação do inciso foi incongruente, uma vez que previu a penhorabilidade apenas das quotas de sociedades empresárias, excluindo deste rol as sociedades simples[114]. No entanto, apesar de as quotas de sociedades simples não estarem incluídas no rol do inciso VI do Art. 655 do CPC de 1973, não se pode concluir que esta simples omissão autorizou implicitamente sua impenhorabilidade, uma vez que as quotas de sociedades simples não poderiam ter sido tacitamente incluídas no rol de bens impenhoráveis do antigo Art. 649 de referido diploma[115].

Em 2013, mais uma decisão jurisprudencial se tornou referência sobre a possibilidade de penhora de quotas em sociedade limitada. É o REsp 522.820/SP[116], relatado pelo ministro Antônio Carlos Ferreira.

Referida decisão julgou um pedido de adjudicação de todas as quotas sociais de propriedade do devedor à sua esposa, que era sua única sócia na sociedade. Após a penhora, o juízo de primeiro grau promoveu a sua execução, considerando a quota como um bem móvel. Ninguém se habilitou para adquirir referidas quotas, nem mesmo após o segundo leilão.

Considerando que não houve licitantes, e uma vez que o valor das quotas era superior ao valor do débito, o STJ decidiu pela penhora de 89% das quotas do devedor à credora.

[114] Barros, Eduardo Bastos de. **Penhora de Ações e quotas de sociedades – as recentes alterações do processo de execução e a disciplina acerca da matéria no Código Civil**. Revista de Direito Empresarial, Curitiba, n. 7, p. 123, jan/jun. 2007.

[115] Alves, Alexandre Ferreira de Assumpção. Ramalho, Matheus Souza. **Penhora de Quotas por Dívida Particular de Sócio: Evolução Histórico-Legislativa e Jurisprudencial**. Curitiba: Revista Brasileira de Direito Empresarial, Jul/Dez. 2016. v. 2. n. 2. p. 217.

[116] STJ, REsp 522.820, j.22.10.2013, rel. Min. Antônio Carlos Ferreira.

A última atualização sobre o assunto no direito brasileiro ocorreu com a promulgação do Novo Código de Processo Civil, em 2015, por meio dos Arts. 835 e 861, *in verbis:*

> Art. 835. A penhora observará, preferencialmente, a seguinte ordem:
>
> I – dinheiro, em espécie ou em depósito ou aplicação em instituição financeira;
>
> II – títulos da dívida pública da União, dos Estados e do Distrito Federal com cotação em mercado;
>
> III – títulos e valores mobiliários com cotação em mercado;
>
> IV – veículos de via terrestre;
>
> V – bens imóveis;
>
> VI – bens móveis em geral;
>
> VII – semoventes;
>
> VIII – navios e aeronaves;
>
> IX – ações e quotas de sociedades simples e empresárias;
>
> X – percentual do faturamento de empresa devedora;
>
> XI – pedras e metais preciosos;
>
> XII – direitos aquisitivos derivados de promessa de compra e venda e de alienação fiduciária em garantia;
>
> XIII – outros direitos.
>
> § 1º É prioritária a penhora em dinheiro, podendo o juiz, nas demais hipóteses, alterar a ordem prevista no caput de acordo com as circunstâncias do caso concreto.
>
> § 2º Para fins de substituição da penhora, equiparam-se a dinheiro a fiança bancária e o seguro garantia judicial, desde que em valor não inferior ao do débito constante da inicial, acrescido de trinta por cento.
>
> § 3º Na execução de crédito com garantia real, a penhora recairá sobre a coisa dada em garantia, e, se a coisa pertencer a terceiro garantidor, este também será intimado da penhora.

Art. 861. Penhoradas as quotas ou as ações de sócio em sociedade simples ou empresária, o juiz assinará prazo razoável, não superior a 3 (três) meses, para que a sociedade:

I – apresente balanço especial, na forma da lei;

II – ofereça as quotas ou as ações aos demais sócios, observado o direito de preferência legal ou contratual;

III – não havendo interesse dos sócios na aquisição das ações, proceda à liquidação das quotas ou das ações, depositando em juízo o valor apurado, em dinheiro.

§ 1º Para evitar a liquidação das quotas ou das ações, a sociedade poderá adquiri-las sem redução do capital social e com utilização de reservas, para manutenção em tesouraria.

§ 2º O disposto no caput e no §1º não se aplica à sociedade anônima de capital aberto, cujas ações serão adjudicadas ao exequente ou alienadas em bolsa de valores, conforme o caso.

§ 3º Para os fins da liquidação de que trata o inciso III do caput, o juiz poderá, a requerimento do exequente ou da sociedade, nomear administrador, que deverá submeter à aprovação judicial a forma de liquidação.

§ 4º O prazo previsto no caput poderá ser ampliado pelo juiz, se o pagamento das quotas ou das ações liquidadas:

I – superar o valor do saldo de lucros ou reservas, exceto a legal, e sem diminuição do capital social, ou por doação; ou

II – colocar em risco a estabilidade financeira da sociedade simples ou empresária.

§ 5º Caso não haja interesse dos demais sócios no exercício de direito de preferência, não ocorra a aquisição das quotas ou das ações pela sociedade e a liquidação do inciso III do caput seja excessivamente onerosa para a sociedade, o juiz poderá determinar o leilão judicial das quotas ou das ações.

Os dispositivos trazidos pelo Novo Código de Processo admitiram expressamente a possibilidade de penhora de quotas de sociedade simples e sociedade limitada e extinguiram a característica da subsidiariedade, uma vez que o Art. 835 estabelece *preferência*, e não a obrigatoriedade. Neste sentido se posiciona o Desembargador Roberto Maia, que admite a "possibilidade de constrição sobre a cota social, por ser considerada bem particular e constar o rol do art. 655 do CPC/73 (art. 835 do atual código), lembrando não ser obrigatório seguir a ordem sequencial numérica entre os respectivos incisos[117]".

Alfredo de Assis Gonçalves Neto tem a mesma opinião ao expor que "referido Código não condicionou a penhora de quotas à ausência de outros bens penhoráveis do devedor, como está na regra de direito material, conquanto a tenha tratado como não prioritária na gradação que estabeleceu em seu art. 861"[118],[119].

[117] AI nº 2159631-87.2016.8.26.0000, rel. Des. Roberto Maia, j. 12-9-2016.

[118] Neto, Alfredo de Assis Gonçalves. **Direito de Empresa. Comentários aos arts. 966 a 1.195 do Código Civil**. 6 ed. rev, ampl e atual. São Paulo: Editora Revista dos Tribunais, 2016, p. 283.

[119] Importante ressaltar, no entanto, que ainda que o Novo Código de Processo Civil tenha abolido a característica da subsidiariedade, inúmeros julgados ainda a mencionam, considerando também na análise do caso e no proferimento da sentença o princípio da menor onerosidade da execução e o princípio da conservação da empresa. É o caso, por exemplo, do AREsp: 1295996 MA 2018/0117911-3, que aduziu que o tribunal já firmou entendimento de que a penhora de quota social de titularidade do devedor é possível, "*desde que inexistentes outros bens passíveis de satisfazer a execução, tendo em vista [o artigo] 1.026 do Código Civil, os princípios da menor onerosidade e da preservação da empresa*" (grifos nossos). O caso julgado por referida decisão trata de agravante que limitou-se a requerer a penhora de quotas para fins de liquidação sem antes buscar forma menos onerosa de satisfazer seu crédito, medida considerada drástica pelo tribunal, que considerou o recurso improvido justamente levando em consideração os princípios acima mencionados. A decisão contida no AI 10075039222 RS seguiu o mesmo diapasão, proferindo que "É possível (...) a penhora da cota [sic] social por dívida individual. Contudo, conforme art. 1.026 do CC e em nome da conservação da empresa e menor onerosidade, deve-se, inicialmente, efetuar a penhora dos lucros da sociedade".

O legislador, ao extinguir a característica da subsidiariedade com a promulgação do Novo Código de Processo Civil e ao prever a penhora da quota em si, desde a alteração ocorrida em 6 de dezembro de 2006 no antigo Código de Processo Civil (e não apenas de seu aspecto patrimonial, conforme anteriormente instituído pelo Código Civil), trouxe uma série de controvérsias ao ordenamento jurídico brasileiro, conforme se verificará a seguir. Além disso, o dispositivo privilegiou, de certa forma, o credor do sócio face ao credor da sociedade, bem como favoreceu o credor do sócio em face à própria sociedade, uma vez que estabeleceu um procedimento demasiadamente oneroso para ela, por diversas razões que serão a seguir expostas, e resultou na caracterização de uma espécie de "desconsideração inversa da pessoa jurídica", uma vez que determina que a sociedade realize o pagamento de um débito que não foi por ela contraído, por meio de um provimento jurisdicional que interrompe a personificação e a autonomia patrimonial[120].

3.2.1. Controvérsias Entre a Penhora de Quotas, Ordenamento Jurídico Brasileiro e a Lógica Econômica

Conforme previamente exposto[121], a penhora é um instrumento processual que visa à constrição de um bem para satisfação de um crédito que o credor detém contra o devedor. O conceito de penhora tem, portanto, dois aspectos básicos: o bem a ser penhorado deve estar contemplado no patrimônio do devedor e ele deve ser suficiente para satisfação de tal crédito.

[120] MARINONI, Luiz Guilherme. SILVA, Ricardo Alexandre da. **Incidente de Desconsideração da Personalidade Jurídica no Código de Processo Civil de 2015** apud YARSHELL, Flavio Luiz. PEREIRA, Guilherme Setoguti J. (coord.). **Processo Societário II Adaptado ao Novo CPC – Lei nº 13.105/2015**. São Paulo: Quartier Latin, 2015, p. 460.

[121] Vide capítulo 4.1.

A penhora das quotas positivada atualmente no Novo Código de Processo Civil e no Código Civil fere a primeira premissa, uma vez que, conforme exposto acima[122], embora a doutrina majoritária entenda que a quota integra a categoria dos bens imateriais, faz muito mais sentido considerar que a quota, conforme ensina Carvalho de Mendonça, configura um direito de crédito futuro, ou seja, que os sócios são credores da sociedade e que o valor por eles aportado na sociedade sai de seu patrimônio pessoal e passa a integrar o patrimônio da sociedade, estando protegido, portanto, pelo princípio da autonomia da personalidade jurídica[123].

Sobre o assunto, interessante a contribuição de Gerson Branco, ao afirmar que a primeira grande dificuldade sobre a análise do instituto da penhora de quotas advém do fato de que a personalidade jurídica e a autonomia patrimonial da sociedade limitada são consequências, justamente, da integralização do capital social pelo sócio, através de dinheiro ou outro bem, o que altera a natureza jurídica da relação deste sócio com o bem aportado na sociedade. O professor ilustra esta dificuldade com a integralização de um bem imóvel no patrimônio da sociedade, *in verbis*:

> De uma relação jurídica regida pelo arcabouço do Direito das Coisas, o então proprietário, após transferir a propriedade do bem para a sociedade, passa a ter uma relação jurídica de natureza obrigacional que irá regular o que atualmente denominamos de "titularidade da quota". A titularidade da quota é um direito cuja eficácia é essencialmente obrigacional, pois concede ao sócio o direito à uma fração de uma universalidade jurídica, que é o patrimônio da sociedade. O milenar Direito das Coisas deixa de incidir, tendo em vista que a quota não é uma coisa móvel ou imóvel,

[122] Vide capítulo 3.4.3.

[123] Vide capítulos 2.2 e 3.4.3.

mas um bem cuja titularidade não é exercida como tradicionalmente estudamos no não menos antigo Direito das Obrigações.[124]

O professor ainda explica que neste processo de transformação da natureza do patrimônio mencionado no exemplo acima, verifica-se que houve uma bipartição de efeitos, uma vez que a titularidade das quotas como um efeito patrimonial é separada da condição de *status socii*, promovendo, portanto, a segregação entre os poderes políticos de voto e a participação nos órgãos societários (assembleia, reunião, etc)[125], que decidem sobre os aspectos patrimoniais da sociedade.

Carlos Henrique Abrão ensina que a doutrina se divide em três correntes, no que tange à possibilidade de penhora das quotas de sociedade limitada: a primeira afirma ser juridicamente impossível a penhora de quotas, em observância ao princípio da autonomia patrimonial; a segunda corrente sustenta a possibilidade irrestrita da penhora de quotas; e a terceira corrente entende ser possível apenas a penhora dos fundos líquidos, ou seja, a penhora dos direitos patrimoniais da quota, mas não do *status socii*[126].

3.2.1.1. Afronta ao Princípio da Affectio Societatis

A possibilidade de penhora das quotas sociais, e não apenas de seus direitos de crédito, como o art. 1.026 do Código Civil (que,

[124] Branco, Gerson Luiz Carlos. **A Penhora de Quotas de Sociedades Limitadas e a Garantia das Obrigações**. p.2 In: < https://www.conjur.com.br/2018-fev-12/direito-civil-atual-penhora-quotas-garantia-obrigacoes>, acesso em 3 de junho de 2018.

[125] Branco, Gerson Luiz Carlos. **A Penhora de Quotas de Sociedades Limitadas e a Garantia das Obrigações**. p.2 In: < https://www.conjur.com.br/2018-fev-12/direito-civil-atual-penhora-quotas-garantia-obrigacoes>, acesso em 3 de junho de 2018.

[126] Abrão, Carlos Henrique. **Penhora de Quotas de Sociedade Limitada**. 2.ed. atual. São Paulo: Ed. RT, 1991, p. 12-13.

em face da promulgação de norma posterior incompatível, pode ser entendido como derrogado tacitamente)[127] prevê, além de ferir o princípio da autonomia patrimonial, parece contrariar o princípio da *affectio societatis.*

Importante ressaltar que a jurisprudência anterior à promulgação do Novo Código de Processo Civil e a jurisprudência atual não consideram que a penhora afronta o princípio da *affectio societatis*, conforme a seguir:

> AGRAVO REGIMENTAL. AGRAVO EM RECURSO ESPECIAL. PENHORA DE QUOTAS SOCIAIS. POSSIBILIDADE. AUSÊNCIA DE PREQUESTIONAMENTO. SÚMULA 282 E 356/STF. 1.- Esta Corte já firmou entendimento que é possível a penhora de quota social, inclusive, a previsão contratual de proibição à livre alienação das quotas de sociedade de responsabilidade limitada não impede a penhora de tais quotas para garantir o pagamento de dívida pessoal de sócio. Isto porque, *referida penhora não* encontra vedação legal e nem *afronta o princípio da affectio societatis, já que não enseja, necessariamente, a inclusão de novo sócio.* 2.- O prequestionamento, entendido como a necessidade de o tema objeto do recurso haver sido examinado pela decisão atacada, constitui exigência inafastável da própria previsão constitucional,

[127] Conforme mencionado anteriormente, alguns tribunais entendem que a característica da subsidiariedade não foi abolida. Tais tribunais afirmam que a subsidiariedade ainda se verifica no ordenamento jurídico, conforme se extrai da interpretação sistemática do Art. 835 do Novo Código de Processo Civil, cumulado com os arts. 1.026 e 1.053 do Código Civil. No entanto, o Art. 2º, §1º do Decreto-Lei nº 4.657 de 04/09/1942 (Lei de Introdução às Normas do Direito Brasileiro) aduz expressamente que "a lei posterior revoga a anterior quando expressamente o declare, quando seja com ela incompatível ou quando regule inteiramente a matéria de que tratava a lei anterior". Considerando, conforme mencionado acima, que o Novo Código de Processo Civil estabeleceu a ordem *preferencial*, e não *obrigatória*, pode-se dizer que referido dispositivo é incompatível com a redação anterior contida no Art. 1026 do Código Civil. Os princípios da menor onerosidade da execução e da preservação da empresa, no entanto, ainda devem ser observados.

> ao tratar do recurso especial, impondo-se como um dos principais requisitos ao seu conhecimento. Não examinada a matéria objeto do especial pela instância a quo, incidem os enunciados 282 e 356 da Súmula do Supremo Tribunal Federal. 3.- Agravo improvido (3ªT, AgRg no AREsp 231266/SP, rel. Min. Sidnei Beneti, j. 14/05/2013, DJe 10/06/2013, grifos nossos)
>
> AGRAVO REGIMENTAL NO RECURSO ESPECIAL. EXECUÇÃO. SÓCIO. PENHORA DE QUOTAS. POSSIBILIDADE. 1. A jurisprudência desta Corte se firmou no sentido de que *a penhora de quotas sociais não encontra vedação legal e nem afronta o princípio da affectio societatis, já que não enseja, necessariamente, a inclusão de novo sócio*. 2. Agravo regimental a que se nega provimento" (4ªT, AgRg no REsp 1221579/MS, rel. Min. Maria Isabel Gallotti, j. 01/03/2016, DJe 04/03/2016, o destaque não consta do original)

Waldecy Lucena, em conjunto com parte da doutrina, defende que na penhora da quota do sócio devedor, a execução recai apenas sobre o direito patrimonial, jamais sobre o direito pessoal do sócio. O autor afirma que os lucros líquidos deverão ser executados, e, se estes não forem suficientes, liquida-se também a quota, pagando com o que foi apurado o credor exequente[128].

Ainda que o Novo Código de Processo Civil seja omisso sobre o assunto, autorizando que a penhora recaia sobre a quota como um todo, alguns julgados mencionam o duplo aspecto da quota, como o Agravo de Instrumento nº 2203467-13.2016.8.26.0000, *in verbis*:

> O fato de o contrato social ter efeito apenas entre seus sócios não retira a possibilidade de penhora das cotas sociais por dívida

[128] LUCENA, José Waldecy. **Das Sociedades Limitadas**. 6.Ed. Rio de Janeiro: Renovar, 2005, p. 379.

do sócio; mesmo que se efetive o ato constritivo, o credor não adquire status de sócio, pois a penhora abarca os direitos de conteúdo patrimonial e não as qualidades de sócio, não havendo ataque aos princípios da *affectio societatis* e *intuito personae.*

A maioria dos julgados, no entanto, não menciona o assunto, se limitando a afirmar que a penhora da quota é admitida pelo Novo Código de Processo Civil. Cumpre ressaltar, no entanto, que, ainda que as decisões mencionem o duplo aspecto da quota e afirmem que a penhora abarca apenas os seus direitos patrimoniais, na prática é muito difícil separar os direitos patrimoniais dos direitos pessoais das quotas, visto que eles incidem sobre o mesmo objeto, que é uno e indivisível.

O conceito da penhora, como discutido acima, aduz que o objetivo do instrumento é satisfazer o crédito detido pelo credor. A afirmação de que a penhora não afronta o princípio da *affectio societatis* pois não enseja *necessariamente* a inclusão de novo sócio é, no mínimo, contraditória, uma vez que, apesar de não ensejar necessariamente o ingresso de novo sócio no capital social da sociedade, a execução da penhora permite que haja a adjudicação do bem para satisfação do crédito, e uma vez penhorado o bem, o credor tem plena possibilidade de instrumentalizar a adjudicação para satisfazer seu crédito, principalmente tendo em vista que o Novo Código de Processo Civil, apesar de prever o procedimento de penhora de quotas em seu novo Art. 861, é omisso sobre o assunto[129].

[129] Apesar de uma interpretação teleológica do código de processo civil permitir o entendimento de que a adjudicação não é permitida, pela inteligência do disposto no §2º, *in verbis:* "O disposto no caput e no §1º não se aplica à sociedade anônima de capital aberto, cujas ações serão adjudicadas ao exequente ou alienadas em bolsa de valores, conforme o caso", que, uma vez que dispõe que as ações serão adjudicadas nessa hipótese, pode levar a entender que a adjudicação não é possível na hipótese da penhora de quotas; o art. 904 do mesmo diploma legal

Em comentários ao Novo Código de Processo Civil, Teresa Arruda Alvim Wambier, Maria Lúcia Lins Conceição, Leonardo Ferres da Silva Ribeiro e Rogerio Licastro Torres de Mello afirmam que a penhora de quotas "não tem o condão de impor uma sociedade entre os demais sócios e o exequente. Esta penhora visa permitir a alienação ou conversão das quotas em dinheiro (...).", e afirmam ainda que "Não se deve conceber, portanto, salvo concordância dos demais sócios, a adjudicação das quotas ao exequente, dada a necessidade de *affectio societatis* entre os sócios da pessoa jurídica[130]".

dispõe: "A satisfação do crédito exequendo far-se-á: I – pela entrega do dinheiro; II – pela adjudicação dos bens penhorados". Neste sentido, considerando que, (i) apesar de o art. 861 do CPC dispor expressamente sobre o procedimento de penhora e liquidação das quotas e não prever a adjudicação, não há em tal artigo vedação expressa para a adjudicação; e (ii) o art. 904 do CPC prever que o crédito do exequendo deverá ser satisfeito pela entrega de dinheiro ou pela adjudicação dos bens penhorados, é possível prever uma situação em que a liquidação da quota não seja suficiente para satisfazer o crédito do credor e que ele requeira a adjudicação do bem nos termos do art. 904 do CPC. Sendo assim, a decisão sobre a adjudicação fica nas mãos do juiz, que pode permiti-la, o que pode ferir o *affectio societatis*. Neste sentido, Alexandre Ferreira deAssumpção Alves e Matheus Souza Ramalho: "A interpretação sistemática dos parágrafos do art. 861 permite concluir a impossibilidade de adjudicação *imediata* das ações ou quotas, porque foi criada uma ordem de preferência no pagamento. Tal ordem privilegia a transferência das quotas/ações do executado para outro(s) sócio(s). Contudo, se nem todas as alternativas puderem ser empregadas ou não tiverem êxito, as quotas ou ações serão alienadas judicialmente. (...) Infrutíferas as providências preventivas à liquidação ou se essa for excessivamente onerosa à sociedade, a quota ou a ação seguirá o trâmite da alienação judicial com transmissão de todos os direitos à terceiro, inclusive o *status socii*." (in: ALVES, Alexandre Ferreira de Assumpção. RAMALHO, Matheus Souza. **Penhora de Quotas por Dívida Particular de Sócio: Evolução Histórico-Legislativa e Jurisprudencial.** Curitiba: Revista Brasileira de Direito Empresarial, Jul/Dez. 2016. v. 2. n. 2. p. 220. Grifos nossos.)

130 WAMBIER, Teresa Arruda Alvim, CONCEIÇÃO, Maria Lúcia Lins, RIBEIRO, Leonardo Ferres da Silva e MELLO, Rogerio Licastro Torres de. **Primeiros Comentários ao Novo Código de Processo Civil.** 2. Ed. RTO.

Os mesmos autores, no entanto, admitem que a norma contida no §5º do Art. 861, que dispõe sobre a determinação de leilão judicial caso as quotas não sejam adquiridas pelos demais sócios ou pela sociedade, tende a criar grande confusão por admitir terceiros na condição de sócios da sociedade[131], caso em que, obviamente, há afronta ao princípio da *affectio societatis*. Ressalte-se, ainda, que não há proibição formal à adjudicação no diploma legal, e, considerando que há previsão para o leilão judicial de quotas, não parece que a proteção ao *affectio societatis* foi uma preocupação do legislador.

Gerson Branco e Amanda Dill, sobre a possibilidade de ingresso de terceiro estranho ao capital social, afirmam que a substituição do sócio na sociedade limitada pode provocar o fim da sociedade e a ruína tanto do devedor, que, com o esfacelamento da sociedade, se verá afastado do exercício da atividade econômica; como a do credor, que ao substituir o devedor na posição de sócio pode ter seu patrimônio afetado em decorrência de dívidas trabalhistas ou decorrentes de relações de consumo, o que usualmente ocorre em face da utilização indiscriminada do instituto da desconsideração da personalidade jurídica, conforme verificado na jurisprudência atual[132].

Cumpre ressaltar, neste diapasão, que a grande novidade trazida pelo Novo Código de Processo Civil trouxe foi justamente a instituição de um procedimento de execução da penhora das quotas. O novo Art. 861, embora tenha sanado a omissão do regramento sobre a questão, entrou em conflito com diversos

[131] WAMBIER, Teresa Arruda Alvim, CONCEIÇÃO, Maria Lúcia Lins, RIBEIRO, Leonardo Ferres da Silva e MELLO, Rogerio Licastro Torres de. **Primeiros Comentários ao Novo Código de Processo Civil.** 2. Ed. RTO,

[132] BRANCO, Gerson Luis Carlos. DILL, Amanda Lemos. **Penhora de Quotas de Sociedade Limites e Possibilidades Interpretativas do Art. 1.025 do CC/2002 e Segundo do Novo Código de Processo Civil**. Revista de Direito Privado. Vol. 64/2015. Out – Dez/2015, p. 9.

princípios consagrados pelo ordenamento jurídico e pelo direito societário, bem como onerou demasiadamente a sociedade e os demais sócios, que nada tem a ver com a dívida do sócio devedor.

3.2.1.2. Afronta aos Princípios da Autonomia Patrimonial e Intangibilidade do Capital Social

A mais importante controvérsia do instituto da penhora de quotas é a possibilidade de liquidação da quota para satisfação do crédito do credor. Embora a possibilidade de liquidação já fosse prevista pelo parágrafo único do art. 1.026 do Código Civil, o dispositivo trazido pelo Novo Código de Processo Civil instituiu seu procedimento, instrumentalizando sua aplicação[133].

Embora o inciso I do §4º do art. 861 do CPC preveja a dilação do prazo previsto no caput quando a liquidação superar o valor do saldo de lucros e reservas, de maneira a proteger o capital social e a reserva legal da sociedade, supondo que tal liquidação das quotas deve ser realizada contra o saldo de lucros ou reservas da sociedade, e não contra o capital social, o dispositivo não deixa claro que não será autorizada a redução do capital social para tanto em nenhuma hipótese.

Ainda que a liquidação da quota deva ser realizada mediante a utilização de reservas, há violação direta do princípio da autonomia patrimonial, uma vez que tais reservas fazem parte do patrimônio da sociedade. Além disso, caso a liquidação da quota importe em redução do capital social, que obviamente também faz parte do patrimônio da sociedade, a regra ora em estudo violará inclusive o princípio da intangibilidade do capital social.

[133] Ensina Gonçalves Neto que o preceito trazido pelo Código Civil não especificava como a liquidação da quota deveria ser realizada, submetendo-a a um processo de liquidação autônomo ou de uma liquidação dessa quota pela própria sociedade. (in: NETO, Alfredo de Assis Gonçalves. **Direito de Empresa. Comentários aos arts. 966 a 1.195 do Código Civil**. 6 ed. rev, ampl e atual. São Paulo: Editora Revista dos Tribunais, 2016, p. 283.)

O princípio da autonomia patrimonial, conforme amplamente tratado nas páginas anteriores, consagra que a sociedade e seus sócios possuem patrimônios separados e inconfundíveis. Permitir a liquidação do patrimônio da sociedade em detrimento de um débito que não foi por ela contraído infringe conceitos básicos do direito das obrigações[134] no qual os efeitos obrigacionais restringem-se apenas às contratantes, bem como, sobretudo, o princípio da responsabilidade patrimonial, que prescreve que o devedor responde pela dívida com o seu patrimônio[135], na medida em que, no caso da liquidação da quota social, quem acaba realizando o pagamento do débito é a sociedade, que sofrerá redução patrimonial em razão de um terceiro sem qualquer relação com ela.

Neste sentido entende Alfredo de Assis Gonçalves Neto, quando dispõe que, uma vez que o patrimônio da sociedade e o patrimônio de seus sócios são distintos e separados, "não pode o daquela servir de garantia de pagamento de dívidas destes. Assim, as contribuições que os sócios conferem à sociedade passam a lhe pertencer e como tal, tornam-se patrimônio da sociedade[136]".

[134] Direito das Obrigações cuida dos direitos pessoais ou obrigacionais, isto é, do vínculo ligando um sujeito ativo (credor) a um sujeito passivo (devedor) por força do qual o primeiro pode exigir do segundo o fornecimento de uma prestação consistente em dar, fazer ou não fazer alguma coisa. Deste modo, o direito de crédito ou pessoal (apesar da severa crítica doutrinária quanto a essa terminologia) vale apenas em relação ao devedor (que é *a priori* pessoa determinada ou determinável), pois a este incumbe o dever jurídico de realizar a prestação de dar, fazer, ou não-fazer alguma coisa. (in: MIRANDA, Maria Bernadete. **Teoria Geral das Obrigações**. Revista Virtual Direito Brasil, Vol 2, n.1., 2008. Disponível em <http://direitobrasil.adv.br/artigos/obri.pdf>, acesso em 7 de junho de 2018).

[135] NETO, Elias Marques de Medeiros. **Breves Notas sobre a Execução por Quantia Certa Contra Devedor Solvente: Conceito, Princípio, Efetividade e Proporcionalidade** apud YARSHELL, Flavio Luiz. PEREIRA, Guilherme Setoguti J. (coord.). **Processo Societário II Adaptado ao Novo CPC – Lei nº 13.105/2015**. São Paulo: Quartier Latin, 2015, p. 149..

[136] NETO, Alfredo de Assis Gonçalves. **Direito de Empresa. Comentários aos arts. 966 a 1.195 do Código Civil**. 6 ed. rev, ampl e atual. São Paulo: Editora Revista dos Tribunais, 2016, p. 281.

O princípio da intangibilidade do capital social, por sua vez, é aclamado pela doutrina como um dos princípios mais importantes do direito societário. Paulo de Tarso Domingues, autor português, ensina que o capital social é intangível, ou seja, os sócios "não podem tocar" no capital social, isto é, aos sócios não poderão ser atribuídos bens nem valores que sejam necessários à cobertura do capital social[137]". Lucena, por sua vez, afirma que "constituído o capital social, embora destinado a compor o patrimônio da sociedade, será ele fixo e intangível durante todo o desenrolar da vida societária[138]".

O princípio da intangibilidade do capital social no Brasil é consagrado pelo art. 1.082 do Código Civil, que aduz:

> Art. 1.082. Pode a sociedade reduzir o capital, mediante a correspondente modificação do contrato:
> I – depois de integralizado, se houver perdas irreparáveis;
> II – se excessivo em relação ao objeto da sociedade.

Referido artigo dispõe que o capital social somente pode ser reduzido em duas hipóteses, quais sejam, se houver perdas irreparáveis ou se excessivo em relação ao objeto da sociedade.

Ensina Gonçalves Neto que o legislador, ao impor apenas estas duas hipóteses para redução do capital social, visou proteger os credores da sociedade, e complementa, ainda, que os sócios tendem a evitar a redução do capital social e apenas o fazem em situações excepcionais, pois toda redução de capital, por implicar em uma diminuição do patrimônio mínimo necessário para condução da atividade social, pode provocar

[137] DOMINGUES, Paulo de Tarso. **Do Capital Social – Noção, Princípios e Funções**. Coimbra, Coimbra Editora: 2004, p.133.

[138] LUCENA, José Waldecy. **Das Sociedades Limitadas**. 6.Ed. Rio de Janeiro: Renovar, 2005, p. 269.

uma desconfiança nos credores, restrição ao crédito e, como consequência, perda de oportunidades de negócio[139].

Importante ressaltar, ainda, que a possibilidade de liquidação das quotas vai contra os princípios consolidados historicamente, conforme acima mencionado, que não admitiam a penhora dos fundos sociais e consequente redução do patrimônio das sociedades, conforme mencionado no notável julgado de Nelson Hungria supramencionado:

> Tenho para mim que em falta de outros bens as cótas [sic] das sociedades de responsabilidade limitada podem ser penhoradas, não elas em si mesmas, mas no direito que elas representam para o seu possuidor. Porque se pudessem ser penhoradas as próprias cotas, seria diminuir o capital das sociedades por cotas limitadas – o que a lei de organização destas sociedades proíbe[140].

No mesmo sentido se posicionava Egberto Lacerda Teixeira: "O *capital social* é de caráter permanente, salvo deliberação dos sócios, aumentando-o ou diminuindo-o através da alteração dos estatutos ou contrato social[141]".

Embora os conceitos de "fundo social" e "fundos líquidos" não se verifiquem mais com a promulgação do código civil em 2002, o princípio da intangibilidade do capital social evidentemente continua a existir, conforme preceito disposto em seu art. 1.082, supramencionado.

Com o afastamento dos princípios da autonomia patrimonial e intangibilidade do capital social, entende-se que o próprio conceito de personalidade jurídica acaba sendo lesado, uma

[139] Neto, Alfredo de Assis Gonçalves. **Direito de Empresa. Comentários aos arts. 966 a 1.195 do Código Civil**. 6 ed. rev, ampl e atual. São Paulo: Editora Revista dos Tribunais, 2016, p. 465.

[140] STJ, REsp 24.118 TJ/SP, j. 8.10.1953. rel. Min. Nelson Hungria.

[141] Teixeira, Egberto Lacerda. **Das Sociedades por Quotas de Responsabilidade Limitada**. 2.ed. São Paulo: Quartier Latin, 2006, p.84.

vez que ocorre a confusão entre os patrimônios da sociedade e de seus sócios, o que acaba por ferir preceitos constitucionais. Sobre o assunto, José Edwaldo Tavares Borba ensina:

> (...) nenhuma lei pode afastar, de forma pura e simples, a teoria da personalidade jurídica, sob pena de afrontar princípios e regras constitucionais, conforme já teve oportunidade de decidir o Supremo Tribunal Federal, ao apreciar o RE 562276/PR, Rel. Min. Ellen Gracie, de cuja ementa consta o seguinte: "7. O art. 13 da Lei nº 8.620/1993 também se reveste de inconstitucionalidade material, porquanto não é dado ao legislador estabelecer confusão entre os patrimônios da pessoa física e jurídica, o que, além de impor desconsideração *ex lege* e objetiva da personalidade jurídica, descaracterizando as sociedades limitadas, implica irrazoabilidade e inibe a iniciativa privada, afrontando os arts. 5º, XIII, e 170, parágrafo único, da Constituição." Decisão datada de 03.11.2010[142].

Ainda, cumpre ressaltar, neste sentido, que caso seja possível estender a liquidação contra o capital social da sociedade, o juiz deveria abrir prazo suficiente para o cumprimento das formalidades necessárias à oposição dos credores da sociedade com títulos anteriores à data de publicação da deliberação da redução de capital, nos termos do art. 1.084 do Código Civil. Sendo assim, pergunta-se: se algum credor se opusesse à redução, a sociedade seria obrigada pelo juiz a pagar o crédito do credor da sociedade, com o objetivo de dar continuidade à liquidação das quotas em benefício do credor do sócio?[143]

142 BORBA, José Edwaldo Tavares. **Direito Societário**. 15. ed. rev. atual. e ampl. São Paulo: Atlas, 2017, p.39.

143 CARDOSO, Fernanda Rezemini. BONDIOLI, Luis Guilherme Aidar. FREOA, Ricardo Peres. BRAGA, Gabriela Bonfim de Almeida. VIVIANI, Luís. **Considerações sobre a penhora de quotas ou ações**. Disponível em <https://www.jota.info/opiniao-e-analise/colunas/coluna-do-stocche-forbes/

3.2.1.3. Atribuição de Onerosidade Excessiva à Sociedade e aos Demais Sócios

O caráter oneroso da penhorabilidade de quotas para a sociedade e para os demais sócios não se limita ao exposto acima. O Novo Código de Processo Civil, ao normatizar o procedimento a ser observado na penhora de quota de sociedade limitada, criou inúmeras obrigações para uma sociedade que não integra a relação processual da execução.

Embora exista a possibilidade de o processo impor a certas pessoas algumas obrigações, como a de comparecer em juízo para depor, realizar um depósito, etc., tais obrigações são deveres aplicáveis a toda a coletividade, com o objetivo de observar a boa administração da justiça. As obrigações trazidas pelo art. 861 do CPC, no entanto, não tem essa natureza e não são determinadas pelo interesse público, mas tão somente para atender um interesse individual de um particular, que acarretam despesas dispendiosas para a sociedade[144].

Aduz o Art. 861 que, em até três meses após a penhora das quotas, sociedade deve (i) apresentar um balanço especial na forma da lei (ou seja, com base em sua situação patrimonial); (ii) ofertar as quotas aos demais sócios; e (iii) proceder a liquidação delas ou adquiri-las, submetendo a sociedade, portanto, a uma ordem judicial que a obriga a adotar um procedimento excessivamente custoso, "sem qualquer relação de causalidade que o justifique, pois nada deve ao credor de seu sócio nem pode ser responsabilizada por um acontecimento que não lhe é minimamente atribuível[145],[146]".

consideracoes-sobre-a-penhora-de-quotas-ou-acoes-27062017>, acesso em 26 de junho de 2018.

[144] Neto, Alfredo de Assis Gonçalves. **Direito de Empresa. Comentários aos arts. 966 a 1.195 do Código Civil**. 6 ed. rev, ampl e atual. São Paulo: Editora Revista dos Tribunais, 2016, p. 284.

[145] Neto, Alfredo de Assis Gonçalves. **Direito de Empresa. Comentários aos arts. 966 a 1.195 do Código Civil**. 6 ed. rev, ampl e atual. São Paulo: Editora Revista dos Tribunais, 2016, p. 284.

Gonçalves Neto aduz que referido artigo tratou de uma responsabilidade por fato de terceiro sem vínculo jurídico que a ampare. Ensina o doutrinador que essa espécie de responsabilidade civil provém de um dever de guarda, vigilância ou custódia, o que não se verifica em uma relação societária, que é balizada justamente pela separação das obrigações dos sócios e da sociedade que participam. Ensina ainda o ilustre doutrinador que quando a lei atribui aos sócios responsabilidade subsidiária pelas obrigações sociais, a relação que se estabelece é de garantia, não de guarda, dever ou custódia. Ainda, afirma que "a sociedade em nenhuma hipótese responde pelas obrigações pessoais de seus sócios, a não ser que a assuma também como sua[147]".

O ilustre doutrinador também atentou para o fato de que o balanço especial não é o balanço contábil da sociedade, uma vez que ele deve prever todo o movimento financeiro da sociedade, tais como passivos ocultos, reservas de contingência e etc., e a elaboração de referido balanço envolve diversos tipos de profissionais, de maneira que o tempo e o custo de tal levantamento, que também deve ser suportado pela sociedade, também trazem para ela um impacto negativo[148].

146 No mesmo sentido Romulo Augusto Araújo Bronzel: "A sociedade, ficção jurídica que recebeu personalidade própria em relação aos sócios pela Constituição Federal, a qual não deveria estar voltada aos atos pessoais desses, recebeu um encargo judicial" (in: BRONZEL, Rômulo Augusto Araújo. **Questões controvertidas no novo CPC na esfera do direito societário**. Gazeta do Povo, Curitiba, novembro 2015. Disponível em: <https://www.gazetadopovo.com.br/vida-publica/justica-e-direito/artigos/questoes-controvertidas-do-novo-cpc-na-esfera-do-direito-societario-e6orsmg5hz3v5fm3exhdzk3la>, acesso em 25 de junho de 2018.

147 NETO, Alfredo de Assis Gonçalves. **Direito de Empresa. Comentários aos arts. 966 a 1.195 do Código Civil**. 6 ed. rev, ampl e atual. São Paulo: Editora Revista dos Tribunais, 2016, p. 284.

148 NETO, Alfredo de Assis Gonçalves. **Direito de Empresa. Comentários aos arts. 966 a 1.195 do Código Civil**. 6 ed. rev, ampl e atual. São Paulo: Editora Revista dos Tribunais, 2016, p. 284.

Com relação ao período de preferência disposto no inciso II da norma processual, aduz o autor que ele não existia na lei e pode não ser outorgado pelo contrato social, sendo, portanto, uma criação da norma para os fins ali previstos. Afirma, no entanto, que a lei olvidou a possibilidade de o contrato social conferir a preferência por tempo superior[149].

No que diz respeito à liquidação das quotas, mais um importante aspecto foi deixado de lado pelo legislador: a lei processual não menciona se o sócio cujas quotas foram penhoradas pode intervir na apuração dos haveres. No entanto, a avaliação que contrarie o interesse dos sócios ou de seu credor pode por eles ser impugnada, em face do preceito constitucional que assegura a todo cidadão solicitar ao Poder Judiciário proteção contra lesão ou ameaça de lesão a direito, bem como assegura a ampla defesa (CF, art. 5º, inc. XXXV e LV)[150].

Há, ainda, mais um ponto a ser considerado: o §3º do art. 861 dispõe que o juiz poderá nomear um administrador para coordenar a liquidação da quota. Isso significa que a sociedade, que não tem nenhuma relação com o comportamento e com a dívida do sócio, se sujeita a sofrer uma intervenção judicial a pedido do credor de seu sócio, para que um terceiro assuma a condição de administrador com o objetivo de operacionalizar a liquidação do sócio executado, um terceiro alheio aos interesses sociais e à vontade dos demais sócios.

É importante mencionar que não há precedente dessa figura em nenhuma outra norma do ordenamento que verse sobre liquidação de quotas (por falecimento, retirada ou exclusão de

[149] Neto, Alfredo de Assis Gonçalves. **Direito de Empresa. Comentários aos arts. 966 a 1.195 do Código Civil.** 6 ed. rev, ampl e atual. São Paulo: Editora Revista dos Tribunais, 2016, p. 285.

[150] Neto, Alfredo de Assis Gonçalves. **Direito de Empresa. Comentários aos arts. 966 a 1.195 do Código Civil.** 6 ed. rev, ampl e atual. São Paulo: Editora Revista dos Tribunais, 2016, p. 285.

sócio), de maneira que doutrina não entende o que vem a ser essa figura do administrador. Ainda que a norma seja interpretada no sentido de não conceder a este administrador a possibilidade de praticar atos de gestão além dos exigidos para condução da liquidação a bom termo, aduz Gonçalves Neto que a previsão é absurda sob qualquer ângulo que seja examinada, uma vez que no caso em tela não se trata de realizar o ativo para pagar o passivo, mas apenas de levantar os valores de ativo e passivo da sociedade para determinar o valor da participação do sócio[151].

Após a apuração do valor desta participação, a sociedade deve realizar o pagamento em noventa dias ou de acordo com o disposto no contrato social. Deveria caber à sociedade – e apenas ela, pois é a única que possui conhecimento do que deve e pode fazer – definir, em seu contrato social, a maneira mais adequada de reunir os recursos necessários para realizar este pagamento[152].

Indaga-se, portanto, o motivo pelo qual o legislador concedeu tratamento diferenciado ao liquidante da quota em caso de penhora. Supõe-se que a doutrina e a jurisprudência irão atribuir a tarefa de perito avaliador ao administrador nomeado para liquidação nos termos do referido artigo, de maneira que ele não terá permissão de atuar na sociedade, uma vez que "afronta a lógica haver um administrador com poderes para promover a realização do ativo, pagar o passivo na medida do necessário, definir e depositar em juízo os haveres do sócio executado[153]."

[151] NETO, Alfredo de Assis Gonçalves. **Direito de Empresa. Comentários aos arts. 966 a 1.195 do Código Civil**. 6 ed. rev, ampl e atual. São Paulo: Editora Revista dos Tribunais, 2016, p. 286.

[152] NETO, Alfredo de Assis Gonçalves. **Direito de Empresa. Comentários aos arts. 966 a 1.195 do Código Civil**. 6 ed. rev, ampl e atual. São Paulo: Editora Revista dos Tribunais, 2016, p. 286.

[153] NETO, Alfredo de Assis Gonçalves. **Direito de Empresa. Comentários aos arts. 966 a 1.195 do Código Civil**. 6 ed. rev, ampl e atual. São Paulo: Editora Revista dos Tribunais, 2016, p. 286.

Adicionalmente, o motivo pelo qual foram instauradas tantas condicionantes para que a sociedade adquira as quotas penhoradas também é objeto de questionamento. O §1º dispõe que ela somente poderá adquirir as quotas para manutenção em tesouraria se não houver redução do capital social e se forem utilizadas reservas para efetivar a aquisição. Ensina Gonçalves que, "para o credor exequente e para o juízo da execução, o que interessa é a conversão das quotas em dinheiro[154]", sendo que a maneira pela qual a sociedade irá adquirir as quotas deveria dizer respeito somente a ela, uma vez que, em caso de ilicitude, são seus sócios e administradores que sofrem as consequências.

3.2.1.4. Aplicação dos Precedentes Jurisprudenciais a Demais Casos Concretos

Conforme verificado por meio da análise da evolução histórica do instituto da penhora de quotas, a possibilidade de penhora foi uma construção jurisprudencial criada quando foi verificado que a impenhorabilidade levava o credor a esvaziar seu patrimônio pessoal por meio da integralização de todos os seus bens no capital social da sociedade limitada.

A primeira orientação proferida neste sentido, conforme verificado acima, foi proclamada pelo Ministro Nelson Hungria, em 1953, que estreou o entendimento acerca da possibilidade da penhora da quota e admitiu a entrada de terceiro na sociedade.

Outra decisão paradigmática sobre o tema foi a decisão proferida pelo Ministro Sálvio Figueiredo, em 1995. Referido julgado também admitiu a penhora, no entanto, levou em consideração o caráter contratual da sociedade limitada, ao instituir que a admissão de terceiro estranho na sociedade só poderia

[154] NETO, Alfredo de Assis Gonçalves. Direito de Empresa. **Comentários aos arts. 966 a 1.195 do Código Civil**. 6 ed. rev, ampl e atual. São Paulo: Editora Revista dos Tribunais, 2016, p. 286.

ocorrer se no contrato social houvesse admissão à livre alienação de quotas.

Sobre tal julgado, Gerson Branco e Amanda Dill elucidam que a decisão contemplou alguns aspectos questionáveis, quando verificados sob o ponto de vista da realidade empresarial, ao mencionar que uma vantagem da penhora seria que a sociedade teria "vitalidade (...) renovada pelo ingresso de uma nova pessoa com maiores recursos financeiros e idoneidade, além do próprio robustecimento do crédito, uma vez que se aumentam as garantias para o comércio em geral[155]".

Ressaltam os autores a ingenuidade de tal entendimento, uma vez que é muito difícil que uma pessoa aceite ingressar em uma sociedade sem nela realizar uma auditoria, e esclarecem que "a inclusão de alguém sem *affectio societatis,* sem o conhecimento das finalidades sociais e por conta da condição de credor contraria o próprio sentido e finalidade do conceito de sociedade (...)[156]".

Ambas as decisões, no entanto, foram proferidas sob a égide do Decreto 3.708/1919 e do Código Comercial de 1850, diplomas que recepcionavam melhor o conceito de ingresso de terceiro no capital social da sociedade, o que não é possível atualmente, uma vez que o Código Civil prevê que a inclusão de sócios ao quadro social da sociedade depende de aprovação de 75% do capital social. Ainda, ressaltam Gerson Branco e Amanda Dill que em 1995, ano em que a segunda decisão mencionada acima foi proferida pelo Ministro Sálvio Figueiredo, o ambiente negocial no Brasil era de baixa intervenção estatal e "substancial

155 BRANCO, Gerson Luis Carlos. DILL, Amanda Lemos. **Penhora de Quotas de Sociedade Limites e Possibilidades Interpretativas do Art. 1.025 do CC/2002 e Segundo do Novo Código de Processo Civil**. Revista de Direito Privado. Vol. 64/2015. Out - Dez/2015, p. 7.

156 BRANCO, Gerson Luis Carlos. DILL, Amanda Lemos. **Penhora de Quotas de Sociedade Limites e Possibilidades Interpretativas do Art. 1.025 do CC/2002 e Segundo do Novo Código de Processo Civil**. Revista de Direito Privado. Vol. 64/2015. Out - Dez/2015, p. 7.

liberdade negocial das partes na definição do conteúdo do contrato social[157]"

A decisão proferida em 2014 pelo ministro Antônio Carlos Ferreira, já contemplava o entendimento atualmente verificado no Código Civil. No entanto, cumpre ressaltar que esta decisão não deveria servir como parâmetro para outros casos, dadas as suas peculiaridades, uma vez que ela foi proferida no âmbito de uma sociedade constituída entre marido e mulher. Ela não poderia ser usada como precedente para julgar um procedimento de penhora de quotas de uma sociedade limitada de grande porte, por exemplo, com diversos sócios, empregados e outros *stakeholders*.

Verifica-se que decisões recentes ainda se utilizam dos precedentes acima discutidos. É o caso, por exemplo, de decisão do Tribunal de Justiça de São Paulo, proferida pelo rel. Des. Álvaro Torres Júnior, no âmbito do Agravo de Instrumento nº 2203467-13.2016.8.26.0000, julgado em 20 de fevereiro de 2017. Referido julgado faz menção e fundamenta sua decisão no julgado proferido pelo Ministro Sálvio de Figueiredo, em 1995, ainda que o contexto legislativo atual seja diferente do que se observava à época do julgado, na qual o Código Civil vigente nem mesmo havia sido promulgado, conforme acima mencionado. Outro exemplo de julgado precedente que menciona a jurisprudência de 1995 é a decisão proferida por Marcos Vinicio Zanchetta, no âmbito do Agravo de Petição nº 00068186320145120051SC0006818-63.2014.5.12.0051, em julho de 2017[158].

[157] Branco, Gerson Luis Carlos. DILL, Amanda Lemos. **Penhora de Quotas de Sociedade Limites e Possibilidades Interpretativas do Art. 1.025 do CC/2002 e Segundo do Novo Código de Processo Civil**. Revista de Direito Privado. Vol. 64/2015. Out – Dez/2015, p. 8.

[158] TRT-12 – AP: 00068186320145120051 SC 0006818-63.2014.5.12.0051, Relator: Marcos Vinicio Zanchetta, SECRETARIA DA 2A TURMA, Data de Publicação: 28/07/2017.

O que se averigua atualmente é que as decisões acima mencionadas são referências e são citadas como jurisprudência em diversos julgados ainda na atualidade. No entanto, tais decisões foram proferidas em um ambiente específico tendo em vista um caso concreto: em conformidade com a norma em vigor na época em que foram proferidas, com o ambiente negocial verificado no momento, ou levando em consideração uma situação específica. Utilizar estes precedentes em casos que não são semelhantes não faz sentido.

3.2.1.5. Efetividade da Penhora Frente à Lógica Econômica

Por fim, cumpre inquirir sobre a efetividade do procedimento da penhora de quotas, ou seja, se a penhora efetivamente satisfaz o direito de crédito do credor. Conforme acima mencionado, são inúmeros os obstáculos enfrentados pelo instituto da penhora das quotas. Entre estes obstáculos, se encontra a real satisfação do crédito detido pelo credor pela utilização do instituto em questão.

A decisão proferida no REsp 522.820/SP acima mencionada[159] é um importante expoente sobre o assunto. Verificou-se ali que as quotas foram a leilão, mas não houve nenhum indivíduo que se habilitou para adquiri-las. Desta maneira, o STJ decidiu pela penhora de 89% das quotas do devedor à credora.

Dill e Branco ressaltam que a execução foi frustrada pois não é aplicável ao instituto ora em estudo, uma vez que as quotas representam uma fração do patrimônio da sociedade, não possuindo valor em si, de maneira que tal decisão contraria a lógica jurídica e a lógica econômica que governa o mercado[160].

[159] Vide capítulo 4.2.

[160] BRANCO, Gerson Luis Carlos. DILL, Amanda Lemos. **Penhora de Quotas de Sociedade Limites e Possibilidades Interpretativas do Art. 1.025 do CC/2002 e Segundo do Novo Código de Processo Civil**. Revista de Direito Privado. Vol. 64/2015. Out – Dez/2015, p. 8.

Ressalte-se aqui que o resultado do julgamento em questão é uma decorrência lógica do fato de que a quota carece de liquidez. Além disso, conforme se verificou acima, seu processo de liquidação é oneroso e demorado, e o conjunto destas condições provoca o questionamento sobre a adequação e utilidade da medida ao credor[161].

O mesmo pode se dizer sobre a penhora de quota de sociedade que não apure lucros ou que tenha patrimônio líquido negativo; e/ou que não tenha perspectiva de rentabilidade futura. Não parece fazer sentido penhorar algo que não tenha valor e, portanto, não tenha objetivo de satisfazer a pretensão do credor.

Neste diapasão, o TRF da 4ª Região, em acórdão específico sobre a penhora de quotas, instituiu uma diretriz que versou sobre a necessidade de se inserir uma análise finalística ou funcional para a decisão e o modo de sua execução, decidindo, desta forma, que as medidas executórias devem trazer resultados que ensejem um real benefício ao credor. Destaque-se o trecho do acórdão:

> Efetivamente, ainda que a execução se desenvolva no interesse do credor, cabe ao juiz zelar pela efetividade do processo, devendo rejeitar a prática de atos processuais que não possam trazer resultados úteis. É o caso dos autos[162].

Com a análise do acórdão em questão, depreende-se que o ato determinado no processo de execução deve ter em vista o resultado prático em favor do credor, uma vez que o objetivo

[161] BRANCO, Gerson Luis Carlos. DILL, Amanda Lemos. **Penhora de Quotas de Sociedade Limites e Possibilidades Interpretativas do Art. 1.025 do CC/2002 e Segundo do Novo Código de Processo Civil**. Revista de Direito Privado. Vol. 64/2015. Out – Dez/2015, p. 9.

[162] TRF 4, AgIn 5005351-26.2014.404.0000/RS, j. 20.05.2014, 4ª T., rel. Luís Alberto D'azevedo Aurvalle

final do processo de execução é a satisfação de seus interesses, de maneira que o princípio da efetividade processual deve observar este aspecto, para afastar a penhora de quotas absolutamente ilíquidas ou de sociedades que não possuem nenhum patrimônio[163].

3.2.2. Argumentos a Favor da Penhorabilidade

Apesar de todas as controvérsias acerca da utilização do instituto da penhora sobre as quotas de sociedade limitada em decorrência de dívidas particulares dos sócios, antes mesmo de sua positivação, a doutrina e jurisprudência, ao longo do tempo, passaram a admitir a hipótese.

A jurisprudência passou a admitir a utilização do instituto quando verificou que os sócios estavam esvaziando seu patrimônio próprio e contribuindo-o na sociedade, com o objetivo de frustrar pretensões de eventuais credores particulares. Uma vez que é contra o espírito do ordenamento que um instituto jurídico seja utilizado para frustrar direito[164], uma vez que, conforme aduz o princípio jurídico, *nemo auditur propriam turpitudinem allegans*, ou seja, ninguém pode se beneficiar da própria torpeza, tal posicionamento é aceitável, no entanto, o legislador,

[163] BRANCO, Gerson Luis Carlos. DILL, Amanda Lemos. **Penhora de Quotas de Sociedade Limites e Possibilidades Interpretativas do Art. 1.025 do CC/2002 e Segundo do Novo Código de Processo Civil**. Revista de Direito Privado. Vol. 64/2015. Out – Dez/2015, p. 9.

[164] Oliver Wendel Holmes Jr., ex-ministro da Suprema Corte dos Estados Unidos, dizia: "My right to swing my fist ends where your nose begins." A máxima de que "o direito de um acaba quando começa o do outro" é amplamente difundida para regular a boa convivência em sociedade. Uma vez que um direito pode ser conceituado como o poder de praticar algum ato e o dever, ao contrário, pode ser conceituado como estar obrigado a praticar ou deixar de praticar algum ato, pode-se dizer que a função do direito é, exatamente, equilibrar e regular os direitos e deveres dos membros da sociedade e assim, permitir que todos convivam harmonicamente.

ao verificar esta tendência, deveria ter adaptado a norma ao restante do ordenamento jurídico, conforme se proporá adiante.

O principal argumento utilizado pela doutrina e jurisprudência é, evidentemente, que o instituto da penhora de quotas encontra-se positivado pelo Código de Processo Civil e que a impenhorabilidade decorre de lei, por este motivo, ainda que o instituto da penhora não estivesse positivado, não haveria qualquer restrição para a penhora das quotas, uma vez que as quotas não estão elencadas no rol de bens impenhoráveis do Art. 833 do Novo Código de Processo Civil.

Neste mesmo sentido, Teresa Arruda Alvim Wambier, Maria Lúcia Lins Conceição, Leonardo Ferres da Silva Ribeiro e Rogerio Licastro Torres de Mello apontam que "não há proibição legal para a penhora, mesmo quando o contrato possui cláusula vedando a cessão de quotas, pois a cláusula contratual não poderia alcançar o direito do credor" e que, caso isso se verificasse, abrir-se-ia uma "possibilidade de uma convenção particular impor limitação que a lei não impõe, e, com isso, criar um fácil instrumento de 'blindagem de patrimônio'[165]".

Sobre o assunto, destaca José Waldecy Lucena, conforme mencionado anteriormente, que na ocasião da promulgação do Código de Processo Civil de 1973, os juristas e doutrinadores que defendiam a tese da impenhorabilidade ficaram "órfãos" de boa parte de seus instrumentos legais que baseavam a adoção deste posicionamento, uma vez que o referido código não recepcionou boa parte do texto legislativo expresso que vedava tal penhora[166].

[165] WAMBIER, Teresa Arruda Alvim, CONCEIÇÃO, Maria Lúcia Lins, RIBEIRO, Leonardo Ferres da Silva e MELLO, Rogerio Licastro Torres de. **Primeiros Comentários ao Novo Código de Processo Civil.** 2. Ed. RTO,

[166] LUCENA, José Waldecy. **Das Sociedades por Quota de Responsabilidade Limitada.** Rio de Janeiro: Renovar, 1996, p.25.

No entanto, cumpre ressaltar que, infelizmente, é muito comum que existam disposições *contra legem* dentro do ordenamento jurídico e que o simples fato de determinado instituto estar previsto em lei não significa que ele está em consonância com restante do sistema legal. Se as leis não pudessem ser questionadas ou discutidas, não existiriam ações diretas de inconstitucionalidade.

Waldecy Lucena aponta que os ordenamentos jurídicos de outras jurisdições (como a Itália e a Argentina, por exemplo) admitem a penhora de quotas, e que o ordenamento brasileiro segue (acertadamente, em sua opinião) a orientação de referidas jurisdições[167]. Este poderia ser um outro argumento utilizado pelos defensores da penhorabilidade das quotas: a existência e legalidade do instituto em outras jurisdições.

Outro argumento amplamente utilizado pelos doutrinadores que admitem a penhora de quotas por dívidas particulares dos sócios e pela jurisprudência é a de que a quota representa um bem imaterial do devedor. Ainda, os doutrinadores afirmam que a penhora recai apenas sobre o aspecto patrimonial da quota, não sobre seu aspecto pessoal, de maneira que a penhora não fere o princípio da *affectio societatis*[168].

Conforme mencionado previamente, este entendimento acerca da natureza jurídica da quota é bastante questionável, e, além disso, como já discutido, parte da doutrina entende que a adjudicação da quota ao terceiro é plenamente possível e, nesse caso, feriria o princípio da *affectio societatis*.

[167] LUCENA, José Waldecy. **Das Sociedades Limitadas**. 6.Ed. Rio de Janeiro: Renovar, 2005, p. 386.

[168] Vide, por exemplo, os seguintes acórdãos: STJ – AgInt no AREsp: 891728 SP 2016/0086027-6, Relator: Ministra MARIA ISABEL GALLOTTI, Data de Publicação: DJ 20/06/2017; e STJ – AgRg no AREsp: 636875 MS 2014/0329071-2, Relator: Ministro RICARDO VILLAS BÔAS CUEVA, Data de Julgamento: 13/06/2017, T3 – TERCEIRA TURMA, Data de Publicação: DJe 29/06/2017.

Outros doutrinadores não mencionam que a quota é um bem imaterial, mas que a quota faz parte do patrimônio do credor, uma vez que o credor possui direito de retirar-se da sociedade, e, portanto, tem direito ao pagamento de seus haveres. É o entendimento de Humberto Theodoro Junior, mencionado em diversos julgados, que expõe que "não se afigura razoável dizer que o capital da sociedade não integra o patrimônio do sócio a nenhum título", uma vez que o patrimônio de qualquer pessoa é composto por todos os valores avaliáveis economicamente que tal pessoa possa usufruir e dispor[169].

De fato, a quota faz parte do patrimônio do executado, no entanto, conforme mencionado anteriormente, é um crédito da sociedade com o sócio que integra o que o direito societário chama de "passivo não exigível". É um direito de crédito futuro, que somente pode ser exigido pelo sócio quando da liquidação da sociedade, se neste momento houver algum patrimônio a ser distribuído.

No que tange à possibilidade que o sócio possui de retirar-se da sociedade, direito garantido pelo princípio constitucional que aduz que nenhum indivíduo poderá ser compelido a permanecer associado[170], é importante ressaltar que o *animus* de sair da sociedade protegido pelo preceito constitucional é do próprio associado. O credor, ao "forçar" que o devedor utilize o preceito constitucional para satisfazer seu crédito deixa de observar a vontade desse devedor, uma vez que ele ainda mantinha a intenção de permanecer associado aos demais sócios.

Ainda, importante mencionar que o Enunciado 387 da IV Jornada de Direito Civil, elaborado pelo Conselho da Justiça Federal, aduz: "A opção entre fazer a execução recair sobre o que ao sócio couber no lucro da sociedade, ou na parte que lhe

[169] JUNIOR, Humberto Theodoro. **Comentários ao Código de Processo Civil**", 2ª edição, Rio de Janeiro, Editora Forense,2003, vol. IV, nº 273, pp. 402-405.

[170] CF, Art 5º, XX.

tocar em dissolução, orienta-se pelos princípios da menor onerosidade e da função social da empresa".

No entanto, sobre esta orientação, os doutrinadores afirmam que se verifica uma grande dificuldade sobre a penhora de dividendos, uma vez que a distribuição de dividendos depende da deliberação dos sócios, que podem frustrar essa pretensão.

Neste sentido, explica Gonçalves Neto que é plenamente possível que uma sociedade próspera aufira lucros frequentemente, mas não os atribua aos sócios, incorporando-os ao capital para realização de novos investimentos, e não é possível que o credor imponha a quem não é seu devedor a obrigação de realizar lucros ou distribuir dividendos[171]. Ainda, acórdão proferido pela desembargadora Vivian Josete Pantaleão Caminha afirma que "a penhora sobre o lucro/faturamento tem se demonstrado medida de difícil concretização e sem resultados práticos, revelando-se inócua[172]".

Adicionalmente, cumpre ressaltar que, indiretamente, os juristas e doutrinadores podem estar se utilizando da questão ontológica da pessoa jurídica para justificar seu posicionamento, ainda mais considerando que parte da doutrina entende ser a pessoa jurídica uma ficção legal.

Neste sentido, se posiciona Humberto Theodoro Junior, citado em diversos julgados, ao alegar que a sociedade existe para servir aos sócios, sendo, na verdade, um instrumento criado pelo direito para possibilitar a execução da atividade econômica[173]. O mesmo entendimento provém da jurisprudên-

[171] NETO, Alfredo de Assis Gonçalves. **Direito de Empresa. Comentários aos arts. 966 a 1.195 do Código Civil.** 6 ed. rev, ampl e atual. São Paulo: Editora Revista dos Tribunais, 2016, p. 287.

[172] TRF-4 - EDAG: 50328386820144040000 5032838-68.2014.404.0000, Relatora: VIVIAN JOSETE PANTALEÃO CAMINHA, Data de Julgamento: 28/04/2015, QUARTA TURMA, Data de Publicação: D.E. 30/04/2015

[173] JUNIOR, Humberto Theodoro. **Comentários ao Código de Processo Civil**, 2ª edição, Rio de Janeiro, Editora Forense,2003, vol. IV, nº 273, pp. 402-405.

cia norte-americana, conforme se depreende da formulação desenvolvida no *Dartmouth College Case*, que é um importante expoente do instituto do *disregard of legal entity*: "A Corporation is an artificial being, invisible, intangible, and existing only in the contemplation of law[174]".

Ensina Lamartine que essa ideia de que a pessoa jurídica é uma mera ficção é própria do pragmatismo americano, "que leva os juízes a ver na pessoa jurídica uma mera *figure of speech*, uma simples *legal unit*, expediente ou instrumento legalmente reconhecido para o desenvolvimento de determinadas atividades[175]". Essa concepção é a base para a teoria do *disregard* concebida pelo direito norte-americano, uma vez que permite o afastamento da pessoa jurídica em determinadas situações por considerá-la apenas um instrumento. No entanto, conforme previamente exposto, a personalidade jurídica não pode ser afastada pura e simplesmente, ainda que ela seja uma ficção legal ou um instrumento.

Por fim, a doutrina, no geral, aduz que os novos dispositivos trazidos pela nova lei processual trazem maior segurança jurídica no que tange ao caráter personalístico e ao instituto da *affectio societatis*, uma vez que os procedimentos lá previstos propõem uma garantia maior frente à entrada de terceiros na sociedade, uma vez que preveem a aquisição de suas próprias quotas e o oferecimento das quotas penhoradas aos demais sócios da sociedade. É o entendimento, por exemplo, de Humberto

apud Agravo de Instrumento nº 2038991-21.2017.8.26.0000, Relator José Wagner de Oliveira Melatto Peixoto, j. 26.04.2017.

174 OLIVEIRA, José Lamartine Correa de. A **Dupla Crise da Personalidade Jurídica**. São Paulo, Saraiva: 1979 p. 281.

175 OLIVEIRA, José Lamartine Correa de. A **Dupla Crise da Personalidade Jurídica**. São Paulo, Saraiva: 1979 p. 269.

Theodoro Junior[176] e de Alexandre Ferreira de Assumpção Alves e Matheus Souza Ramalho[177].

É bem verdade que é possível perceber que o legislador buscou equilibrar os interesses dos demais sócios e da sociedade com o interesse do credor particular com a inserção dos dispositivos supramencionados, no entanto, deixou de observar os demais princípios previamente discutidos, principalmente o da autonomia, ignorando a existência da separação patrimonial.

Além disso, no que tange à *affectio societatis* aduz Gonçalves Neto que o legislador poderia ter adotado mais um mecanismo para proteger referido princípio se tivesse acolhido a orientação trazida pela reforma de 2004 do Código Civil italiano, que estabeleceu que quando houver adjudicação das quotas, a sociedade poderá intervir e obstá-la mediante apresentação de um outro adquirente que ofereça o mesmo preço nos dez dias subsequentes[178].

176 JUNIOR, Humberto Theodoro. **Curso de Direito Processual Civil. Teoria geral do direito processual civil, processo de conhecimento e procedimento comum**. Vol III, ed. 47. Rio de Janeiro: Editora Forense, 2016, p. 286.

177 "O legislador almejou compatibilizar o interesse da sociedade na manutenção de seu quadro e a utilização prévia de mecanismos de autodefesa com a necessidade de assegurar ao pagamento do credor. Se não houver êxito com a adoção das providências preventivas à liquidação ou essa for excessivamente onerosa à sociedade, de acordo com o art. 861, §5º, a quota ou a ação seguirá o trâmite da alienação judicial com transmissão de todos os direitos a terceiro, inclusive o *status* socii." (In: ALVES, Alexandre Ferreira de Assumpção. RAMALHO, Matheus Souza. **Penhora de Quotas por Dívida Particular de Sócio: Evolução Histórico-Legislativa e Jurisprudencial.** Curitiba: Revista Brasileira de Direito Empresarial, Jul/Dez. 2016. v. 2. n. 2. p. 218.).

178 NETO, Alfredo de Assis Gonçalves. **Direito de Empresa. Comentários aos arts. 966 a 1.195 do Código Civil.** 6 ed. rev, ampl e atual. São Paulo: Editora Revista dos Tribunais, 2016, p. 288.

3.2.3. Proposição de Soluções

A análise do histórico do instituto da penhora de quotas demonstra que referido instituto foi adotado pela jurisprudência e, posteriormente, pela legislação pátria, para evitar que a proibição legal de penhora de quotas admitisse indiretamente a possibilidade de utilização da personalização das sociedades para viabilizar uma hipótese de fraude contra os credores dos sócios da sociedade.

Ocorre que, da maneira que o instituto está positivado atualmente, o legislador privilegiou, de certa forma, os interesses do credor particular do sócio sobre os credores da sociedade, sobre os próprios sócios e sobre a sociedade em si, além de ofender diversos princípios consagrados pelo direito societário, conforme exposto acima.

No entanto, o ordenamento protege tanto o instituto da personalidade jurídica e, portanto, da separação patrimonial, quanto o direito do credor em satisfazer seu crédito. Neste sentido, evidencia-se uma antinomia, ou seja, uma presença simultânea de normas conflitantes sem que haja uma norma clara que permita saber qual deve ser aplicada no caso singular[179]. É um conflito, surgido pela existência de duas normas que concomitantemente determinam condutas diversas como devidas, mas, inconciliáveis[180].

Cumpre ressaltar, no entanto, que apesar de o credor possuir o direito de satisfazer seu crédito, não é a sociedade que deve suportar a dívida: em momento nenhum negou-se o direito do credor de ter a sua pretensão atendida, a problemática se verifica em como esta pretensão é atendida, uma vez que a penhora de quotas afeta patrimônio diverso do patrimônio do devedor.

[179] Diniz, Maria Helena. **Compêndio de introdução à ciência do Direito**. 15.ed. São Paulo: Saraiva, 2003, p. 471.

[180] Kelsen, Hans, **Teoria pura do direito**. Tradução de João Baptista Machado. 6ª ed. São Paulo: Martins Fontes, 1998, p. 143.

Embora possa se afirmar que a solução para tais conflitos é, simplesmente, a aplicação dos princípios de hermenêutica, bem como a utilização do instituto da penhora de quotas como *ultima ratio legis*, levando em conta os princípios da menor onerosidade e da preservação da empresa, essa decisão ficaria nas mãos da jurisprudência, de maneira a trazer grande insegurança jurídica.

Independentemente de referidos princípios estarem intrínsecos em nosso sistema, ainda assim esta é uma decisão extremamente subjetiva, principalmente levando em consideração (i) que o instituto da penhora de quotas está positivado no ordenamento pátrio, de maneira que não há atualmente nenhum empecilho que impeça sua utilização; e (ii) que a nova regra trazida pelo Código de Processo Civil aboliu o caráter de subsidiariedade do instituto verificado anteriormente.

Além do mais, conforme ante exposto, da maneira que o instituto está positivado atualmente, verifica-se que o ordenamento admite a existência de uma confusão patrimonial entre os patrimônios dos sócios (notadamente, do sócio devedor) e da sociedade, uma vez que a liquidação da quota, seja utilizando-se das reservas da sociedade ou por meio de redução do capital, utiliza um patrimônio da sociedade para satisfazer um crédito que não foi por ela contraído, o que contraria totalmente o pressuposto básico da personalidade jurídica, que é justamente a separação patrimonial. Como já mencionado, a lei não pode pura e simplesmente afastar a teoria da personalidade jurídica, sob pena de afrontar princípios e regras constitucionais[181].

No entanto, é importante mencionar que, conforme ensina Ulhoa, sempre que o Judiciário se deparou com a utilização da pessoa jurídica como instrumento para realização de fraudes ou

[181] Borba, José Edwaldo Tavares. **Direito Societário**. 15. ed. rev. atual. e ampl. São Paulo: Atlas, 2017, p.39.

abuso de direito, coibiu esta utilização utilizando-se de diversos argumentos[182]. Edgard de Moura Bitencourt, em um de seus célebres acórdãos, proferiu: "a assertiva de que a sociedade não se confunde com a pessoa dos sócios é um princípio jurídico, mas não pode ser um tabu, a entravar a própria ação do Estado na realização da perfeita e boa justiça (...)"[183].

Lamartine de Correia expõe que quando há um desvio de finalidade da personalidade jurídica, ou seja, quando o instituto é utilizado de maneira a buscar finalidades contraditórias com os grandes princípios informadores do sistema jurídica, se verifica uma crise da função da pessoa jurídica[184]. O autor explica que, para estes casos, a jurisprudência construiu uma espécie de suspensão de vigência do princípio da separação entre pessoa jurídica e pessoa-membro, conhecido pela expressão "desconsideração"[185].

O instituto da desconsideração da personalidade jurídica, da mesma maneira que o instituto da penhora de quotas, encontra-se positivado no ordenamento brasileiro e também foi uma construção jurisprudencial acolhida pelo legislador. No entanto, a possibilidade de desconsideração da pessoa jurídica não é mais alvo de discussões, sua admissão é pacífica.

Isso porque a utilização do instituto da desconsideração admite que há separação patrimonial, ao contrário do que ocorre atualmente com o instituto da penhora de quotas (por isso mesmo que a personalidade jurídica é desconsiderada –

[182] COELHO, Fabio Ulhoa. **Pessoa Jurídica: Conceito e Desconsideração.** Revista Justitia, São Paulo, 49(137):63-95. Jan/mar, 1987, p. 76.

[183] COELHO, Fabio Ulhoa. **Pessoa Jurídica: Conceito e Desconsideração.** Revista Justitia, São Paulo, 49(137):63-95. Jan/mar, 1987, p. 76.

[184] OLIVEIRA, José Lamartine Correa de. A **Dupla Crise da Personalidade Jurídica**. São Paulo, Saraiva: 1979, p. 262

[185] OLIVEIRA, José Lamartine Correa de. A **Dupla Crise da Personalidade Jurídica**. São Paulo, Saraiva: 1979, p. 262

para que ela seja desconsiderada, sua existência, obviamente, é reconhecida) e a lei é clara ao expor quando o instituto pode ser utilizado: no caso de abuso ou confusão patrimonial, conforme preceituado pelo Art. 50 do Código Civil[186]. Desta forma, não há afronta aos princípios e regras constitucionais, uma vez que a lei dispõe sobre em quais situações o afastamento da personalidade jurídica é admitido.

Propõe-se, neste sentido, que, com o objetivo de evitar a desvirtuação da utilização da personalidade jurídica, o legislador proponha um texto semelhante para a utilização da penhora de quotas, ou seja, que ela seja permitida apenas quando for verificado que o credor esvaziou seu patrimônio particular com o objetivo de frustrar a pretensão do credor, cometendo fraude contra credores e abuso de direito. Desta maneira, haveria uma justificativa para o afastamento da teoria da personalidade.

Há um aspecto, no entanto, que a proposta mencionada acima não captura: existem alguns tipos de dívidas que se revestem de maior importância, que são as dívidas de caráter alimentar. Estas dívidas se verificam principalmente no âmbito do direito de família. Por vezes, o devedor não cometeu fraude contra credores, mas ainda assim ele não possui nenhum outro bem além da quota-parte do patrimônio de sociedade limitada. Neste caso, como o direito permite o afastamento da teoria da personalidade jurídica?

Quando não há possibilidade de decisão sobre uma controvérsia com uma disposição precisa advinda de texto legal, uma vez que o ordenamento prevê proteção tanto para a autonomia

[186] Art. 50. Em caso de abuso da personalidade jurídica, caracterizado pelo desvio de finalidade, ou pela confusão patrimonial, pode o juiz decidir, a requerimento da parte, ou do Ministério Público quando lhe couber intervir no processo, que os efeitos de certas e determinadas relações de obrigações sejam estendidos aos bens particulares dos administradores ou sócios da pessoa jurídica.

da pessoa jurídica quanto para o direito a receber alimentos a pessoa que não tem bens suficientes à própria mantença, nos termos do Art. 1.695 do Código Civil, as regras de hermenêutica permitem que o aplicador do direito se utilize da equidade. Esta técnica, conforme ensina Carlos Maximiliano, desempenha o papel de suprir as lacunas dos repositórios das normas e auxilia na obtenção do sentido e do alcance das disposições legais[187].

A técnica supracitada tem o objetivo de adaptar a norma a uma situação fática, observando os critérios de igualdade e justiça, de maneira a evitar que a aplicação da referida norma prejudique determinado grupo de indivíduos. Apesar de o Art. 4º da Lei da Introdução às Normas do Direito Brasileiro não mencionar a equidade, restringindo-se à analogia, costumes e princípios gerais do direito em caso de omissões legislativas, o Art. 5º do mesmo diploma legal aduz que na aplicação da lei, o juiz deverá atender aos fins sociais a que ela se dirige e às exigências do bem comum, legitimando tacitamente a utilização do instituto.

Neste sentido, estando diante de uma situação onde o bem a ser protegido, qual seja, a subsistência de determinado indivíduo, encontra-se em contraposição com a proteção conferida pela personalidade jurídica, que tem natureza econômica, de proteção de patrimônio, o juiz estaria autorizado, pela utilização do princípio da equidade, a afastá-la, caso não fosse possível a penhora dos dividendos ou de outros bens do devedor, uma vez que a subsistência é o bem jurídico que possui maior relevância neste cenário, por ser indispensável para a dignidade e para a vida.

Verifica-se, ainda, que a discussão acerca da penhora de quotas mencionada acima advém da possibilidade de liquidação e adjudicação da quota penhorada. Se o instituto não admitisse estas situações, como ocorria na época da vigência do Código

[187] MAXIMILIANO, Carlos. **Hermenêutica e Aplicação do Direito**. 19ª ed. – Rio de Janeiro: Forense, 2002, p. 140

Comercial de 1850 e da Lei das Limitadas, a penhora da quota não afrontaria os princípios acima discutidos. No entanto, ela seria inócua, uma vez que a pretensão do credor nesta hipótese só poderia ser satisfeita com a dissolução da sociedade, como ocorria na época.

Em suma, a sugestão para solucionar o problema verificado atualmente pelo instituto da penhora da quota é adequar o texto legislativo para que a liquidação só possa ocorrer quando for verificado abuso da personalidade jurídica, fraude contra credores ou quando a satisfação do crédito do credor for indispensável para sua subsistência.

Ainda, sugere-se que o credor que não se encontre nas condições acima mencionadas possa se apropriar do aspecto patrimonial da quota, conforme admitido anteriormente, podendo apoderar-se dos frutos dela advindos e do valor a ela correspondente em caso de dissolução da sociedade.

Em complemento, considerando as críticas mencionadas acima sobre a ineficácia da penhora dos dividendos e eventuais outros frutos, outra sugestão é a alteração das regras concernentes à distribuição de lucros das sociedades limitadas para torná-las mais rígidas, de maneira a dificultar a óbice acima mencionada.

Conclusão

A personalização das sociedades é consequência da evolução histórica da necessidade dos indivíduos em se associarem para a execução de atividades organizadas com o objetivo de auferir lucro. Em decorrência do desempenho de tais atividades, os indivíduos que participam de tal sociedade buscam uma separação entre seus patrimônios próprios e o patrimônio da sociedade, que é o conjunto de bens e direitos utilizado para a consecução da atividade, com o principal objetivo de limitar a sua responsabilidade.

Entre os muitos tipos de organização social para a consecução de atividade empresarial organizada, surgiu a sociedade limitada por clamor popular, uma vez que o ordenamento carecia de um tipo societário que, ao mesmo tempo que fosse dotado de certa simplicidade quando comparado com as sociedades por ações, tivesse a característica da separação patrimonial.

A princípio, a "penhora dos fundos sociais" era vedada pela legislação pátria, mas tal vedação encorajou os empresários a esvaziarem seus patrimônios próprios, de maneira a frustrar seus credores. Com isso, a jurisprudência passou a admitir a penhora para coibir tal comportamento e, ao passar dos anos, o legislador recepcionou este entendimento e o positivou, de maneira que, atualmente, a penhora de quotas por dívidas particulares dos sócios é admitida indiscriminadamente, pela legislação, jurisprudência e doutrina majoritária.

A penhora de quotas por dívidas particulares dos sócios é um tema de grande relevância para o direito societário, uma vez que a admissão do instituto em questão afeta diretamente a sociedade e os demais sócios. A evolução da aplicação do instituto é uma evidência de sua relevância para o ordenamento pátrio. No entanto, a utilização do instituto como está atualmente positivado afronta diversos princípios do direito societário, principalmente o da autonomia patrimonial, que é o princípio orientador da atividade econômica.

É claro que o devedor deve cumprir sua obrigação e o credor deve ter a sua pretensão satisfeita, mas é importante salientar que referida obrigação foi contraída, justamente, pelo devedor, no caso em questão, pelo sócio da sociedade, que não se confunde com ela.

O credor, observando sua condição, deve ser cercar de todos os meios para que sua pretensão seja satisfeita, tais como a realização de uma auditoria nos bens do devedor e a solicitação de garantias para certificar-se que terá seu crédito satisfeito.

Alegar que o único bem do devedor é a quota não deveria ser justificativa para solicitar a penhora da quota, uma vez que, conforme demonstrado acima, a liquidação desta penhora fere o principal princípio trazido pela personalidade jurídica, que é o princípio da autonomia patrimonial.

Além de ofender o princípio da autonomia patrimonial, o instituto em estudo também vai de encontro ao princípio da *affectio societatis*, ao permitir que um terceiro estranho ingresse na sociedade, bem como atribui uma onerosidade excessiva à própria sociedade, que tem inúmeras obrigações decorrentes da penhora, e, consequentemente, aos demais sócios.

Com o objetivo de harmonizar os interesses dos sócios, dos credores e da sociedade da maneira menos gravosa possível, as propostas sugeridas são (i) a adequação do texto legislativo de maneira a admitir a liquidação apenas em caso de abuso da personalidade jurídica, fraude contra credores ou quando a satisfação do crédito do credor for indispensável para sua subsistência; (ii) para o caso de credor que não se encontre em tais condições, que a penhora recaia apenas sobre o aspecto patrimonial da quota, conforme admitido anteriormente, de maneira a apoderar-se dos frutos dela advindos e do valor a ela correspondente em caso de dissolução da sociedade; e (iii) em observação às críticas mencionadas sobre a ineficácia da penhora dos frutos advindos da quota, a alteração das regras relativas à distribuição de lucros e outros eventuais frutos das sociedades limitadas para torná-las mais rígidas.

Referências

ABRÃO, Carlos Henrique. *Penhora de Quotas de Sociedade Limitada.* 2.ed. atual. São Paulo: Ed. RT, 1991

ABRÃO, Carlos Henrique. *Penhora de Quotas de Sociedade Limitada.* 4.ed. rev, atual. e ampl. São Paulo: Malheiros, 2013

ALVES, Alexandre Ferreira de Assumpção. RAMALHO, Matheus Souza. *Penhora de Quotas por Dívida Particular de Sócio: Evolução Histórico-Legisla-*

tiva e Jurisprudencial. Curitiba: Revista Brasileira de Direito Empresarial, Jul/Dez. 2016. v. 2. n. 2.

Barros, Eduardo Bastos de. *Penhora de Ações e quotas de sociedades – as recentes alterações do processo de execução e a disciplina acerca da atéria no Código Civil.* Revista de Direito Empresarial, Curitiba, n. 7, jan/jun. 2007

Bifano, Palma Elidie, Bento, Sérgio Roberto de Oliveira. *Aspectos Relevantes do Direito de Empresa de Acordo com o Novo Código Civil.* São Paulo: Quartier Latin do Brasil, 2005

Borba, José Edwaldo Tavares. *Temas de Direito Comercial.* Rio de Janeiro: Renovar, 2007

Borba, José Edwaldo Tavares. *Direito Societário.* Rio de Janeiro: Renovar, 2003

Borges, João Eunápio. *Curso de Direito Comercial Terrestre.* 5. ed. 2. tir. Rio de Janeiro: Forense, 1975

Branco, Gerson Luis Carlos. DILL, Amanda Lemos. *Penhora de Quotas de Sociedade Limites e Possibilidades Interpretativas do Art. 1.025 do CC/2002 e Segundo do Novo Código de Processo Civil.* Revista de Direito Privado. Vol. 64/2015. Out – Dez/2015

Coelho, Fabio Ulhoa. *Curso de Direito Comercial,* Vol 1, 5. Ed. São Paulo: Saraiva, 2001

Coelho, Fabio Ulhoa. *Curso de Direito Comercial,* Vol 2, 5. Ed. São Paulo: Saraiva, 2001

Coelho, Fabio Ulhoa. *Manual de Direito Comercial.* 25. ed. 2. tir. São Paulo: Saraiva, 2013

Coelho, Fabio Ulhoa. *Pessoa Jurídica: Conceito e Desconsideração.* Revista Justitia, São Paulo, 49(137):63-95. Jan/mar, 1987

Diniz, Maria Helena. *Código Civil Anotado,* 15. ed. rev. e. atual. São Paulo: Saraiva, 2010

Diniz, Maria Helena. *Compêndio de introdução à ciência do Direito.* 15.ed. São Paulo: Saraiva, 2003

Domingues, Paulo de Tarso. *Do Capital Social – Noção, Princípios e Funções.* Coimbra, Coimbra Editora: 2004

França, Erasmo Valladão Azevedo e Novaes, Adamek, Marcelo Vieira Von. *Affectio Societatis: um conceito jurídico superado no moderno direito societário pelo conceito de fim social.* apud França, Erasmo Valladão Azevedo e Novaes (coord.). *Direito Societário Contemporâneo I*

Gonçalves, Carlos Roberto. *Direito Civil Brasileiro.* 51. ed. São Paulo: Saraiva, 2017. v.1

Junior, Humberto Theodoro. *Comentários ao Código de Processo Civil,* 2ª edição, Rio de Janeiro, Editora Forense,2003, vol. IV

JUNIOR, Humberto Theodoro. *Curso de Direito Processual Civil. Teoria geral do direito processual civil, processo de conhecimento e procedimento comum.* Vol III, ed. 47. Rio de Janeiro: Editora Forense, 2016

KELSEN, Hans, *Teoria pura do direito.* Tradução de João Baptista Machado. 6ª ed. São Paulo: Martins Fontes, 1998

LIEBMAN, Enrico Tullio. *Processo de Execução.* 4 ed. São Paulo: Saraiva, 1980

LUCENA, José Waldecy. *Das Sociedades Limitadas.* 6.Ed. Rio de Janeiro: Renovar, 2005

LUCENA, José Waldecy. *Das Sociedades por Quota de Responsabilidade Limitada.* Rio de Janeiro: Renovar, 1996

MARINONI, Luiz Guilherme. SILVA, Ricardo Alexandre da. *Incidente de Desconsideração da Personalidade Jurídica no Código de Processo Civil de 2015* apud YARSHELL, Flavio Luiz. PEREIRA, Guilherme Setoguti J. (coord.). *Processo Societário II Adaptado ao Novo CPC – Lei nº 13.105/2015.* São Paulo: Quartier Latin, 2015

MAXIMILIANO, Carlos. *Hermenêutica e Aplicação do Direito.* 19ª ed. – Rio de Janeiro: Forense, 2002

MOREIRA, José Carlos Barbosa. *O novo processo civil brasileiro.* 25 ed. Rio de Janeiro: Forense, 2007, p. 235

NETO, Alfredo de Assis Gonçalves. *Direito de Empresa. Comentários aos arts. 966 a 1.195 do Código Civil.* 6 ed. rev, ampl e atual. São Paulo: Editora Revista dos Tribunais, 2016

NETO, Elias Marques de Medeiros. *Breves Notas sobre a Execução por Quantia Certa Contra Devedor Solvente: Conceito, Princípio, Efetividade e Proporcionalidade* apud YARSHELL, Flavio Luiz. PEREIRA, Guilherme Setoguti J. (coord.). *Processo Societário II Adaptado ao Novo CPC – Lei nº 13.105/2015.* São Paulo: Quartier Latin, 2015

OLIVEIRA, José Lamartine Correa de. *A Dupla Crise da Personalidade Jurídica.* São Paulo, Saraiva: 1979

REQUIÃO, Rubens. *Curso de Direito Comercial,* Vol. 1, 22. Ed. São Paulo: Saraiva, 1995

TEIXEIRA, Egberto Lacerda. *Das Sociedades por Quotas de Responsabilidade Limitada.* 2.ed. São Paulo: Quartier Latin, 2006

WAMBIER, Teresa Arruda Alvim, CONCEIÇÃO, Maria Lúcia Lins, RIBEIRO, Leonardo Ferres da Silva e MELLO, Rogerio Licastro Torres de. *Primeiros Comentários ao Novo Código de Processo Civil.* 2. Ed. RTO,

WARDE JR., Walfrido Jorge. CASTRO, Rodrigo R. Monteiro de. *O Futuro da Limitação de Responsabilidade.* apud AZEVEDO, Luiz André N. de Moura.

Castro, Rodrigo R. Monteiro de. (coord.). *Sociedade Limitada Contemporânea*. São Paulo: Quartier Latin, 2013

Branco, Gerson Luiz Carlos. *A Penhora de Quotas de Sociedades Limitadas e a Garantia das Obrigações*. p. 2 In: < https://www.conjur.com.br/2018-fev-12/direito-civil-atual-penhora-quotas-garantia-obrigacoes>, acesso em 3 de junho de 2018

BRASIL. Supremo Tribunal de Justiça. *Agravo em Recurso Especial nº 1.295.996* – MA (2018/0117911-3), 6 jun 2018. Disponivel em < https://ww2.stj.jus.br/processo/revista/documento/mediado/?componente=ITA&sequencial=1751784&num_registro=201801179113&data=20181002&formato=PDF> Acesso em 6 mar. 2019

BRASIL. Supremo Tribunal Federal. Primeira Turma. *Recurso Extraordinário 90910/PR*. Relator Min. Xavier de Albuquerque. Julgamento em 21/10/1980. In DJ de 14/11/1980, p. 9492. Disponível em <http://redir.stf.jus.br/paginadorpub/paginador.jsp?docTP=AC&docID=184550>. Acesso em 7 mar. 2019

BRASIL. Tribunal de Justiça do Estado de Minas Gerais. *Agravo de Instrumento nº 10145074067219001 da 15ª Câmara Cível do Tribunal de Justiça do Estado de Minas Gerais*, Minas Gerais, 6 ago 2015. Disponivel em <https://bd.tjmg.jus.br/jspui/bitstream/tjmg/7679/5/TJMG%20-%20AI%20-%2010145074067219001.pdf> Acesso em 29 nov. 2017

BRASIL. Tribunal de Justiça do Estado de Rio Grande do Sul. *Agravo de Instrumento nº 70075039222* RS, 17 set. 2018. Disponivel em <http://www1.tjrs.jus.br/site_php/consulta/consulta_acordaos.php?Numero_Processo=70075039222&code=5584&entrancia=2&id_comarca=700&nomecomarca=&orgao=TRIBUNAL%20DE%20JUSTI%C7A%20-%2011.%20CAMARA%20CIVEL%20-%20REGIME%20DE%20EXCECAO> Acesso em 6 mar. 2019

BRASIL. Tribunal de Justiça do Estado de São Paulo. *Agravo de Instrumento nº 2203467-13.2016.8.26.0000 da 20ª Câmara de Direito Privado do Estado de São Paulo*, São Paulo, 20 fev. 2017. Disponível em <https://esaj.tjsp.jus.br/cjsg/getArquivo.do?conversationId=&cdAcordao=10211988&cdForo=0&uuidCaptcha=sajcaptcha_5507f76234e542e68a19586ffa4044bc&vlCaptcha=QJp&novoVlCaptcha=> Acesso em 29 nov. 2017

BRASIL. Tribunal de Justiça do Estado de São Paulo. *Agravo de Instrumento nº 2019847-61.2017.8.26.0000 da 20ª Câmara de Direito Privado do Estado de São Paulo*, São Paulo, 3 abr 2017. Disponível em <https://esaj.tjsp.jus.br/cjsg/getArquivo.do?cdAcordao=10316482&cdForo=0> Acesso em 29 nov. 2017

BRASIL. Tribunal de Justiça do Estado de São Paulo. *Agravo de Instrumento nº AI 20389912120178260000 SP 2038991-21.2017.8.26 da 15ª Câmara de Direito Privado do Estado de São Paulo,* São Paulo, 26 abr 2017. Disponível em <https://esaj.tjsp.jus.br/cjsg/getArquivo.do?cdAcordao=10374459&cdForo=0> Acesso em 29 nov. 2017

BRASIL. Tribunal de Justiça do Estado do Rio Grande do Sul. *Agravo de Instrumento 70052004603 RS da 12ª Câmara Cível do Tribunal de Justiça do Estado do Rio Grande do Sul, Rio Grande do Sul,* 13 nov 2012. Disponível em <https://tj-rs.jusbrasil.com.br/jurisprudencia/22743797/agravo-de-instrumento-ag-70052004603-rs-tjrs/inteiro-teor-110955885> Acesso em 29 nov. 2017

BRASIL. Tribunal Regional Federal da 4ª Região. *Embargos de Declaração em Agravo de Instrumento nº 5032838-68.2014.4.04.0000,* 28 abr 2015. Disponível em <https://jurisprudencia.trf4.jus.br/pesquisa/inteiro_teor.php?orgao=1&documento=7481694> Acesso em 29 nov. 2017

Bronzel, Rômulo Augusto Araújo. *Questões controvertidas no novo CPC na esfera do direito societário.* Gazeta do Povo, Curitiba, novembro 2015. Disponível em: <https://www.gazetadopovo.com.br/vida-publica/justica-e-direito/artigos/questoes-controvertidas-do-novo-cpc-na-esfera-do-direito-societario-e6orsmg5hz3v5fm3exhdzk3la>, acesso em 25 de junho de 2018

Cardoso, Fernanda Rezemini. Bondioli, Luis Guilherme Aidar. Freoa, Ricardo Peres. Braga, Gabriela Bonfim de Almeida. Viviani, Luís. *Considerações sobre a penhora de quotas ou ações.* Disponível em <https://www.jota.info/opiniao-e-analise/colunas/coluna-do-stocche-forbes/consideracoes-sobre-a-penhora-de-quotas-ou-acoes-27062017>,acesso em 26 de junho de 2018

Meneses, Juliana Mainardi. *Personalidade Jurídica – Conceito, Limites e Discussões Recentes.* Novembro/2016 (não publicado)

Miranda, Maria Bernadete. *Teoria Geral das Obrigações.* Revista Virtual Direito Brasil, Vol 2, n.1., 2008. Disponível em <http://direitobrasil.adv.br/artigos/obri.pdf>, acesso em 7 de junho de 2018

Abuso do Poder de Controle na Inclusão da Cláusula Compromissória em Estatutos Sociais

Thamiris Sanches de Salles

Introdução

O instituto da arbitragem foi recebido pelo direito brasileiro como uma nova forma alternativa de resolução de conflitos por meio da criação da Lei 9.307 de 23 de setembro de 1996, posteriormente alterada pela Lei nº 13.129, de 26 de maio de 2015 (Lei de Arbitragem).

Referido instituto está presente no ordenamento jurídico brasileiro desde 1824, época em que a constituição brasileira permitia às partes nomear juízes-árbitros para atuar nas questões jurídicas civis. Apesar de presente, a sua efetividade era mínima, uma vez que as sentenças arbitrais precisavam passar pelo crivo do Poder Judiciário, o que praticamente anulava a utilidade da arbitragem como uma forma alternativa de resolução de conflitos.

Assim, com o surgimento da Lei de Arbitragem a decisão arbitral passou a ser equiparada a uma sentença judicial, constituindo-a em um título executivo extrajudicial, nos termos do seu artigo 31[1], provendo dessa forma a efetividade que lhe faltava.

[1] Art. 31. A sentença arbitral produz, entre as partes e seus sucessores, os mesmos efeitos da sentença proferida pelos órgãos do Poder Judiciário e, sendo condenatória, constitui título executivo.

Além disso, importante destacar que em 2001, o Supremo Tribunal Federal[2] também declarou a constitucionalidade da Lei de Arbitragem, permitindo às partes optarem pela utilização do árbitro para solucionar conflitos que versem sobre direitos patrimoniais, sem a necessidade da homologação do laudo arbitral por uma autoridade judicial.

Tendo em vista a morosidade do Poder Judiciário brasileiro em solucionar os conflitos que surgiam em consequência do crescente número de transações comerciais, a arbitragem foi instituída também com o intuito de ser um meio mais célere e especializado.

Apesar do instituto da arbitragem estar em vigor no Brasil há muito tempo, a sua utilização como forma de resolução de conflitos teve um notório crescimento nos últimos anos[3]. Pode-se afirmar que o crescimento da economia do Brasil, a internacionalização das relações comerciais e o consequente surgimento de mais empresas e investimentos no país fizeram com que os litígios entre as companhias e os acionistas e entre os acionistas controladores e minoritários aumentassem também.

Referido crescimento promoveu o aumento da complexidade dos litígios, em especial os litígios em que o Direito Societário é o direito tutelado pelas partes. Diante deste cenário, fica evidente que o Poder Judiciário, em muitos casos, não possui o conhecimento necessário para solucionar de forma satisfatória o litígio que lhe é apresentado nem a agilidade que lhe é esperada.

[2] BRASIL. Supremo Tribunal Federal. Agravo Regimental na Sentença Estrangeira nº. 5.206-7. Relatora: Ministra Sepúlveda Pertence. Brasília, 12 dez. 2001. Disponível em <http://www.stf.jus.br/portal/jurisprudencia/visualizarEmenta.asp?s1=000013625&base=baseAcordaos>. Acesso em: 18 jun. 2018.

[3] GRILLO, Brenno. Soluções em arbitragem crescem 73 % em seis anos, mostra pesquisa. 2016. Disponível em: <https://www.conjur.com.br/2016-jul-15/solucoes-arbitragem-crescem-73-seis-anos-mostra-pesquisa> Acesso em: 21. out. 2017.

Dessa forma, a arbitragem vem se tornado atraente aos empresários que desejam ter solucionados os seus conflitos de forma mais célere e segura. Diante disso, referido instituto tem-se mostrado cada vez mais presente em contratos empresariais e por conseguinte em estatutos sociais de companhias, por questões práticas, econômicas, de governança corporativa ou até mesmo por exigências de mercado.

A possibilidade de resolução de conflitos entre acionistas e entre estes e a sociedade por meio da arbitragem foi admitida pelo Direito Societário mediante a inclusão do artigo 109 na Lei 6.404, de 15 de dezembro de 1976 (Lei das Sociedades por Ações).

Entretanto, as sociedades por ações, em especial as de capital aberto, caracterizadas pelo dinamismo quando o assunto se refere à entrada e saída de acionistas da companhia, depara-se com dificuldades quando há a inclusão da cláusula compromissória em seus estatutos sociais.

A principal delas é no momento em que a alteração do estatuto social da companhia, para a inclusão da cláusula compromissória, é aprovada unicamente pelos acionistas controladores ou pelo grupo de controle, excluindo a possibilidade dos acionistas ou a própria companhia apresentar eventuais litígios à jurisdição estatal.

Muito se discutiu sobre a vinculação e obrigação de acionistas dissidentes ou ausentes à cláusula compromissória, quando a sua inclusão era aprovada pela maioria dos acionistas presentes na assembleia, uma vez que referido instituto prevê a necessidade da concordância expressa da parte para assim ter força vinculante.

Com o objetivo de colocar um fim à essas discussões, foi promulgada a Lei 13.129, de 26 de maio de 2015 (Lei 13.129/15), a qual incluiu na Lei das Sociedades por Ações o artigo 136-A a fim de obrigar todos os acionistas à cláusula quando esta for aprovada por no mínimo metade dos acionistas com direito a voto e ainda de regular o direito de recesso ao acionista dissidente.

Referida alteração legislativa trouxe consigo um novo debate na medida em que a aprovação da cláusula compromissória pelo princípio majoritário tem-se mostrado prejudicial aos acionistas minoritários que, em muitos casos, não conseguem arcar com os custos de uma arbitragem.

Nesse contexto, a abordagem principal do presente artigo será a de demonstrar o atual entendimento da doutrina e jurisprudência com relação à inclusão da cláusula compromissória no estatuto social da companhia quando referida inclusão tenha sido aprovada em assembleia pela maioria dos acionistas, em especial sobre o possível abuso do poder dos referidos acionistas nessa situação.

1. Arbitragem no Direito Societário

Em 1850 a arbitragem foi primeiramente instituída como forma de resolução de conflitos entre acionistas de uma sociedade. O Código Comercial do referido ano estabelecia que qualquer contenda advinda entre os acionistas durante a existência da sociedade, ou da companhia, sua liquidação ou partilha, estaria obrigatoriamente sujeita à arbitragem.

Referida obrigatoriedade deixou de existir mediante a promulgação do Regulamento 737 no ano de 1850, regulamento este que passou a distinguir a arbitragem voluntária e necessária e perdurou até a entrada em vigor da Lei 1.310 de 1866, momento em que a arbitragem passou a ser facultativa. Cumpre ressaltar também que a arbitragem passou a ser prevista nas Constituições pátrias de 1934 e 1937, bem como posteriormente no Código Processual de 1939.

Entretanto, apesar de algumas companhias optarem pela arbitragem, ainda era grande o entrave e burocratização que a própria legislação brasileira impunha para a sua efetiva utilização, uma vez que a decisão proferida pela câmara arbitral, o chamado laudo arbitral, ainda teria que ser homologada pelo Poder Judiciário, o que prolatava ainda mais qualquer possível resolução entre as partes.

Assim, com a promulgação da Lei de Arbitragem, a cláusula compromissória passou a ter força vinculante e a sentença arbitral não precisou mais ser homologada pelo Poder Judiciário.

Com a finalidade de prover maior segurança jurídica ao instituto da arbitragem, o Supremo Tribunal Federal, em decisão proferida em 13 de dezembro de 2001, decidiu por declarar a constitucionalidade da Lei de Arbitragem, o que consequentemente impulsionou ainda mais a sua utilização pelas companhias.[4]

Ainda assim, nesse mesmo ano, a possibilidade de resolução de conflitos entre acionistas e entre estes e a sociedade por meio da arbitragem também foi admitida pelo atual Direito Societário mediante a inclusão do parágrafo 3º do artigo 109 na Lei das Sociedades por Ações[5], o qual teve como principais objeti-

[4] BRASIL. Supremo Tribunal Federal. Agravo Regimental na Sentença Estrangeira nº. 5.206-7. Relatora: Ministra Sepúlveda Pertence. Brasília, 12 dez. 2001. Disponível em <http://www.stf.jus.br/portal/jurisprudencia/visualizarEmenta.asp?s1=000013625&base=baseAcordaos>. Acesso em: 18 jun. 2018.

[5] Art. 109 – Nem o estatuto nem a assembléia geral poderão privar o acionista do direito de:
I – participar dos lucros sociais;
II – participar dos acervo da companhia, em caso de liquidação;
III – fiscalizar, na forma prevista nesta Lei, a gestão dos negócios sociais;
IV – preferência para subscrição de ações, partes beneficiárias conversíveis em ações, debêntures conversíveis em ações e bônus de subscrição, observado o disposto nos arts. 171 e 172.
V – retirar-se da companhia nos casos previstos nesta Lei.
§1º – As ações de cada classe conferirão iguais direitos aos seus titulares.
§2º – Os meios, processos e ações que a lei confere ao acionista para assegurar os seus direitos não podem ser elididos pelo estatuto ou pela assembléia geral.

vos, conforme alude José Enei[6], reduzir a insegurança quanto à legitimidade do instituto no âmbito das relações societárias, bem como difundir e fomentar seu uso em razão das inúmeras vantagens que ele pode apresentar em comparação com o Poder Judiciário.

Pode-se afirmar que o legislador, ao incluir referido dispositivo na Lei das Sociedades por Ações, quis deixar claro e evidente que a arbitragem também poderá ser utilizada para a resolução de conflitos societários, uma vez que essa possibilidade já era estabelecida na Lei de Arbitragem. A partir de então, com a expressa autorização legislativa, resta pacificado e plenamente útil referido instituto.

Cumpre ressaltar que a Lei das Sociedades por Ações já estabelecia no §2º do artigo 129[7], a possibilidade de utilização da arbitragem em casos de empate das deliberações assembleares desde que estivesse estabelecido previamente no estatuto social da companhia. Apesar de referido dispositivo não tratar especificamente da utilização da arbitragem como forma alternativa de resolução de conflitos, não cabe dizer que o instituto da arbitragem era assunto novo para a Lei das Sociedades por Ações.

§3º – O estatuto da sociedade pode estabelecer que as divergências entre os acionistas e a companhia, ou entre acionistas controladores e os acionistas minoritários, poderão ser solucionadas mediante arbitragem, nos termos em que especificar.

[6] ENEI, José Virgillio Lopes. **A arbitragem nas sociedades anônimas**. Revista de Direito Mercantil, São Paulo, Malheiros, jan./mar. 2003. p 137.

[7] Art. 129. As deliberações da assembléia-geral, ressalvadas as exceções previstas em lei, serão tomadas por maioria absoluta de votos, não se computando os votos em branco.

§ 1º O estatuto da companhia fechada pode aumentar o quorum exigido para certas deliberações, desde que especifique as matérias.

§ 2º No caso de empate, se o estatuto não estabelecer procedimento de arbitragem e não contiver norma diversa, a assembléia será convocada, com intervalo mínimo de 2 (dois) meses, para votar a deliberação; se permanecer o empate e os acionistas não concordarem em cometer a decisão a um terceiro, caberá ao Poder Judiciário decidir, no interesse da companhia.

Assim, a inclusão do parágrafo 3º do artigo 109 na Lei das Sociedades por Ações trouxe consigo questões dúbias com relação à vinculação de acionistas à cláusula compromissória disposta no estatuto social da sociedade a qual faz parte e a extensão dos seus efeitos. Discussão essa que será analisada nos próximos capítulos do presente artigo.

1.1. Limites Objetivos e Subjetivos da Cláusula Compromissória

O estudo da arbitragem no âmbito do Direito Societário limita-se basicamente à verificação de quais matérias podem ser submetidas ao julgamento da câmara arbitral e a identificação de quais acionistas estão vinculados à cláusula compromissória.

A análise de quais matérias são consideradas arbitráveis denomina-se arbitrabilidade objetiva. Já, no que diz respeito à verificação da vinculação dos acionistas à cláusula arbitral, referida análise encontra-se no âmbito da arbitrabilidade subjetiva.

1.1.1. Limites Objetivos

Apesar da Lei das Sociedades por Ações dispor expressamente em seu artigo 109, §3º, sobre a possibilidade da utilização da arbitragem como forma de solução de conflitos, referido artigo não menciona quais são os direitos e obrigações que podem ser submetidos ao julgamento da câmara arbitral. Portanto, faz-se necessária a análise em conjunto com a Lei de Arbitragem para concluir quais matérias podem ser consideradas arbitráveis.

A Lei de Arbitragem estabelece em seu artigo 1º que as matérias que podem ser submetidas à arbitragem são aquelas que dizem respeito a direitos patrimoniais disponíveis.[8]

[8] Art. 1º As pessoas capazes de contratar poderão valer-se da arbitragem para dirimir litígios relativos a direitos patrimoniais disponíveis.

Atualmente, Carlos Alberto Carmona, descreve como direito patrimonial disponível aquele que

> pode ou não ser exercido pelo seu titular, sem que haja norma cogente impondo o cumprimento do preceito sob pena de nulidade ou anulabilidade do ato praticado com sua infringência. Assim, são disponíveis (do latim diponere, dispor, pôr em vários lugares, regular) aqueles bens que podem ser livremente alienados ou negociados, por encontrarem-se desembaraçados, tendo o alienante plena capacidade jurídica para tanto.[9]

Nesse mesmo sentido, o Código Civil em seu artigo 852 delimita a aplicação da arbitragem conforme segue: "É vedado compromisso para solução de questões de estado, de direito pessoal de família e de outras que não tenham caráter estritamente patrimonial".

A Lei das Sociedades por Ações é silente com relação aos limites objetivos da arbitragem no âmbito societário. Dessa forma, pode-se dizer que os limites que são estabelecidos na Lei de Arbitragem e no Código Civil aplicam-se também, como regra geral, às matérias societárias.

Com relação à patrimonialidade das questões societárias, pode-se afirmar que "todos os direitos inerentes à condição de acionista são tidos como patrimoniais, uma vez que seriam passíveis de avaliação econômica, inclusive o direito de voto".[10]

[9] CARMONA, Carlos Alberto. **Arbitragem e processo: um comentário à Lei nº 9.307/96**. 2ª ed. Ver., atual e ampl. – 4. Reimpr. – São Paulo: Atlas, 2007. p. 56.

[10] MELLO, Felipe de Almeida. **Abuso do poder de controle e a utilização da arbitragem para a resolução de conflitos societários**. 2009. 117 f. Dissertação (Mestrado em Direito Político e Econômico) – Universidade Presbiteriana Mackenzie, São Paulo. p. 56. Disponível em: <http://up.mackenzie.br/fileadmin/user_upload/_imported/fileadmin/PUBLIC/UP_MACKENZIE/servicos_educacionais/stricto_sensu/Direito_Politico_Economico/Felipe_de_Almeida_Mello.pdf>. Acesso em: 06 jun. 2018.

Já com relação à disponibilidade, Nelson Eizirik[11] defende que nem todas as questões societárias estão ligadas a direitos patrimoniais disponíveis, uma vez que podem abranger direitos de terceiros, não vinculados à cláusula compromissória estatutária. Nesta senda, Eizirik entende que se admite a arbitrabilidade aos direitos disponíveis no âmbito interno da companhia, como por exemplo:

> (i) impugnação de decisão de Assembleia geral; (ii) impugnação de decisão dos outros órgãos societários, como a diretoria, o conselho de administração e conselho fiscal; (iii) questão ligadas ao direito de recesso; (iv) interpretação de cláusulas estatutárias, inclusive aquelas fundadas em normas de ordem pública, desde que sejam respeitadas; (v) questão ligadas ao pagamento de dividendos; (vi) exercício do direito de voto em situações de conflito de interesses (art. 115 da Lei das S.A.); e (vii) operações de reestruturação societária.[12]

Ainda assim, Nelson Eizirik[13] defende que embora a Lei das Sociedades por Ações estabeleça que apenas os conflitos entre acionistas e companhia ou entre acionistas controladores e os minoritários possam ser submetidos ao juízo arbitral, o estatuto social pode estabelecer que outras divergências que não as já estabelecidas em lei, se submetam à arbitragem, uma vez que o dispositivo legal deve ser interpretado de forma favorável à utilização da arbitragem.

[11] EIZIRIK, Nelson. **A Lei das S/A Comentada – Vol I a III**. São Paulo: Ed. Quartier Latin, 2011. p. 169.
[12] CARVALHOSA, Modesto. **Estudos de direito empresarial/Modesto Carvalhosa e Nelson Eizirik**. São Paulo: Saraiva, 2010. pgs. 23 e 24.
[13] EIZIRIK, op. cit., p. 171.

1.1.2. Limites Subjetivos

No que tange à arbitrabilidade subjetiva, importante se faz analisar quem são as partes vinculadas à cláusula compromissória estatutária. Referida análise torna-se crucial na medida em que a Lei de Arbitragem prevê, como requisito para a validade e vinculação à cláusula compromissória, o expresso consentimento da parte e que a aprovação para a utilização da arbitragem como forma de resolução de conflitos seja por escrito.

Com relação aos requisitos acima mencionados, Modesto Carvalhosa publicou em seu artigo que:

> O pressuposto da validade e eficácia da decisão arbitral depende de expressa declaração de vontade das partes envolvidas, seja na cláusula compromissória, seja no compromisso propriamente dito.
>
> Há, com efeito, um requisito necessariamente de forma para a validade e eficácia da cláusula compromissória estatutária, que depende de sua específica e formal adoção por parte de todos os compromissados. Sem essa expressa aprovação a cláusula compromissória é nula, por ferir o direito essencial do acionista de socorre-se do Poder Judiciário.[14]

Assim, é possível concluir do ensinamento de Modesto Carvalhosa que a aceitação da inclusão da cláusula compromissória depende exclusivamente das formalidades exigidas pela lei para assim ter validade e eficácia perante os contratantes.

A começar pela própria sociedade, uma vez inserida a cláusula compromissória em seu estatuto social estabelecendo que eventuais litígios entre ela e seus acionistas sejam submetidos ao juízo arbitral, pressupõe-se que ela se vincula imediatamente à cláusula compromissória.

[14] Carvalhosa, Modesto. **Reforma da Lei das Sociedades Anônimas**. Coletânea coordenada por Jorge Lobo. 2. ed. Rio de Janeiro: Forense, 2002. p. 325.

Entende-se, portanto, que uma vez que a aprovação da inclusão da cláusula compromissória no estatuto social da companhia tenha sido em conformidade com o que está estabelecido em lei, ou seja, houve aprovação pelo quórum legal, é possível afirmar que referida cláusula se torna oponível à companhia, vinculando-a automaticamente.

Com relação à vinculação dos acionistas, serão analisadas nos capítulos a seguir, as diferentes situações em relação ao tempo e forma da inclusão da cláusula compromissória no estatuto social, a fim de estabelecer a sua vinculação ou não à cláusula.

1.1.2.1. Vinculação dos Acionistas Fundadores à Cláusula Compromissória no Momento da Constituição da Sociedade

Quando da constituição de uma sociedade por ações e na hipótese em que a cláusula compromissória estiver no estatuto social da sociedade desde a sua fundação, é fácil verificar que todos os acionistas subscritores das ações deverão, necessariamente, estar vinculados a todo o conteúdo do estatuto social, inclusive à cláusula compromissória.

Isso porque, conforme dispõe o parágrafo 2º do artigo 87 da Lei das Sociedades por Ações[15], o projeto do estatuto não poderá ser alterado sem a concordância de todos os acionistas.

[15] Art. 87. A assembléia de constituição instalar-se-á, em primeira convocação, com a presença de subscritores que representem, no mínimo, metade do capital social, e, em segunda convocação, com qualquer número.
§ 1º Na assembléia, presidida por um dos fundadores e secretariada por subscritor, será lido o recibo de depósito de que trata o número III do artigo 80, bem como discutido e votado o projeto de estatuto.
§ 2º Cada ação, independentemente de sua espécie ou classe, dá direito a um voto; a maioria não tem poder para alterar o projeto de estatuto.
§ 3º Verificando-se que foram observadas as formalidades legais e não havendo oposição de subscritores que representem mais da metade do capital social, o presidente declarará constituída a companhia, procedendo-se, a seguir, à eleição dos administradores e fiscais.

Dessa forma, entende-se que a subscrição das ações pelo acionista expressa a sua concordância aos termos do estatuto, sendo que caso não fosse aceita qualquer cláusula, inclusive a cláusula compromissória, o acionista poderia simplesmente deixar de subscrever as ações da sociedade em questão.

O tema referente à vinculação dos acionistas fundadores e subscritores da companhia à cláusula compromissória instituída no estatuto social no momento de sua constituição é também pacífica na doutrina uma vez presentes os requisitos formais estabelecidos na Lei das Sociedades por Ações acima descritos bem como o evidente exercício da vontade por parte dos acionistas.

Nelson Eizirik[16], ao comentar o artigo 109 da Lei das Sociedades por Ações, também entende que "quando a cláusula compromissória estiver incluída no estatuto social na constituição da companhia, inequivocamente vincula todos os acionistas fundadores".

É possível dizer também, que a subscrição das ações pelos acionistas no momento da fundação da sociedade supre a necessidade de formalização de anuência específica da cláusula compromissória.

Importante destacar que referido entendimento aplica-se tanto nas hipóteses em que há subscrição pública de ações quanto nas hipóteses de subscrição privada. Na hipótese em que a sociedade for constituída por subscrição pública, a anuência do acionista com relação à cláusula compromissória se dará no momento da sua subscrição do capital, independentemente do acionista ter participado ou não da assembleia geral de constituição.

Já, quando se tratar de companhia de capital fechado, ou seja, na hipótese de subscrição privada de ações, a anuência do

§ 4º A ata da reunião, lavrada em duplicata, depois de lida e aprovada pela assembléia, será assinada por todos os subscritores presentes, ou por quantos bastem à validade das deliberações; um exemplar ficará em poder da companhia e o outro será destinado ao registro do comércio.

[16] EIZIRIK, op. cit., p. 172.

acionista se dará mediante a assinatura do projeto do estatuto social quando submetido à aprovação em assembleia geral ou da escritura pública de constituição.

Dessa forma, pode-se afirmar que a oponibilidade da cláusula compromissória aos acionistas no momento da constituição da sociedade é clara e indiscutível, devendo eventuais litígios entre a sociedade e acionistas ou entre acionistas majoritários e minoritários serem submetidos à câmara arbitral.

1.1.2.2. Vinculação de Novos Acionistas à Cláusula Compromissória de Sociedade já Existente

Outra situação em que se faz necessária a análise da vinculação e oponibilidade da cláusula compromissória é no momento do ingresso de um novo acionista em uma sociedade que já estabelece em seu estatuto social a câmara arbitral como foro competente para a resolução de conflitos.

Tema divergente na doutrina, há quem defenda que não há vinculação à cláusula compromissória daquele acionista que ingressa na sociedade em momento posterior à instituição da cláusula arbitral no estatuto social, uma vez ausente a concordância expressa à cláusula. Referida hipótese se dá, principalmente, nos casos em que há ingresso de acionistas em sociedades de capital aberto, uma vez que a aquisição de ações é realizada por meios que não requerem, efetivamente, a análise e leitura do estatuto social da sociedade que possua a cláusula arbitral.

Quem defende a corrente da não vinculação do novo acionista à cláusula compromissória possui como argumento a necessidade de observação do procedimento específico e formal estabelecido no §2º do artigo 4º da Lei de Arbitragem[17], ou seja, a concordância por escrito do acionista em documento

[17] Art. 4º A cláusula compromissória é a convenção através da qual as partes em um contrato comprometem-se a submeter à arbitragem os litígios que possam vir a surgir, relativamente a tal contrato.

anexo ou em negrito, com a assinatura ou visto especial para essa cláusula. Caso isso não ocorra, deverá ser considerada nula a cláusula por ferir direito constitucional do acionista de recorrer ao Poder Judiciário para dirimir eventuais litígios.

Modesto Carvalhosa adota o posicionamento da não vinculação do acionista à cláusula nos seguintes termos:

> Não há presunção de renúncia de direito essencial de qualquer acionista, tanto mais em se tratando de pacto parassocial, de cuja natureza é a cláusula compromissória estatutária. Não se pode presumir que alguém haja atribuído a solução de controvérsia a um colégio arbitral pelo simples fato de estar ele previsto no estatuto. Não há renúncia implícita a direito essencial do acionista. Não pode, assim, a sociedade ou a maioria dos acionistas impor a cláusula compromissória estatutária a quem não a tenha constituído ou a ela não tenha aderido expressamente, por documento.[18]

A posição do nobre causídico deve ser levada em consideração, não só pela lógica jurídica envolvida, mas também por sua efetividade prática e social. Com efeito, a inexistência de vinculação expressa do acionista minoritário resulta em verdadeira afronta ao real interesse do legislador na edição da Lei de Arbitragem.

Isso porque, ao mencionar expressamente que a cláusula compromissória deverá ser instituída "por escrito em documento anexo ou em negrito, com a assinatura ou visto especialmente para essa cláusula", o legislador foi claro ao condicionar

§ 1º A cláusula compromissória deve ser estipulada por escrito, podendo estar inserta no próprio contrato ou em documento apartado que a ele se refira.
§ 2º Nos contratos de adesão, a cláusula compromissória só terá eficácia se o aderente tomar a iniciativa de instituir a arbitragem ou concordar, expressamente, com a sua instituição, desde que por escrito em documento anexo ou em negrito, com a assinatura ou visto especialmente para essa cláusula.

[18] Carvalhosa, op. cit., p. 386.

a validade da cláusula compromissória à aceitação expressa do aderente (ou, *in casu*, do acionista minoritário). Ou seja, não há aceitação tácita do acionista minoritário aos termos da cláusula compromissória, sendo este um ato formal e solene.

Nesse sentido, é medida de rigor que o estatuto social respeite os termos da Lei de Arbitragem e preveja, em negrito ou em documento apartado, a resolução de todo e qualquer conflito por meio de arbitragem. Caso contrário poderá ocorrer verdadeiro abuso de direito e, consequentemente, a possível anulação dos atos praticados, em especial a instauração da arbitragem e resolução dos conflitos envolvendo a sociedade ou seus acionistas.

No mesmo sentido, Luiz Leonardo Cantidiano[19] entende que não pode haver renúncia tácita ao direito assegurado pela Constituição Federal, qual seja, a submissão à apreciação do Poder Judiciário lesão ou ameaça ao direito, devendo haver a anuência formal quanto à utilização da arbitragem para resolução de conflitos.

Já, em oposição aos posicionamentos de Carvalhosa e Cantidiano acima expostos, há quem defenda que o acionista ao se vincular à uma sociedade já existente que tenha optado por incluir em seu estatuto social a câmara arbitral como foro competente para dirimir eventuais litígios, está automaticamente vinculado à cláusula compromissória, sem necessidade de qualquer formalidade.

Nesse sentido é o entendimento de Arnold Wald[20] ao defender que o acionista ao se vincular à sociedade passa a aderir ao conteúdo do estatuto e às deliberações, sendo que a sua aceitação à cláusula arbitral é obtida expressa ou tacitamente.

[19] CANTIDIANO, Luiz Leonardo. **Reforma da Lei das S/A Comentada**. Rio de Janeiro: Renovar, 2002. p. 120.

[20] WALD, Arnold. **A arbitralidade dos conflitos societários: Contexto e Prática**. In: YARSHELL, Flávio Luiz e PEREIRA, Guilherme Setoguti J. Processo Societário – Volume II. São Paulo: Quartier Latin, 2015. p. 100.

Pedro A. Batista Martins[21] também entende que a cláusula compromissória vincula aquele que adquiriu a qualidade de acionista por força da transferência de ações mesmo na inexistência de sua manifestação expressa à cláusula arbitral.

A posição assumida pelos doutrinadores acima também merece destaque, pois partem do pressuposto de que há um dever implícito do ingressante de verificar todas as peculiaridades envolvidas na sociedade que pretende fazer parte, não só seu objeto social e viabilidade econômica, mas também questões cruciais para o desenvolvimento e continuidade da atividade econômica e resolução de eventuais conflitos que possam surgir ao longo dos anos e que devem ser resolvidos de maneira célere e com o menor impacto possível à sociedade.

Além dos diferentes posicionamentos doutrinários, a jurisprudência se posicionou no sentido de que o novo acionista ao ingressar em uma sociedade que já tenha estabelecido em seu estatuto social a arbitragem como forma de resolução de conflitos, estará ele vinculado também à cláusula compromissória.

Vejamos o acórdão proferido pelo Tribunal Regional da 4ª Região, em que o relator Cândido Alfredo Silva Leal Junior vota da seguinte maneira:

> Se no estatuto da empresa há previsão da solução de conflitos pela arbitragem, ou seja, se há cláusula compromissória, não poderá o sócio abster-se de aderi-la, uma vez que, o acesso às regras expostas no estatuto, é público, sob pena de inviabilizar a condução das relações internas da sociedade anônima. O investidor não é obrigado a fazer parte da companhia. Se optar pelo ingresso, presume-se que avaliou e acatou voluntariamente as

[21] Martins, Pedro A. Batista. **A Arbitragem nas Sociedades de Responsabilidade Limitada**. Disponível em: <http://batistamartins.com/wp-content/uploads/kalins-pdf/singles/arbitragem-nas-sociedades-de-responsabilidade-limitada-2.pdf>. Acesso em: 10 abr. 2018.

> disposições estatutárias. Até porque, o registro do estatuto social na junta comercial, ou sua inscrição na bolsa de valores ou no mercado de balcão, ratifica a presunção de pleno conhecimento pelos acionistas. A exigência de aceitação expressa não encontra respaldo nem na Lei das Sociedades Anônimas, nem na Lei da Arbitragem;. Não há falar em ofensa ao princípio constitucional da inafastabilidade do controle judicial. O princípio contido no artigo 5º, inciso XXXV, da CRFB deve ser entendido como regra de coibição de abuso de direito, de ato arbitrário ou ilegal e somente nestes casos deve ser acionado.[22]

Do julgado acima, verifica-se que o Tribunal Regional da 4ª Região entendeu que o acionista que passou a fazer parte do quadro acionário na sociedade da empresa Petrobrás teria conhecimento sobre a existência da cláusula compromissória e, portanto, não poderia alegar seu desconhecimento e eventual desvinculação à cláusula compromissória.

Vale destacar que se trata de uma das maiores empresas do Brasil e do mundo, a qual tem ampla notoriedade e (suposta) transparência perante a sociedade. Ou seja, o acesso do ingressante ou do acionista minoritário aos documentos societários, contábeis e financeiros é muito maior do que em empresas de pequeno porte.

Nesta toada, cabe a reflexão no sentido de que em empresas de pequeno porte o conhecimento inicial que o ingressante tem é inferior ao que o ingressante da Petrobrás tem. E em sendo assim, talvez a mesma atitude proativa que se espera do ingressante da empresa Petrobrás não pode ser aplicada ao ingressante

[22] SANTA CATARINA. Tribunal Regional da 4ª Região. Apelação nº 5009846-10.2015.4.04.7201. Relator Des. Fed. Cândido Alfredo Silva Leal Junior, Santa Catarina, 14 dez., 2016. Disponível em: <https://jurisprudencia.trf4.jus.br/pesquisa/inteiro_teor.php?orgao=1&documento=8696674>. Acesso em: 07 mar. 2018.

de uma empresa de pequeno porte em que há menos divulgação de informações.

A bem da verdade, ocorre uma (equivocada) relativização da Lei de Arbitragem para cada caso, o que não poderia ser realizado, tendo em vista que a lei é cristalina no sentido de que deve existir a expressa declaração de vontade e aceitação do ingressante à cláusula compromissória.

Além do entendimento do Tribunal Regional da 4ª Região, cumpre mencionar um recente julgado da lavra do Tribunal de Justiça de São Paulo, no qual há intensa discussão sobre a validade ou não da cláusula arbitral, bem como seus efeitos.

Resumidamente, o Tribunal consignou que a "convenção de arbitragem vincula não apenas os acionistas fundadores da sociedade ou que aprovaram a inclusão da cláusula no estatuto, mas também aqueles que adquirem ações da companhia posteriormente".[23]

É importante destacar que no caso acima, o Juiz de Primeira Instância havia rejeitado a alegação de existência da cláusula arbitral, sob o fundamento de que o acionista "adquiriu ações da empresa por meio de corretores, sem o conhecimento e adesão expressa à cláusula restritiva de jurisdição".[24]

[23] SÃO PAULO. Tribunal de Justiça do Estado de São Paulo. Apelação 1003528-36.2016.8.26.0011. Relator: Francisco Loureiro. Órgão Julgador: 1ª Câmara Reservada de Direito Empresarial. Foro Regional XI – Pinheiros - 5ª Vara Cível; Data do Julgamento: 01/03/2018; Data de Registro: 01/03/2018. Disponível em: <https://esaj.tjsp.jus.br/cjsg/getArquivo.do?cdAcordao=11218909&cdForo=0>. Acesso em: 25 jun. 2018.

[24] SÃO PAULO. Tribunal de Justiça do Estado de São Paulo. Apelação 1003528-36.2016.8.26.0011. Relator: Francisco Loureiro. Órgão Julgador: 1ª Câmara Reservada de Direito Empresarial. Foro Regional XI – Pinheiros - 5ª Vara Cível; Data do Julgamento: 01/03/2018; Data de Registro: 01/03/2018. Disponível em: <https://esaj.tjsp.jus.br/cjsg/getArquivo.do?cdAcordao=11218909&cdForo=0>. Acesso em: 25 jun. 2018.

Entretanto, o Tribunal de Justiça de São Paulo relevou o julgamento do Juiz de Primeira Instância e determinou pela validade da cláusula arbitral, sob os fundamentos de que havia expressa previsão da cláusula arbitral no estatuto social e o artigo 109, §3º da Lei das Sociedades por Ações prevê que o estatuto da sociedade pode estabelecer que as divergências entre os acionistas e a companhia, ou entre os acionistas controladores e os acionistas minoritários, poderão ser solucionadas mediante arbitragem, nos termos em que especificar.

De todo modo, como realizado nos julgados supramencionado, a doutrina e a jurisprudência vêm realizando a referida relativização da norma, a fim de adequá-la aos novos rumos tomados pela atividade empresarial.

Por fim, para corroborar com a vertente adotada pela doutrina majoritária no sentido de validar a vinculação e oponibilidade da cláusula arbitral ao novo acionista, o Conselho da Justiça Federal emanou por meio do enunciado nº 16, o seguinte:

> O adquirente de cotas ou ações adere ao contrato social ou estatuto no que se refere à cláusula compromissória (cláusula de arbitragem) nele existente; assim, estará vinculado à previsão da opção da jurisdição arbitral, independentemente de assinatura e/ou manifestação específica a esse respeito.[25]

Como mencionado anteriormente, o enunciado nº 16 solidifica o entendimento de que a doutrina e a jurisprudência vêm relativizando a aplicação e exegese da Lei de Arbitragem, mais especificamente no sentido de que seria (ou não) necessária a aceitação expressa do ingressante à resolução de conflitos por meio de arbitragem. Ou seria uma mera aceitação tácita? A resposta, paira sem um definitivo encerramento pela doutrina.

[25] CONSELHO DA JUSTIÇA FEDERAL. Brasília. Disponível em: <http://www.cjf.jus.br/enunciados/enunciado/41>. Acesso em: 11 abr. 2018.

1.1.2.3. Vinculação dos Acionistas quando a Inclusão da Cláusula Compromissória se deu por Meio de Deliberação em Assembleia Geral

Finda a análise do tema sobre a vinculação de um novo acionista à cláusula arbitral, será abordado a seguir, uma das principais questões que surgiu quando da inclusão do artigo 109 na Lei das Sociedades por Ações, qual seja, a vinculação de acionista ausente, dissidente ou que se absteve de votar em deliberação de assembleia cujo objetivo era a alteração do estatuto social para a inclusão da cláusula arbitral.

Referido tema era objeto de debate constante na medida em que não havendo a manifestação de vontade pelo acionista dissidente, ausente ou que se absteve de votar, pressuposto fundamental da Lei de Arbitragem, não estaria ele vinculado à cláusula compromissória.

Nos casos de alteração do estatuto social para a inclusão da cláusula compromissória, parte da doutrina defendia a vinculação do acionista sob o fundamento do princípio majoritário que rege o Direito Societário brasileiro. Isso quer dizer que a maioria dos acionistas votantes de uma sociedade possuem a prerrogativa de decidir o que é ou não melhor para a sociedade.

Sobre este fundamento, cumpre ressaltar que a Lei das Sociedades por Ações exige o quórum qualificado somente para determinados casos, tais quais, aqueles previstos no artigo 221 e §2º do artigo 294 da referida lei[26], não sendo, portanto, um

[26] Art. 221. A transformação exige o consentimento unânime dos sócios ou acionistas, salvo se prevista no estatuto ou no contrato social, caso em que o sócio dissidente terá o direito de retirar-se da sociedade.
Parágrafo único. Os sócios podem renunciar, no contrato social, ao direito de retirada no caso de transformação em companhia.
Art. 294. A companhia fechada que tiver menos de vinte acionistas, com patrimônio líquido inferior a R$ 1.000.000,00 (um milhão de reais), poderá:
I – convocar assembléia-geral por anúncio entregue a todos os acionistas, contra-recibo, com a antecedência prevista no artigo 124; e

requisito legal para a alteração do estatuto social com o intuito de incluir a cláusula compromissória.

Dessa forma, a decisão tomada em assembleia por maioria simples torna-se suficiente para vincular todos os demais acionistas.

Assim era também a teoria de Wald:

> Assim sendo, o consentimento à arbitragem, neste caso, inclusive dos acionistas que votaram em sentido contrário a inclusão da cláusula compromissória no estatuto, decorre do princípio majoritário, que se impõe a todos os acionistas. Quaisquer exceções ou relativizações a este princípio devem estar expressa e taxativamente previstas em lei ou no estatuto, tal como ocorre com as hipóteses de quórum qualificado e direito de recesso, que não abrangem a cláusula compromissória.[27]

Paulo Fernando Campos Salles de Todelo[28], na mesma linha de raciocínio de Wald, também defendia a vinculação do acionista à cláusula arbitral em decisão não unânime tomada em

II – deixar de publicar os documentos de que trata o artigo 133, desde que sejam, por cópias autenticadas, arquivados no registro de comércio juntamente com a ata da assembléia que sobre eles deliberar.
§ 1º A companhia deverá guardar os recibos de entrega dos anúncios de convocação e arquivar no registro de comércio, juntamente com a ata da assembléia, cópia autenticada dos mesmos.
§ 2º Nas companhias de que trata este artigo, o pagamento da participação dos administradores poderá ser feito sem observância do disposto no § 2º do artigo 152, desde que aprovada pela unanimidade dos acionistas.
§ 3º O disposto neste artigo não se aplica à companhia controladora de grupo de sociedade, ou a ela filiadas.

27 WALD, op. cit., p. 100

28 Toledo. P. F. C. S. . **A arbitragem na Lei das Sociedades Anônimas**. In: Rodrigo R. Monteiro de Castro; Leandro Santos de Aragão. (Org.). Sociedade Anônima 30 anos da Lei 6. 404/76. 1ª ed. São Paulo: Quartier Latin, 2007, v.1, p. 265.

assembleia sob o fundamento de que uma vez não presente lesão à garantia constitucional, torna-se possível o acionista optar pelo juízo arbitral mediante anuência tácita ou expressa à cláusula.

Destaca-se que os entendimentos acima refletem a mais pura intenção da constituição de uma sociedade: a junção de terceiros no desenvolvimento de um mesmo ideal, balizados por decisões tomadas por unanimidade ou, ao menos, pela maioria dos votantes.

Ora, seria inviável que as decisões tomadas pela sociedade fossem aprovadas pela unanimidade dos acionistas, de modo que sua aprovação por maioria é suficientemente aceita. E não poderia ser diferente para eventual inclusão ou retirada da cláusula compromissória dos termos do estatuto social, haja vista que cabe à maioria dos acionistas decidir todas as questões relevantes inerentes à administração e atividades da sociedade.

Porém, diferentemente dos posicionamentos a favor da vinculação, Luiz Leonardo Cantidiano[29] defendia que a decisão majoritária para a inclusão da cláusula arbitral no estatuto social da companhia não deveria vincular o acionista contrário à essa decisão uma vez que ninguém pode ser obrigado a submeter o seu litígio à câmara arbitral contra a sua vontade.

Assim, Modesto Carvalhosa[30] também sustentava que a cláusula compromissória não vincula o acionista que não votou favoravelmente à inclusão da cláusula arbitral no estatuto uma vez que ela não possui caráter associativo.

Entretanto, cumpre destacar que tal posição parece ser, *data venia*, um pouco menos prática e aplicável ao dia-a-dia da sociedade. Isso porque, conferir a discricionariedade ao acionista

[29] CANTIDIANO, op. cit., p. 119

[30] CARVALHOSA, Modesto e EIZIRIK, Nelson. **A Nova Lei das S/A**. São Paulo: Saraiva, 2002. p. 194-195.

minoritário de se vincular ou não a determinada matéria votada e aprovada pela maioria dos acionistas colocaria em xeque o *affectio societattis* e, principalmente, instauraria insegurança na administração da sociedade.

Ora, de que valeria a votação por maioria em assembleia se o acionista minoritário poderia se vincular ou não a determinado dever/obrigação?

A "exceção" criada pelos doutos doutrinadores supramencionados traz uma possível dessincronização entre os reais interesses da sociedade (leia-se a maioria da sociedade) e os interesses individuais de acionistas minoritários, o que não se pode permitir sob pena de quebra da verdadeira intenção da criação e manutenção de uma sociedade.

Pensemos, por exemplo, em uma eventual aprovação de contas do exercício fiscal do ano anterior da sociedade. Se a maioria aprovar as contas, mas o sócio minoritário for contra tal aprovação, as contas estariam aprovadas ou rejeitadas? É claro que estariam aprovadas.

E por quais razões a premissa acima seria utilizada de maneira diversa quando se trata de uma aprovação de inclusão da cláusula compromissória no estatuto social?

Ambas tratam de questões que impactam financeiramente a sociedade (o custo de um procedimento arbitral é elevado, enquanto que a aprovação das contas pode impactar no lucro da empresa e posterior distribuição de dividendos/remuneração dos acionistas), bem como são questões que podem e devem ser aprovadas pela maioria dos acionistas.

E aqui cumpre mencionar que há uma singela (mas importante) diferença entre a validade da votação da assembleia para inclusão de cláusula compromissória no estatuto social (para acionistas que já fazem parte da sociedade) e a vinculação de um ingressante a uma cláusula compromissória que foi estipulada anteriormente, mas contra os termos da Lei da Arbitragem.

Com efeito, ao acionista minoritário que já faz parte da sociedade lhe é conferida a possibilidade de (i) se manifestar de maneira contrária à instituição da cláusula compromissória durante a assembleia; e (ii) o acionista minoritário terá pleno e total conhecimento sobre a existência da cláusula compromissória. Inclusive, se o acionista minoritário não compareceu à assembleia (mesmo sabendo que tal matéria seria votada), ele demonstrou sua concordância com a decisão da maioria, o que representa, como visto, a real função da criação da sociedade.

Por outro lado, o ingressante não possui conhecimento sobre as diretrizes comerciais e administrativas da sociedade, de modo que está adentrando naquele momento na sociedade. Ao adentrar na sociedade, o ingressante não tem relação com os demais acionistas e não possui conhecimento sobre a real intenção da sociedade ou das obrigações/deveres que está assumindo (não de todos, ao menos).

Nesse sentido, o respeito aos termos da Lei da Arbitragem ao ingressante representaria uma proteção para que o acionista pudesse adentrar na sociedade com o mínimo de conhecimento e respaldo que lhe permitirão ter igual (ou menos díspar) relação com os demais acionistas.

É uma forma que a lei encontrou para equalizar as relações entre as partes ingressantes (aderentes) das demais partes dos contratos (estatutos sociais), relação esta que é totalmente diferente e desequilibrada se comparada a relação do sócio minoritário que já faz parte da sociedade e tem a intenção de se manifestar contra ou a favor de eventuais decisões da sociedade durante a assembleia.

Diante desse grande embate doutrinário e ideológico, em 26 de maio de 2015 foi promulgada a Lei 13.129 a qual incluiu na Lei das Sociedades por Ações o artigo 136-A, reconhecendo a vinculação de todos os acionistas à cláusula compromissória quando aprovada a sua inclusão no estatuto social pela maioria acionária, bem como o direito de retirada do acionista dissidente, prevalecendo, assim, o princípio e interesse majoritários:

> Art. 136-A. **A aprovação da inserção de convenção de arbitragem no estatuto social, observado o quórum do art. 136, obriga a todos os acionistas, assegurado ao acionista dissidente o direito de retirar-se da companhia mediante o reembolso do valor de suas ações, nos termos do art. 45.**
>
> § 1ºA convenção somente terá eficácia após o decurso do prazo de 30 (trinta) dias, contado da publicação da ata da assembleia geral que a aprovou.
>
> § 2ºO direito de retirada previsto no caput não será aplicável:
>
> I – caso a inclusão da convenção de arbitragem no estatuto social represente condição para que os valores mobiliários de emissão da companhia sejam admitidos à negociação em segmento de listagem de bolsa de valores ou de mercado de balcão organizado que exija dispersão acionária mínima de 25% (vinte e cinco por cento) das ações de cada espécie ou classe;
>
> II – caso a inclusão da convenção de arbitragem seja efetuada no estatuto social de companhia aberta cujas ações sejam dotadas de liquidez e dispersão no mercado, nos termos das alíneas "a" e "b" do inciso II do art. 137 desta Lei. (grifo nosso)

Importante destacar que referido princípio foi relativizado na medida em que o artigo 136-A previu também uma alternativa para os acionistas dissidentes, qual seja, o direito de recesso.

Com a concessão do direito de recesso ao acionista dissidente, Francisco Cahali considera que

> a lei demonstra atenção com a necessária aceitação voluntária à exclusão do Judiciário para a apreciação do conflito, pois ao dissidente não se irá impor a cláusula, contra a sua vontade, mas respeitada, como deve ser, a deliberação da maioria (força motriz na gestão das sociedades anônimas), a ele é facultada a retirada.

Dessa forma, fica resguardado indiretamente aos acionistas o direito de discordar da inclusão da cláusula compromissória no estatuto social, retirando-se da sociedade.[31]

Portanto, pode-se dizer que a inclusão do artigo 136-A na Lei das Sociedades por Ações confirmou a vinculação do acionista à cláusula compromissória quando a sua inclusão no estatuto social for aprovada em deliberação assemblear pela maioria, em especial aquele que não exerceu seu direito de retirada, fortalecendo ainda mais o instituto da arbitragem e conferindo segurança jurídica àqueles que optarem pela arbitragem ou ao menos é o efeito que se esperava com a sua inclusão.

2. Do Abuso do Poder de Controle quando da Inserção da Cláusula Compromissória

Conforme demonstrado no capítulo anterior, muito se discutiu sobre a vinculação e submissão de acionistas dissidentes ou ausentes à cláusula compromissória inserida no estatuto social, quando a sua inclusão não é aprovada por unanimidade, uma vez que referido instituto prevê a necessidade da concordância expressa da parte para assim ter força vinculante.

Entretanto, com a introdução do artigo 136-A e a consequente vinculação de todos os acionistas à cláusula, surgiu uma nova questão na medida em que os acionistas minoritários passaram a se sentir prejudicados por não poderem se socorrer ao Poder Judiciário e terem que apresentar necessariamente à câmara arbitral as suas demandas.

Apesar de restar claro o entendimento sobre a vinculação de todos os acionistas à cláusula compromissória quando a sua inclusão no estatuto social for aprovada em assembleia pela

[31] Cahali, Francisco José. **Curso de Arbitragem**. São Paulo: Revista dos Tribunais, 2015, p. 426.

maioria, em certas situações referida inclusão pode configurar abuso do poder pelos acionistas majoritários quando realizada com o intuito de prejudicar os demais acionistas da sociedade.

Os impactos que a inclusão do artigo 136-A ocasionou aos acionistas minoritários encontram diferentes entendimentos na doutrina. Há quem defenda que o direito de recesso também previsto no artigo 136-A protege os acionistas minoritários que não concordam com a inclusão da cláusula compromissória no estatuto social, porém há quem defenda que apesar da inclusão do quórum qualificado e do direito de recesso, os direitos dos acionistas minoritários podem se encontrar prejudicados na medida em que passam a ser obrigados a utilizar a arbitragem para resolver eventuais conflitos.

Natacha Polavonik[32] defende que a inclusão do artigo 136-A na Leis das Sociedades Anônimas teve como principal objetivo proteger os acionistas minoritários ao regular o direito de retirada caso este não fosse a favor da inclusão da cláusula compromissória da sociedade a que faz parte.

Posição oposta é a de Walfrido Jr.:

> a eficácia da convenção arbitral, inserta em contratos e em estatutos, merece ser relativizada nas circunstâncias em que se alinha a outras técnicas, no bojo de verdadeiros esquemas de vedação ao acesso à justiça e de "encarceramento societário.[33]

No entendimento acima, vê-se verdadeira oposição ao suposto cerceamento de acesso à justiça que a cláusula compromissória poderia ocasionar aos acionistas minoritários. Isso

[32] Polavonik, Natacha. **A lei de Arbitragem**. Disponível em: <www.melonaves.com.br/a-nova-lei-de-arbitragem>. Acesso em: 21 out. 2017.

[33] JR, Walfrido Jorge Warde e Cunha, Fernando Antonio Maia da. **A arbitragem e os limites à atuação do Judiciário nos litígios societários**. In: Yarshell, Flávio Luiz e Pereira, Guilherme Setoguti J. Processo Societário. São Paulo: Quartier Latin, 2012. p. 750.

porque, o elevado custo do procedimento arbitral poderia impedir que o acionista minoritário pleiteasse seus direitos perante a câmara de arbitragem. E, como não seria possível levar a discussão para o Poder Judiciário, o acionista minoritário estaria impossibilitado para buscar justiça. É neste ponto que Walfrido discorda da posição de Natacha Polavonik.

Em consonância com o entendimento de Walfrido, encontra-se lição do mestre Fábio Gentile:

> Quando criado por casuísmo, para inviabilizar ações de responsabilidade, onerar medidas jurídicas com custos desproporcionais e retaliar acionistas minoritários que se oponham ao poder controlador, o compromisso arbitral subverte-se: deixa de ser eficaz, acessível e equânime, e se torna um subterfúgio, não um sucedâneo ao Poder Judiciário.
>
> Nesse contexto, o direito de retirada, que a nova lei confere ao acionista contrário à cláusula de arbitragem, não pode servir para convalidar o abuso do poder de controle. O pagamento de haveres, pelo exercício do recesso, é uma contrapartida à legítima instituição da arbitragem, e não uma moeda de troca para calar acionistas que se opõem a práticas abusivas. Em outras palavras, se o acionista divergente tem direito ao recesso, isso não justifica que o acionista controlador tenha o direito ao abuso.[34]

Mais uma vez vemos que a cláusula compromissória não pode servir como um instrumento para possibilitar a prática de abuso de poder pelo acionista majoritário em detrimento dos interesses dos acionistas minoritários.

Além disso, Gentile também menciona os exorbitantes custos do procedimento arbitral como um dos fatores que pode-

[34] GENTILE, Fábio da Rocha. **Nova regra sobre arbitragem pode gerar abuso do controle acionário**. 2015. Disponível em: <http://www.conjur.com.br/2015-nov-21/regra-arbitragem-gerar-abuso-controle-acionario>. Acesso em: 28 jun. 2017.

riam ocasionar o abuso de poder e, consequentemente, eventual nulidade da cláusula compromissória ante o cerceamento de acesso ao Poder Judiciário pelos acionistas minoritários.

Ainda assim, para corroborar com essa vertente, José Romeu Garcia do Amaral[35] também entende que a inclusão do artigo 136-A na Lei das Sociedades por Ações, apesar de clarear a questão da vinculação de todos os acionistas à cláusula compromissória inserida no estatuto social da sociedade pela maioria, tornando possível a utilização da arbitragem como forma de resolução de conflitos e reconhecer o direito de retirada do acionista dissidente com a finalidade de protegê-lo, a eficácia da cláusula deve ser relativizada em determinadas situações para assim evitar que ocorra a impossibilidade do acionista buscar à justiça.

Ademais, nas hipóteses em que a alteração do estatuto social, aprovada pela maioria acionária para a inclusão da cláusula compromissória, for realizada momentos antes da propositura de uma ação judicial, há que ser verificada a real intenção dos acionistas controladores no momento da modificação do estatuto de forma a restringir a apresentação de eventuais demandas somente à câmara arbitral.

Nessa situação, caberá ao julgador verificar a prática de abuso do poder de controle devendo ser analisada em cada caso concreto a verdadeira intenção do acionista em incluir a cláusula compromissória naquele momento específico, tendo em vista que referido abuso se configura "quando o agente não exerce moderadamente a prerrogativa que lhe é legalmente atribuída, fazendo-o contrariamente ao interesse de terceiros e com obje-

[35] AMARAL, José Romeu Garcia do. **Novas regras de arbitragem em S.A. podem prejudicar os minoritários**. 2015. Disponível em: <http://www.conjur.com.br/2015-ago-12/jose-amaral-novas-regras-arbitragem-sa-podem-armadilhas>. Acesso em: 28 jun. 2017.

tivo de causar-lhes danos, através do cerceamento do exercício de direitos de terceiros".[36]

Cumpre trazer à baila interessante julgado do Tribunal de Justiça do Estado de São Paulo que atuou de forma pioneira em debate similar e decidiu recentemente por concordar com a suspensão da eficácia da cláusula compromissória inserida no estatuto social de uma sociedade, solicitada por um de seus acionistas minoritários, no entendimento de que a sua inclusão caracterizaria abuso do poder de controle tendo em vista que a sociedade encontrava-se com problemas financeiros e a adoção da cláusula arbitral demonstrava ser controverso naquele momento, *in verbis*:

> A hipótese admite a antecipação dos efeitos da tutela, como se deu na decisão agravada, pois presentes os requisitos previstos no art. 273 do CPC/1973, vigente à época.
>
> De fato, a situação que se revela nos autos, em princípio, demonstra a verossimilhança das alegações dos autores.
>
> Como bem acentuou a MM. Juíza, ainda que de forma indiciária, dado o juízo de cognição sumário, a modificação proposta no estatuto social pode expressar, de alguma forma, abuso do poder de controle dos acionistas controladores.
>
> Isto porque, ao que consta dos autos, a empresa Irmãos Parasmo S.A. Indústria Mecânica passa por um momento de grande dificuldade financeira, o que embasa, inclusive, a pretensão de aumento do capital social defendida por parcela dos acionistas.
>
> De outra parte, parece contraditório estabelecer, justamente neste cenário, a arbitragem, procedimento sabidamente mais oneroso, como única forma de solucionar os conflitos oriundos ou relacionados ao próprio estatuto e à Companhia, entre seus acionistas e/ou administradores.

[36] Blok, Marcella. **Abuso do Poder de Controle do Acionista Controlador nas Sociedades Anônimas**. Revista de Direito Bancário e do Mercado de Capitais. São Paulo, v. 56, p. 125.

Neste ponto, ao menos, aparentemente, como afirma a decisão agravada, tal deliberação apresenta-se conflitante com a gestão voltada à realização do objeto e cumprimento da função social da empresa, e preocupada com os deveres os que na empresa trabalham e para com a comunidade em que atua, cujos direitos e interesses devem lealmente ser respeitados e atendidos, nos termos do art. 116, parágrafo único, da Lei, 6.404/1976, o que encaminha à possibilidade de configuração da conduta descrita como exercício abusivo de poder, nos moldes do art. 117, §1º, "c" da Lei 6.404/1976.

No mesmo sentido, aparenta-se contraditório ao interesse da sociedade em crise financeira, o desembolso de valores para reembolso de valores de ações aos sócios que, eventualmente discordantes, optarem por se retirar da sociedade.

Ressalve-se, ademais, que tal alteração está sendo proposta num momento em que pende grande divergência de interesses entre os acionistas, o que se retrata na existência de diversos processos tramitando entre as mesmas partes, de modo que tal alteração no estatuto social, obrigando os acionistas a se socorrer exclusivamente da arbitragem, como meio de solução de conflitos, poderia implicar em limitação de direitos de parcela dos acionistas, garantidos pelo art. 5º, XXXV da Constituição Federal.

E a garantia da solução dos conflitos surgidos entre os acionistas pelo Poder Judiciário, ao menos neste momento, deve prevalecer sobre a convenção de arbitragem, pois podem configurar a forma mais adequada de discussão de medidas que, eventualmente, não estejam alinhadas ao objetivo da empresa, como se disse.

Evidenciado, portanto, o fundado receio de dano de difícil reparação, decorrente da imediata entrada em vigor da alteração estatutária em questão, a qual, modo outro, não encontra nos autos elementos capazes de revelar prejuízo caso entre em vigor, se o caso, após a solução final do processo.[37]

[37] SÃO PAULO. Tribunal de Justiça do Estado de São Paulo. Agravo de Instrumento nº 2031444-61.2016.8.26.000. Agravante: Irmãos Parasmo S.A.

Como se verifica do julgado acima, o entendimento do Tribunal de Justiça de São Paulo foi no sentido de que a possível insolvência da sociedade, aliada ao elevado custo do procedimento arbitral e à necessidade de reembolsar valores aos sócios discordantes que optarem por se retirar da sociedade, poderiam ocasionar um verdadeiro abuso de poder do acionista majoritário que estaria levando os demais acionistas e a própria sociedade para um abismo econômico.

Como se vê, é uma decisão muito específica e pontual que deve ser analisada em cada caso concreto e com base em toda a relação fático-probatória envolvida.

O importante julgado acima, apesar de norteador e esclarecedor, não pode servir como precedente para aplicação disseminada e desenfreada do entendimento para todos os casos envolvendo possíveis casos de abuso de poder do acionista majoritário.

Inclusive, com o intuito de modificar a atual disciplina da arbitragem no âmbito do Direito Societário, esteve em pauta na Câmara dos Deputados, o Projeto de Lei de nº 7.436, apresentado em 19 de abril de 2017 (Projeto de Lei), pelo Sr. Deputado Carlos Bezerra.

Em suma, referido projeto teve como objetivo incluir dois parágrafos ao artigo 136-A da Lei das Sociedades por Ações no sentido de suspender os efeitos da cláusula compromissória em caso de incapacidade da companhia arcar com os custos do procedimento arbitral. Vejamos trecho do Projeto de Lei:

Indústria Mecânica. Agravados: Zara Sartório Parasmo, Eloísa Parasmo, Mônica Sartório Parasmo e Rogério Sartório Parasmo. Relator: Caio Marcelo Mendes de Oliveira. São Paulo, 14 de dezembro de 2016. Disponível em: <https://esaj.tjsp.jus.br/cjsg/getArquivo.do;jsessionid=69E66FFAADD5CCBE404031D0AF605FB7.cjsg2?cdAcordao=10077789&cdForo=0&vlCaptcha=apisa>. Acesso em: 21 out. 2017

Art. 1º O art. 136-A, da Lei n. 6.404, de 15 de dezembro de 1976, que "dispõe sobre a Sociedade por Ações", passa a vigorar acrescido dos seguintes §§3º e 4º:

§3º Suspendem-se os efeitos da cláusula compromissória arbitral instituída no estatuto societário sempre que verificada, em cada caso concreto, a incapacidade de a companhia arcar com os custos financeiros do procedimento de solução da controvérsia pela via da arbitragem.

§4º Verificada a hipótese do §3º, o conflito poderá ser dirimido perante o Judiciário, cabendo à parte proponente, quando do ajuizamento da demanda, requerer a declaração judicial da suspensão dos efeitos da convenção arbitral e acostar evidências que apontem a verossimilhança da incapacidade financeira alegada.[38]

Como se vê, o Projeto de Lei previa a possibilidade de resolução de conflitos perante o Poder Judiciário caso houvesse comprovada incapacidade financeira da sociedade de arcar com os elevados custos do procedimento arbitral.

O Projeto de Lei foi embasado nos seguintes fundamentos: (i) o elevado custo da arbitragem e o abuso de poder do acionista majoritário sobre os demais acionistas; (ii) a adoção do procedimento arbitral pode implicar em negação ao acesso à justiça, em situações de crise financeira; (iii) poderia existir um cenário de abuso de poder no momento da inserção da cláusula compromissória se desse durante uma crise da companhia, em que o valor de reembolso seria inviável aos demais acionistas; e

[38] BRASIL, Projeto de Lei nº 7.436, de 19 de abril de 2017. Acrescenta §§3º e 4º ao art. 136-A e altera o art. 253, ambos da Lei nº 6.404, de 15 de dezembro de 1976 (Lei das Sociedades por Ações), nos termos em que especifica. Disponível em: <http://www.camara.gov.br/proposicoesWeb/prop_mostrarintegra;jsessionid=B2D0976A058E01E9D21BB32D12185F2A.proposicoesWebExterno2?codteor=1546483&filename=PL+7436/2017>. Acesso em: 18 jun. 2018.

(iv) garantir acesso excepcional ao Poder Judiciário, para evitar prejuízos aos demais acionistas da sociedade.

Tema controverso, à época em que referido projeto foi apresentado, a Presidente do Comitê Brasileiro de Arbitragem, Flávia Bittar Neves, comentou que:

> Em primeiro lugar, muito embora o projeto declare proteger acionistas minoritários de eventual abuso do controlador, a idealizada suspensão dos efeitos da cláusula arbitral seria determinada não pela ausência de meios financeiros deste mesmo acionista, mas por situação de crise financeira da própria companhia. O argumento de que a situação financeira deficiente da companhia levaria à denegação de justiça ao acionista minoritário não se sustenta. Um fator não é, definitivamente, determinante de outro.

Complementou a Presidente que:

> Trata-se de uma exceção perigosa à aplicação da cláusula arbitral estatutária, que traria em seu bojo o desvirtuamento do sistema da lei acionária. Como longamente debatidol, as cláusulas estatutárias são oponíveis a todos os acionistas e à Companhia e o sistema de aprovação por maioria – com a solução do recesso para casos específicos -- deve ser respeitado, tudo em nome da segurança jurídica, vetor de vital importância nas relações empresariais.
>
> [...]
>
> Finalmente, deve-se lembrar que o princípio pacta sunt servanda (o pactuado deve ser cumprido) precisa ser reforçado em nossa sociedade. Quem contrata tem que saber que está vinculado ao que prometeu. Em sede de arbitragem, a pedra de toque do sistema está localizada na cláusula compromissória inserida nos contratos, cláusula em que as partes prometem, diante de um litígio, solucionar suas desavenças pela via arbitral. Inserida a

cláusula no contrato, não pode uma das partes, unilateralmente, mudar de ideia e tentar ingressar no sistema processual estatal.[39]

Apesar da tentativa de alteração da legislação e forte crítica do mundo arbitral, em dezembro de 2019 referido projeto foi rejeitado pela Comissão de Desenvolvimento Econômico, Indústria, Comércio e Serviços sob os seguintes argumentos:

Em nosso entendimento, a proposta enfraquece a utilização do mecanismo da arbitragem. O motivo é que passará a existir uma dúvida razoável acerca da possibilidade de o caso ser remetido ao Poder Judiciário em detrimento da existência de convenção de arbitragem. Afinal, a análise quanto a custos porventura excessivos referentes à utilização do mecanismo da arbitragem será sempre subjetiva, prejudicando a celeridade para a solução de litígios uma vez que passará a existir uma questão prévia e complexa a ser resolvida, que se refere à eventual incapacidade de a companhia arcar com os custos envolvidos.[40]

De todo modo, o que deve ser levado em consideração é que cada dia mais a questão acerca do abuso de poder do acionista majoritário vem ganhando força em diversas frentes (meio arbitral, Poder Judiciário, Poder Legislativo, etc.), o que corrobora ainda mais à ausência de certezas sobre a eficácia da cláusula compromissória aos sócios minoritários que não concordam com a sua inclusão.

[39] BRASIL. Comitê Brasileiro de Arbitragem. São Paulo. Disponível em: <http://cbar.org.br/site/wp-content/uploads/2018/04/PL-7436.2017.pdf>. Acesso em: 05 jun. 2018.

[40] CÂMARA DOS DEPUTADOS. **Publicação do Parecer da Comissão de Desenvolvimento Econômico, Indústria, Comércio e Serviços**. Brasília, D.F. Disponível em: <https://www.camara.leg.br/proposicoesWeb/prop_mostrarintegra?codteor=1700987&filename=Tramitacao-PL+7436/2017>. Acesso em: 27 fev. 2019.

Conclusão

Apesar do instituto da arbitragem não ser mais novidade no ordenamento jurídico brasileiro, a sua maior utilização nos últimos anos tem trazido consigo cada vez mais debates aos estudantes e aplicadores da lei e consequentemente maiores entraves à sociedade e aos seus acionistas.

O presente artigo buscou apresentar os principais debates relacionados à existência da cláusula compromissória nos estatutos sociais das sociedades e quando de fato a sociedade e seus acionistas devem se fazer valer da câmara arbitral para buscar seus direitos.

Além disso, em um segundo momento, seu principal objetivo foi o de demonstrar se a Lei 13.129/15, a qual incluiu na Lei das Sociedades por Ações a possibilidade da inclusão da cláusula compromissória nos estatutos sociais das sociedades mediante aprovação pela maioria dos acionistas votantes, pode respaldar a escolha dos acionistas controladores pela arbitragem ou se a utilização dessa lei como justificativa para a inclusão da cláusula compromissória sem a anuência dos minoritários deve ser relativizada e analisada no caso concreto.

Primeiramente, fora demonstrado que a vinculação do acionista fundador à cláusula compromissória é assunto encerrado na doutrina, sendo cristalino o entendimento de que todos os acionistas fundadores, independentemente de formalização expressa de sua anuência, se vinculam à cláusula.

Com relação à vinculação de um novo acionista ingressante em uma sociedade, é possível encontrar ainda posições doutrinárias contrárias e a favor da vinculação do acionista à cláusula compromissória, sob o principal fundamento da necessidade ou não de aprovação expressa do acionista com relação à cláusula compromissória já inserida no estatuto social da sociedade. Apesar de opiniões díspares no âmbito doutrinário, referida questão parece estar pacificado no âmbito jurisprudencial.

Ademais, achava-se que com a inclusão do artigo 136-A na Lei das Sociedades por Ações, confirmando a eficácia da cláusula compromissória perante os acionistas ausentes e o direito de recesso aos acionistas dissidentes, estaria finda qualquer dúvida com relação à vinculação do acionista à cláusula compromissória inserida no estatuto social da sociedade por decisão da maioria acionária. Entretanto, conforme demonstrado no capítulo acima, apesar do escopo do debate ter mudado, ainda existem divergências.

Aqueles que defendem que a inclusão do artigo 136-A na Leis das Sociedades por Ações teve como finalidade proteger os acionistas minoritários, argumentam que o direito de recesso provido por este artigo conciliou de forma satisfatória o princípio majoritário utilizado em algumas hipóteses pelo Direito Societário. Porém, como pôde ser demonstrado, essa justificativa não encontra respaldo na recente jurisprudência.

Já quem possui entendimento contrário defende que em muitos casos a utilização da arbitragem pelas sociedades serve para proteger o acionista controlador de eventuais demandas do acionista minoritário com acesso ao Poder Judiciário, desestimulando a presença de investidores no país, dentre outras críticas.

Pode-se observar que independentemente da legalidade da convocação, instalação e deliberação da assembleia para a inclusão da cláusula compromissória no estatuto social da companhia, em determinados casos, caso seja aprovado pela maioria dos acionistas, há que se determinar a motivação dessa alteração e o estado financeiro em que a companhia se encontra.

A inclusão do artigo 136-A na Lei das Sociedades por Ações, a princípio, foi considerada um avanço no âmbito legislativo, esclarecendo que o acionista se vincula à cláusula compromissória, mesmo que a sua inclusão no estatuto social não tenha sido aprovada expressamente. Além disso, proveu ao acionista, o direito de sair do quadro acionário da sociedade e ter reembolsado os valores correspondentes à sua participação, caso este não concorde com a inclusão da cláusula compromissória.

Entretanto, apesar de legalizada essa questão, a sua aplicação vem sendo relativizada na medida em que não poderá ser válida nos casos em que haja comprovada intenção do acionista controlador de cercear o acesso à justiça aos demais acionistas, tendo em vista o alto custo para a instauração da arbitragem, bem como aos casos em que a própria companhia não possui recursos para arcar com eventuais reembolsos aos acionistas dissidentes.

Pode-se dizer que o artigo 136-A da Lei das Sociedades por Ações é cristalino ao prever que a cláusula compromissória obriga a todos quando incluída no estatuto social pela maioria acionária. Desse modo, a relativização da aplicação do referido artigo por questões subjetivas tende a ir de total encontro tanto com a lei quanto com o próprio instituto da arbitragem, uma vez que ele deixará de ser um processo célere e passará a demandar a solução de outras questões que não as do litígio em si.

A alteração legislativa proposta pela Câmara de Deputados, qual seja, possibilitar a suspensão dos efeitos da cláusula compromissória nos casos em que a sociedade não se encontra economicamente saudável previa a comprovação do mesmo quesito subjetivo. Portanto, pode-se dizer que referido Projeto de Lei fora acertadamente negado uma vez que ele não demonstrou resolver e evitar a prática de abuso do poder de controle, mas sim, causar ainda mais debate nos âmbitos legislativo e judiciário e consequentemente maior insegurança para os empresários e investidores.

Tendo em vista o acima exposto, podemos concluir que, para efetivamente evitar o abuso do poder de controle, a legislação deverá ser alterada no sentido de criar critérios claros e objetivos em que possam ser enquadrados tais abusos, uma vez que a utilização de critérios subjetivos e o seu consequente questionamento faz com que a arbitragem se torne cada vez mais de difícil utilização.

Referências

AMARAL, José Romeu Garcia do. *Novas regras de arbitragem em S.A. podem prejudicar os minoritários.* 2015. Disponível em: <http://www.conjur.com.br/2015-ago-12/jose-amaral-novas-regras-arbitragem-sa-podem-armadilhas>. Acesso em: 28 jun. 2017.

BLOK, Marcella. Abuso do Poder de Controle do Acionista Controlador nas Sociedades Anônimas. *Revista de Direito Bancário e do Mercado de Capitais.* São Paulo, v. 56.

CAHALI, Francisco José. *Curso de Arbitragem.* São Paulo: Revista dos Tribunais, 2015.

CANTIDIANO, Luiz Leonardo. *Reforma da Lei das S/A Comentada.* Rio de Janeiro: Renovar, 2002.

CARMONA, Carlos Alberto. *Arbitragem e processo: um comentário à Lei nº 9.307/96.* 2ª ed. Ver., atual e ampl. – 4. Reimpr. – São Paulo: Atlas, 2007.

CARVALHOSA, Modesto. *Estudos de direito empresarial/Modesto Carvalhosa e Nelson Eizirik.* São Paulo: Saraiva, 2010.

CARVALHOSA, Modesto. *Reforma da Lei das Sociedades Anônimas.* Coletânea coordenada por Jorge Lobo. 2. ed. Rio de Janeiro: Forense, 2002.

CARVALHOSA, Modesto e EIZIRIK, Nelson. *A Nova Lei das S/A.* São Paulo: Saraiva, 2002.

EIZIRIK, Nelson. *A Lei das S/A Comentada* – Vol I a III. São Paulo: Ed. Quartier Latin, 2011.

ENEI, José Virgillio Lopes. *A arbitragem nas sociedades anônimas.* Revista de Direito Mercantil, São Paulo, Malheiros, jan./mar. 2003.

GENTILE, Fábio da Rocha. *Nova regra sobre arbitragem pode gerar abuso do controle acionário.* 2015. Disponível em: <http://www.conjur.com.br/2015-nov-21/regra-arbitragem-gerar-abuso-controle-acionario>. Acesso em: 28 jun. 2017.

GRILLO, Brenno. *Soluções em arbitragem crescem 73 % em seis anos, mostra pesquisa.* 2016. Disponível em: <https://www.conjur.com.br/2016-jul-15/solucoes-arbitragem-crescem-73-seis-anos-mostra-pesquisa>. Acesso em: 21. out. 2017.

MARTINS, Pedro A. Batista. *A Arbitragem nas Sociedades de Responsabilidade Limitada.* Disponível em: <http://batistamartins.com/wp-content/uplo-

ads/kalins-pdf/singles/arbitragem-nas-sociedades-de-responsabilidade-limitada-2.pdf>. Acesso em: 10 abr. 2018.

MELLO, Felipe de Almeida. *Abuso do poder de controle e a utilização da arbitragem para a resolução de conflitos societários.* 2009. 117 f. Dissertação (Mestrado em Direito Político e Econômico) – Universidade Presbiteriana Mackenzie, São Paulo. Disponível em: <http://up.mackenzie.br/fileadmin/user_upload/_imported/fileadmin/PUBLIC/UP_MACKENZIE/servicos_educacionais/stricto_sensu/Direito_Politico_Economico/Felipe_de_Almeida_Mello.pdf.>. Acesso em: 06 jun. 2018.

TOLEDO. P. F. C. S. *A arbitragem na Lei das Sociedades Anônimas.* In: Rodrigo R. Monteiro de Castro; Leandro Santos de Aragão. (Org.). Sociedade Anônima 30 anos da Lei 6. 404/76. 1ª ed. São Paulo: Quartier Latin, 2007, v.1.

WALD, Arnold. A arbitralidade dos conflitos societários: Contexto e Prática. In: YARSHELL, Flávio Luiz e PEREIRA, Guilherme Setoguti J. ***Processo Societário – Volume II.*** São Paulo: Quartier Latin, 2015.

Legislação e Jurisprudência

BRASIL. *Comitê Brasileiro de Arbitragem.* São Paulo. Disponível em: <http://cbar.org.br/site/wp-content/uploads/2018/04/PL-7436.2017.pdf>. Acesso em: 05 jun. 2018.

BRASIL, Lei nº 9.307, de 23 de setembro de 1996. Dispõe sobre a arbitragem. *Palácio do Planalto Presidência da República,* Brasília, DF, 23 set., 1996. Disponível em: <http://www.planalto.gov.br/ccivil_03/Leis/L9307.htm>. Acesso em: 18 jun. 2018.

BRASIL, Lei nº 6.404, de 15 de dezembro de 1976. Dispõe sobre as Sociedades por Ações. *Palácio do Planalto Presidência da República,* Brasília, DF, 15 dez., 1976. Disponível em: <http://www.planalto.gov.br/ccivil_03/Leis/L6404consol.htm>. Acesso em: 18 jun. 2018.

BRASIL, Lei nº 13.129, de 26 de maio de 2015. Altera a Lei no 9.307, de 23 de setembro de 1996, e a Lei no 6.404, de 15 de dezembro de 1976, para ampliar o âmbito de aplicação da arbitragem e dispor sobre a escolha dos árbitros quando as partes recorrem a órgão arbitral, a interrupção da prescrição pela instituição da arbitragem, a concessão de tutelas cautelares e de urgência nos casos de arbitragem, a carta arbitral e a sentença arbitral, e revoga dispositivos da Lei no 9.307, de 23 de setembro de 1996. *Palácio do Planalto Presidência da República,* Brasília, DF, 26 mai., 2015. Disponível em: <http://www.planalto.gov.br/ccivil_03/_ato2015-2018/2015/lei/l13129.htm>. Acesso em: 18 jun. 2018.

BRASIL, Projeto de Lei nº 7.436, de 19 de abril de 2017. Acrescenta §§3º e 4º ao art. 136-A e altera o art. 253, ambos da Lei nº 6.404, de 15 de dezembro de 1976 (Lei das Sociedades por Ações), nos termos em que especifica. *Câmara dos Deputados*, Brasília, DF, 19 abr., 2017. Disponível em: <http://www.camara.gov.br/proposicoesWeb/prop_mostrarintegra;jsessionid=B2D0976A058E01E9D21BB32D12185F2A.proposicoesWebExterno2?codteor=1546483&filename=PL+7436/2017>. Acesso em: 18 jun. 2018.

BRASIL. Supremo Tribunal Federal. *Agravo Regimental na Sentença Estrangeira nº. 5.206-7.* Relatora: Ministra Sepúlveda Pertence. Brasilia, 12 dez. 2001. Disponível em <http://www.stf.jus.br/portal/jurisprudencia/visualizarEmenta.asp?s1=000013625&base=baseAcordaos>. Acesso em: 18 jun. 2018.

CÂMARA DOS DEPUTADOS. *Publicação do Parecer da Comissão de Desenvolvimento Econômico, Indústria, Comércio e Serviços.* Brasília, D.F. Disponível em: <https://www.camara.leg.br/proposicoesWeb/prop_mostrarintegra?codteor=1700987&filename=Tramitacao-PL+7436/2017>. Acesso em: 27 fev. 2019.

SÃO PAULO. Tribunal de Justiça do Estado de São Paulo. *Agravo de Instrumento nº 2031444-61.2016.8.26.000.* Agravante: Irmãos Parasmo S.A. Indústria Mecânica. Agravados: Zara Sartório Parasmo, Eloísa Parasmo, Mônica Sartório Parasmo e Rogério Sartório Parasmo. Relator: Caio Marcelo Mendes de Oliveira. São Paulo, 14 de dezembro de 2016. Disponível em: <https://esaj.tjsp.jus.br/cjsg/getArquivo.do;jsessionid=69E66FFAADD5CCBE404031D0AF605FB7.cjsg2?cdAcordao=10077789&cdForo=0&vlCaptcha=apisa>. Acesso em: 28 jun. 2017.

SÃO PAULO. Tribunal de Justiça do Estado de São Paulo. *Apelação 1003528-36.2016.8.26.0011.* Relator: Francisco Loureiro. Órgão Julgador: 1ª Câmara Reservada de Direito Empresarial. Foro Regional XI – Pinheiros - 5ª Vara Cível; Data do Julgamento: 01/03/2018; Data de Registro: 01/03/2018. Disponível em: <https://esaj.tjsp.jus.br/cjsg/getArquivo.do?cdAcordao=11218909&cdForo=0>. Acesso em: 25 jun. 2018.

SANTA CATARINA. Tribunal Regional da 4ª Região. *Apelação nº 5009846-10.2015.4.04.7201.* Relator Des. Fed. Cândido Alfredo Silva Leal Junior, Santa Catarina, 14 dez., 2016. Disponível em: <https://jurisprudencia.trf4.jus.br/pesquisa/inteiro_teor.php?orgao=1&documento=8696674> Acesso em: 07 mar. 2018.

CONSELHO DA JUSTIÇA FEDERAL. Brasília. Disponível em: <http://www.cjf.jus.br/enunciados/enunciado/41>. Acesso em: 11 abr. 2018.

Obras Complementares

CARVALHOSA, Modesto. *Cláusula compromissória estatutária e juízo arbitral (§3 do art. 109)*. In: LOBO, Jorge (Coord.) Reforma da lei das sociedades anônimas: inovações e questões controvertidas da Lei n 10.303, de 31.10.2001. 2. ed. Rio de Janeiro: Forense, 2002.

EIZIRIK, Nelson. *Cláusula Compromissória Estatutária – A Arbitragem na companhia*. 2011. Disponível em: <http://www.migalhas.com.br/dePeso/16,MI145329,51045-Clausula+compromissoria+estatutaria+A+arbitragem+na+companhia >. Acesso em 28 Jun. 2017.

EIZIRIK, Nelson; GAAL, Ariádna B.; PARENTE, Flávia; HENRIQUES, Marcus de Freitas. *Mercado de capitais – regime jurídico*. Rio de Janeiro: Renovar, 2008.

FEITOSA, Marina Bueno. *Arbitrabilidade objetiva nos contratos administrativos após a Lei 13.129/2015*. 2016. 26f. Trabalho de conclusão de curso para obtenção do diploma de LL.C. Empresarial pelo INSPER. São Paulo.

FINZI, Caroline Imaculada Blanco Fernandez. *Considerações acerca da arbitragem no Brasil como forma alternativa de resolução de conflitos*. 2012. 116f. Monografia (LLM – Legal Law Master) Programa de Pós-graduação em Direito. Área de concentração: Direito dos contratos, INSPER-SP.

GUERRERO, Luis Fernando. *Convenção de arbitragem e Processo Arbitral*. São Paulo: Atlas, 2009. 176p.

JORGE WARDE JR., Walfrido e BAYEUX NETO, José Luiz. *Ativismo acionário. A proteção dos minoritários e o combate ao abuso das minorias*, in: revista Capital Aberto, Ano 10, Número 110, p. 27.

JORGE WARDE JR., Walfrido e MAIA DA CUNHA, Fernando Antonio. *A Arbitragem e os Limites à Atuação do judiciário nos Litígios Societários*. In: Processo Societário. São Paulo: Saraiva. 2012, pp. 725-758.

JORGE WARDE JR., Walfrido. *Direito Societário Aplicado: baseado nos precedentes das câmaras reservadas de direito empresarial do Tribunal de Justiça do Estado de São Paulo*. São Paulo: Saraiva, 2014.

NETO, José Cretella Neto. *Comentários à Lei de Arbitragem Brasileira*. Rio de Janeiro: Forense, 2004. 397p.

PARANHOS, Lucas Antanas Gandolfi. *Utilidade da arbitragem no Direito Societário e vinculação de sócios e acionistas à convenção de arbitragem no Brasil*. 2010. 100f. Trabalho de especialização *Master of Laws* (LL.M) em Direito Societário – INSPER-SP.

REQUIÃO, Rubens. *Curso de direito comercial*, 2º volume. 24ª ed. atual. São Paulo: Saraiva, 2005.

SILVA, Eduardo Silva da. *Arbitragem e Direito de empresa*. São Paulo: Editora Revista dos Tribunais, 2003. 239p.

TELLECHEA, Rodrigo. *A Arbitragem nas Sociedades Anônimas*. São Paulo: Quartier Latin, 2016.

SOBRE OS AUTORES

Anna Carla Marujo Rossetti

Advogada formada pela USP. Pós-graduação no Brasil (LLM em direito societário pelo Insper) e no Exterior (LLM em direito internacional pela Golden Gate University e Business-Administration Extension Curse pela Universidade da Califórnia). Incluída na lista dos 500 melhores advogados do Brasil em 2016, 2017 e 2018. Atua na área de direito empresarial, especificamente direito societário e M&A.

Daniel Fernandes Kulcsar

Graduado em Direito pela Universidade de São Paulo (USP-SP) e formado no curso de LL.M. em Direito Societário do Insper, tendo advogado no Stocche Forbes Advogados e no Pinheiro Neto Advogados com atuação focada em M&A, companhias abertas e direito societário. Atualmente advoga na equipe jurídica de direito societário da B3 S.A. – Brasil, Bolsa, Balcão.

Isis Azevedo Diniz

Advogada atuante nas áreas de direito societário, fusões & aquisições e mercado de capitais. Especialista em Direito Societário (INSPER). Especialista em Direito Processual Civil (Universidade Federal da Bahia). Atualmente cursa o Master of Laws in Business Law (University of California, Berkeley).

Juliana Mainardi de Meneses

Bacharel em direito pela Universidade Presbiteriana Mackenzie em julho de 2015. Membro da Ordem dos Advogados do Brasil. LL.M em Direito Societário pelo Insper – Instituto de Ensino e Pesquisa. Participou do Curso de Finanças para Advogados ministrado pela Saint Paul Escola de Negócios, concluído em outubro de 2013. Atua na área de direito societário e M&A há 7 anos.

Thamiris Sanches de Salles

Advogada formada pela Pontifícia Universidade Católica de São Paulo (2014) e pós-graduada pelo Insper em Direito Societário (2017). Atuou como estagiária e advogada de Direito Bancário e Financeiro no escritório Trench, Rossi e Watanabe Advogados de 2012 a 2016 e atualmente trabalha no Banco ABN AMRO S.A.

ÍNDICE